성모님과 함께하는
자비와 회복 50일 여정

## 성모님과 함께하는 자비와 회복 50일 여정

**초판 발행일** 2017. 7. 26
**1판 3쇄** 2023. 6. 21

**엮은이** 김태광 신부
**펴낸이** 서영주

**펴낸곳** 성바오로
**출판등록** 7-93호. 1992. 10. 6
**주소** 서울특별시 강북구 오현로7길 20(미아동)

**취급처** 성바오로보급소 **전화** 944-8300, 986-1361
**팩스** 986-1365 **통신판매** 945-2972
**E-mail** bookclub@paolo.net
**인터넷 서점** www.**paolo**.kr

책값은 뒤표지에 있습니다.
**ISBN** 978-89-8015-897-3
**교회인가** 서울대교구 2017. 7. 25 **SSP** 1049

ⓒ 김태광, 2017

성경 ⓒ 한국천주교중앙협의회, 2017.

• 이 책은 저작권법의 보호를 받으므로 무단전재와 무단복제를 금합니다.
이 책 내용의 전부 또는 일부를 재사용하려면 반드시 저작권자와 성바오로출판사의 동의를 얻어야 합니다.

성모님과 함께하는
# 자비와 회복

## 50일 여정

김태광 신부 엮음

## 머리말

21세기를 여는 새 천년기에 교황 요한 바오로 2세는 '하느님 자비의 사도'라고 불리던 파우스티나 수녀를 첫 성인으로 시성하셨으며 부활 제2주일을 자비의 주일로 선포하셨습니다. 또한 프란치스코 교황님께서도 자비의 희년을 선포하시며 이 시대가 하느님의 자비를 필요로 하는 위기와 변화의 시대임을 천명하셨습니다. 그리고 교황님께서는 죄가 만연한 이 시대에 「자비의 얼굴」 Misericordiae Vultus이라는 칙서를 통해 이제는 기본으로 돌아가야 할 때라고 말씀하시면서 회복된 자비의 얼굴과 타인에 대한 사랑과 관용을 강조하셨습니다.

  이 책에서 제시하는 자비와 회복의 근본적인 핵심은 바로 의탁하는 마음입니다. '예수님 당신께 의탁하나이다.' 이 의탁은 하느님과의 사랑과 믿음을 회복하고 더 나아가 이웃과의 사랑의 관계를 회복하기 위해 하느님께서 창조하신 본래의 모습으로 되돌아가기 위한 의탁입니다. 하지만 우리는 나약하고 불완전한 존재이기에 온전한 의탁과 내어 드림은 우리의 의지만으로는 가능하지 않습니다.

성모님께서는 원죄 없이 잉태되신 분이십니다. 강생의 신비를 '피앗'으로 협력하셨으며 하느님을 당신 모태에 성령으로 잉태하심으로써 하느님의 영과 은총으로 가득하신 분이십니다. 성모님의 뜻은 오직 하느님의 뜻만을 향해 있으며 우리가 성모님 안에 일치하며 머무르는 것은 그분 안에 함께 계신 하느님의 영인 성령 안에 머무르는 것인 동시에 하느님의 뜻을 완성하고자 하는 존재로 다시 태어나기 위함입니다.

그러므로 성모님의 성심과 일치하여 하느님의 뜻을 완성하고자 하느님께 온전히 의탁하면 하느님의 자비와 은총이 죄로 일그러진 우리를 하느님의 모상으로 회복하여 주실 것입니다.

따라서 파우스티나 성녀를 통해 계시하신 하느님의 자비에 대한 신심과 자비의 은총, 의탁과 자비로운 존재로의 회복은 은총의 중개자이신 성모님의 성심을 통하여 실천할 수 있을 것입니다.

이렇듯 하느님의 자비에 온전히 의탁하는 가르침을 받기 위해 이 책에서는 파우스티나 성녀를 통해서 전하시는 예수님의 메시지와 더불어 스테파노 곱비 신부님을 통한 성모님의 메시지를 함께 수록하였습니다. 성모님께서는 스테파노 곱비 신부님과의 내적 담화를 통해 겸손된 작은 아이의 모습과 하느님 뜻 안에 온전히 의탁하는 길을 끊임없이 제시해 주십니다.

우리는 성모님과 함께하는 자비와 회복의 여정을 통하여 하느님의 자비가 얼마나 위대한지를 깨닫고 그분 앞에 우리의 뜻과 의지 모두를 내어 드리고 의탁하는 방법을 배워야 합니다. 그리하여 파우스티나 성녀를 통해 말씀하시는 예수님의 메시지와 곱비 신부님을 통해 말씀하시는 성모님의 가르침 안에 온전히 봉헌됨으로써 하느님의 위대하신 자비를 입고 천상의 삶을 살아가는 영적인 존재로 들어 올려져야 하며 자비로운 존재가 되어야 할 것입니다.

이 책이 나오기까지 파우스티나 일기와 곱비 신부님을 통한 성모님 메시지 인용을 허락해 주신 폴란드 성모 영보 관구의 관구장이신 아드리안 갈바스 신부님과 마리아 사제 운동 한국 대표이신 박상선 헨리코 신부님께도 감사드립니다.

끝으로 이 책을 통하여 많은 이들이 진정으로 회개하고 하느님의 자비 안에서 회복되어 사도로서의 삶을 살아갈 수 있게 되기를 성모님께 봉헌합니다.

김태광 아우구스티노 신부

차례

머리말 4

# 1장 | 성모님과 함께하는 자비 여정 15

1 죄인임을 자각 · 19
2 자비 안에서의 의탁 · 27
3 자비의 하느님께 대한 믿음 · 36
4 자비의 빛으로 나아감 · 46
5 자비의 사랑 안에 머무름 · 55
6 자비 안에서의 고백(화해와 참회의 성사) · 64
7 자비 안에서의 비움 · 76
8 자비 안에서의 인내 · 84
9 자비의 은총 · 91
10 자비의 공경과 실천 · 99
11 자비 안에서의 순명 · 109
12 자비 안에서의 영혼 구원을 위한 중재 기도 · 118

13 자비 안에서의 침묵 · 130

14 자비 안에서의 삶과 덕행 · 140

15 자비를 전파함 · 151

16 자비의 5단 기도 · 161

17 자비의 축일 · 171

## 2장 | 성모님과 **함께하는** 회복 여정  185

18 죄 앞에 무기력함 · 189

19 인간의 비천함과 무능함 · 200

20 하느님 안에서의 회심 · 209

21 회복시켜 주시는 하느님을 믿음 · 218

22 예수 그리스도와 함께 죽음 · 227

23 예수 그리스도와 함께 묻혀라 · 237

24 예수 그리스도와 함께 부활함 · 247

25 새 인간의 삶 · 254

26 사도임을 자각 · 264

27 겸손 · 273

28 완덕의 길 · 281

29 성체 안에서 일치 · 291

30 봉헌 · 301

## 3장 | 자비와 회복의 어머니이신 성모님  311

31 자비의 어머니 | 환희의 신비 1단 · 316
마리아께서 예수님을 잉태하심을 묵상합시다.

32 자비의 어머니 | 환희의 신비 2단 · 322
마리아께서 엘리사벳을 찾아보심을 묵상합시다.

33 자비의 어머니 | 환희의 신비 3단 · 328
마리아께서 예수님을 낳으심을 묵상합시다.

34 자비의 어머니 | 환희의 신비 4단 · 336
마리아께서 예수님을 성전에 바치심을 묵상합시다.

35 자비의 어머니 | 환희의 신비 5단 · 343
마리아께서 잃으셨던 예수님을 성전에서 찾으심을 묵상합시다.

36 자비의 어머니 | 빛의 신비 1단 · 350
예수님께서 세례받으심을 묵상합시다.

37 자비의 어머니 | 빛의 신비 2단 · 357
예수님께서 카나에서 첫 기적을 행하심을 묵상합시다.

38 자비의 어머니 | 빛의 신비 3단 · 363
예수님께서 하느님 나라를 선포하심을 묵상합시다.

39 자비의 어머니 | 빛의 신비 4단 · 369
예수님께서 거룩하게 변모하심을 묵상합시다.

40 자비의 어머니 | 빛의 신비 5단 · 376
예수님께서 성체성사를 세우심을 묵상합시다.

41 자비의 어머니 | 고통의 신비 1단 · 383
예수님께서 우리를 위하여 피땀 흘리심을 묵상합시다.

42 자비의 어머니 | 고통의 신비 2단 · 391
예수님께서 우리를 위하여 매 맞으심을 묵상합시다.

43 자비의 어머니 | 고통의 신비 3단 · 398
예수님께서 우리를 위하여 가시관 쓰심을 묵상합시다.

44 자비의 어머니 | 고통의 신비 4단 · 406
예수님께서 우리를 위하여 십자가 지심을 묵상합시다.

45 자비의 어머니 | 고통의 신비 5단 · 415
예수님께서 우리를 위하여 십자가에 못 박혀 돌아가심을 묵상합시다.

46 자비의 어머니 | 영광의 신비 1단 · 422
예수님께서 부활하심을 묵상합시다.

47 회복의 어머니 | 영광의 신비 2단 · 429
예수님께서 승천하심을 묵상합시다.

48 회복의 어머니 | 영광의 신비 3단   · 437
예수님께서 성령을 보내심을 묵상합시다.

49 회복의 어머니 | 영광의 신비 4단   · 445
예수님께서 마리아를 하늘에 불러올리심을 묵상합시다.

50 회복의 어머니 | 영광의 신비 5단   · 452
예수님께서 마리아께 천상 모후의 관을 씌우심을 묵상합시다.


**부록**  463

성령송가
사도들의 모후께 드리는 기도문
성녀 파우스티나에게 전구를 청하는 기도
봉헌문
하느님 자비의 5단 기도
하느님 자비의 9일 기도

# 1장

## 성모님과 함께하는 자비 여정

우주 만물 안에 존재하는 모든 것은 하느님의 자비이며 사랑입니다. 삼위일체이신 하느님께서는 당신의 무한하신 자비로 피조물들을 창조하시고 한없으신 사랑으로 우리를 영원한 생명에 이르는 친교의 길로 부르셨습니다.

하지만 죄악으로 가득 찬 이 세상에서 살아가는 영혼들을 하느님의 모상으로 다시 재창조하시기 위해 자비의 강생이신 성자를 보내셨습니다. 이는 곧 하느님께서 성령으로 마리아에게 잉태되시어 신성을 지니신 채 인성을 취하신 성부의 아들이 되신 예수 그리스도로서, 참하느님이며 참인간이 되신 것입니다.

또한 그분의 수난과 십자가상의 죽음과 부활을 통해 하느님의 구원 계획은 절정에 다다르게 됩니다. 즉 성부의 창조, 자비의 강생이신 성자, 자비의 회복이신 성령의 섭리에 의해 삼위일체이신 하느님의 구원 계획은 완성된 것입니다. 또한 그 완성의 중심에는 성모님께서 계셨습니다. 성모님의 희생과 피앗의 의탁은 성자께서 파스카의 모든 신비를 이루도록 하셨으며 그 신비의 완성은 가장 먼저 하느님의 자비를 입으신 성모님으로부터 비롯된 것입니다. 이처럼 하느님의 온전한 자비를 입는 것은 위대한 일을 할 수 있는 은총 안에 머무른다는 뜻입니다.

하느님은 사랑과 자비이십니다. 이 세상에서 하느님의 사랑과 자비가 단 한순간이라도 멈추어 버린다면 우리의 생명 또한 이어질 수 없을 것입니다. 우리가 숨 쉴 수 있게 하는 공기조차도 그분의 사랑과 자비 안에 베풀어지고 있기 때문입니다. 그러나 우리는 너무나 많은 것을 잊고 살아가고 있습니다.

토마스 아퀴나스 성인의 신학대전에는 사랑은 누군가에게 '선'을 원하는 덕성으로 선과 직결되며, 자비는 악을 제거하려는 속성으로 악과 직결된 것으로 정의되었습니다. 결국 죄인인 인간은 하느님의 자비가 필요할 수밖에 없습니다. 우리의 죄악을 없애시는 예수님의 속성이 자비이기에 그 죄악을 완전하게 기워 갚기 위해서 예수님은 갈바리아에서 처참하게 희생 제물이 되시는 십자가상의 사건을 통해 당신의 자비를 온전히 드러내십니다. 즉 하느님께서는 예수님을 통하여 그의 성심에서 흘러나오는 피와 물로 우리에게 자비의 샘을 열어 주신 것이며, 그분의 수난은 곧 자비의 통로이며 그 자비의 영은 바로 성령입니다.

이와 같이 주님의 자비는 성부 성자 성령의 성삼위 안에서 바라보고 그 의미 또한 잘 되새겨 보아야 합니다. 우리는 하느님의 자비가 없으면 영원한 생명에 동참할 수 없습니다. 하느님의 자비를 입을 수 있는 가장 중요한 요소는 의탁하는 마음입니다. 예수님께서 수난을 당하신 그 고통 안에 진정한 통회와 믿음으로 머무를 때, 또 보잘것없는 우리 자신이 아무것도 할 수 없는 비참한 존재임을 고백할 때 의탁의 힘은 더욱 커지며, 그 의탁의 그릇 또한 주님께서 직접 빚어 주실 것입니다.

우리 스스로 할 수 있는 것은 아무것도 없음을 우리는

빨리 깨달아야 합니다. 우리의 의탁이 크면 클수록 하느님의 자비는 더욱 크고 무한합니다. 자비는 엄청난 힘이며 생명입니다. 자비의 영을 받으면 우리는 창조된 본래의 모습으로 다시 돌아갈 수 있습니다. 파우스티나 성녀를 통해 권고하신 '자비의 축일'은 위대하신 하느님의 큰 선물입니다. 이 선물의 가치를 우리는 영적인 눈으로 바라보아야 하며 이 세상이 아닌 영원한 생명의 삶을 희망하고 하느님의 자비 안에서 우리는 변화해야 합니다.

자비의 강생이신 성자의 근원이셨으며 또 십자가상에서 "이분이 네 어머니이다."라고 인류에게 건네주신 자비의 어머니이신 성모님께서는 예수님 중심의 삶을 사셨습니다. 그리고 우리가 그리스도 중심의 삶을 살도록 끊임없이 기도하시고 주님 '뜻' 안에 온전히 의탁할 수 있도록 우리를 가르쳐 주십니다. 이렇듯 하느님과 인간 사이의 성모님의 중재는 매우 중요하며 우리에게 베풀어 주시는 하느님의 은총 또한 성모님을 통하여 주어집니다. 그것은 예수님께서도 당신 어머니이신 성모님께 모든 것을 맡기셨기 때문입니다. 그러므로 성모님과 함께 하느님 아버지께 드리는 겸손의 기도는 하느님 어전에 가장 빠르게 도달하는 기도이며 가장 강력한 기도입니다.

 이 자비의 여정을 통하여 하느님의 사랑과 자비가 얼마나 위대한지, 당신의 목숨마저 아낌없이 내어 주신 그 사랑이 우리에게도 온전히 베풀어질 수 있도록 기도해야 합니다. 그리고 또한 자비의 하느님께 영광을 드릴 수 있도록 자비의 사도로서의 사명을 다해야 합니다.

## 1 죄인임을 자각

하느님께서는 영원한 사랑이십니다. 육화하신 자비께서 우리와 함께하시며 한없으신 자비를 베풀어 주십니다. 하느님 모상으로 창조된 우리의 모습이 얼마나 변형되어 있는지 현재의 모습을 깨닫고 하느님 빛 안에 우리를 온전히 내어 드려 "나는 과연 비참한 인간입니다."라는 바오로 사도의 고백이 진정 나의 고백이 될 수 있도록 해야 할 것입니다.

╋ 성부와 성자와 성령의 이름으로 아멘.

1 시작 기도 | 성령송가

2 독서

**로마** 7,18-25

사실 내 안에, 곧 내 육 안에 선이 자리 잡고 있지 않음을 나는 압니다. 나에게 원의가 있기는 하지만 그 좋은 것을 하지는 못합니다. 선을 바라면서도 하지 못하고, 악을 바라지 않으면서도 그것을 하고 맙니다. 그래서 내가 바라지 않는 것을 하면, 그 일을 하는 것은 더 이상 내가 아니라 내 안에 자리 잡은 죄입니다. 여기에서 나는 법칙을 발견합니다. 내가 좋은 것을 하기를 바라는데도 악이 바로 내 곁에 있다는 것입니다. 나의 내적 인간은 하느님의 법을 두고 기뻐합니다. 그러나 내 지체 안에는 다른 법이 있어 내 이성의 법과 대결하고 있음을 나는 봅니다. 그 다른 법이 나를 내 지체 안에 있는 죄의 법에 사로잡히게 합니다. 나는 과연 비참한 인간입니다. 누가 이 죽음에 빠진 몸에서 나를 구해 줄 수 있습니까? 우리 주 예수 그리스도를 통하여 나를 구해 주신 하느님께 감사드립니다. 이렇게 나 자신이 이성으로는 하느님의 법을 섬기지만 육으로는 죄의 법을 섬깁니다.

**3** 위의 말씀이 나 자신에게 주는 의미를 잘 깨닫고 깊이 묵상한다.

**4 성녀 파우스티나 수녀의 일기 중 예수님 말씀**
"내 마음은 영혼들, 특히 불쌍한 죄인들을 위한 크나큰 자비로 흘러넘친다. 오, 내가 그들에게는 가장 좋은 아버지이고, 자비가 흘러넘치는 샘에서처럼 나의 심장으로부터 피와 물이 흘러나온 것은 그들을 위해서라는 것을 그들이 이해할 수만 있다면! 그들을 위해서 나는 감실 안에서 자비의 왕으로 살고 있다. 나는 영혼들에게 은총을 내리고 싶지만 그들 자신이 은총 받기를 원하지 않는다. 적어도 너만은 가능한 한 자주 내게 와서, 그들이 받아들이지 않는 은총을 네가 받아 다오. 이런 방법으로, 너는 내 마음을 위로해 줄 수 있을 것이다. 오, 어떻게 영혼들이 그 좋은 많은 것들에, 그 많은 사랑의 증거에 무심할 수 있다는 말인가! 내 마음은 이 세상에 사는 영혼들의 배은망덕과 망각에 놀라고 있다. 그들은 온갖 다른 것들에는 시간을 내지만, 내게 은총을 받으러 오기 위해서는 시간을 내지 않는다." (367)

"나의 자비는 너의 죄와 이 세상의 죄를 다 합친 것보다도 더 크다. 누가 나의 선함을 측량할 수 있겠느냐? 나는 너를 위해서 하늘로부터 땅으로 내려왔고 너를 위해서 십자가에 못 박혔다. 나의 심장은 너를 위해서 창에 찔렸고 너를 위해 열려있는 자비의 샘이 되었다. 그러니 와서 믿음의 그릇으로 은총을 길어가라. 나는 통회하는 마음을 절대로 내치지 않는다. 너의 비천함은 내 자비의 깊은 곳으로 사라져 버렸다. 너의 비천함에 대해서 나와 논쟁할 생각은 하지 마라. 너의 모든 걱정과 근심을 나에게 넘겨주어 나를 기쁘게 해 다오. 나는 너를 은총의 보배로 가득 채워 주겠다." (1485)

"너 자신의 비천함 속으로 잠겨 들어가지 마라. 말을 하기에는 너는 너무 기운이 없다. 그보다는 오히려 선함으로 가득 찬 나의 마음을 바라보고 내 기분을 살펴보아라. 그리고 겸손하고 온유해지기 위해 노력하여라. 내가 너에게 하는 것처럼 다른 사람들에게 자비를 베풀어라.

그리고 네가 힘이 빠지는 것을 느낄 때 자비의 샘으로 와서 네 영혼에 원기를 불어넣는다면, 너는 너의 길을 가면서 결코 지치지 않을 것이다." (1486)

**5 성녀 파우스티나 수녀의 일기 중 묵상과 영적 대화**
"오, 주님, 저는 이제 저의 모든 배은망덕과 또 주님의 선하심을 봅니다. 주님께서는 은총을 주시려고 저를 쫓아다니셨지만 저는 주님의 모든 노력을 저버렸습니다. 주님의 은총을 낭비해 버린 것 때문에 제가 지옥 바닥 한가운데로 떨어져야 마땅하다는 것을 저는 알고 있습니다."

"이제 저는 저를 보호해 주시는 주님의 자비를 이해합니다. 주님의 자비는 빛나는 구름처럼 저를 감싸고 한 번만이 아니라 천 번이라도 지옥에 가야 마땅한 저를 보호하시어 아버지의 집으로 인도하십니다. 오, 주님, 주님의 깊이를 알 수 없는 자비와 제게 대한 주님의 연민을 합당하게 찬양하기 위해서는 영원이라는 세월도 부족할 것입니다." (1486)

"예수님, 저를 주님의 자비 속에 숨겨 주십시오. 그리고 제 영혼을 위협할 만한 모든 것에서 저를 보호해 주십시오. 주님 자비에 의탁하는 저의 신뢰를 실망시키지 말아 주십시오. 주님, 자비의 전능으로 저를 보호해 주시고 저를 또한 관대하게 심판해 주십시오." (1480)

오, 예수님, 영혼에게 굴욕보다 더 좋은 것은 없습니다. 모욕 속에 행복의 비밀이 있다. 영혼이 자신에 대해서 알게 되면, 자신이 다만 비천함 자체이며 아무것도 아니라는 것을 깨닫게 된다. 영혼이 가지고 있는 좋은 것이 있다면, 그것은 하느님의 선물이다. 영혼은 자신이 모든 것을 하느님으로부터 거저 받았고, 자기 자신의 것이라고는 비천함뿐이라는 것을 볼 때, 하느님의 엄위하심 앞에 계속해서 겸손하게 엎드릴 수 있게 된다. 그리고 하느님께서는 영혼의 그런 자세를 보시며, 은총을 가지고 그 영혼을 좇아가신다. 영혼이 자신을 계속 낮추어 비천함의 심연 속으로 점점 깊이 잠겨 들어가면, 하느님께서는 그 영혼을 들어 높이기 위해서 당신의 전능한 힘을 사용하신다. 이 세상에 진정으로 행복한 영혼이 있다면, 그 영혼은 다만 진정으로 겸손한 영혼일 것이다. 처음에는, 영혼의 자기 사랑은 이런 것 때문에 무척 고통을 받지만, 영혼이 용감하게 투쟁을 한 후에는, 하느님께서 이 영혼에게 많은 빛을 주신다. 그러면, 영혼은 이 빛으로 모든 것이 얼마나 비천하고 헛된 것으로 가득 차 있는지를 보게 된다. 그리고 그 영혼의 마음 안에는 하느님만이 계시게 된다. 겸손한 영혼은 자기 자신을 믿지 않고, 자신의 모든 믿음을 하느님 안에 둔다. 하느님께서는 겸손한 영혼을 변호하시고, 하느님 친히 그 영혼의 비밀 속으로 들어가신다. 그러면, 영혼은 아무도 이해할 수 없는 최상의 행복 속에 머문다. (593)

## 6 성모님과 곱비 신부님의 내적 담화[1]

내 동정 모태에서 인성을 취하신 그분은, 하느님 아버지와 본질이 같으신(\*필리 2,6) '영원한 말씀'이요, 아버지께서 (주신) 사랑의 선물이다 : "하느님께서는 당신 외아들을 보내 주시기까지 세상을 극진히 사랑하셨으니"(\*요한 3,16) 그분은 (정녕) 하느님 자비의 표현인 것이다. (536,2) 예수께서 내게서 탄생하신 것은 너희의 '구원자'

---

1) 스테파노 곱비 신부의 「성모님께서 지극히 사랑하시는 아들 사제들에게」를 인용하였으며, 이 책은 공동 번역 성서를 사용하고 있다.

로서 인류를 '사탄'의 종살이에서 해방시키시어, 하느님의 생명과 사랑에 온전히 하나 되는 (길로) 돌아오게 하시려는 것이었다. (536,3) 나는 '자비의 어머니'이다. 아버지의 자비로우신 사랑의 계시인 예수님을 너희에게 선물하는 것이 어머니인 나의 소임이니, 하느님의 자비가 거룩하고 티 없는 내 모성의 길을 통해 너희에게 이르게 된 것이다. (536,4) 너희를 회개의 길로, (곧) 주님께 돌아오는 길로 이끄는 일. (그래서) 나는, 마음을 바꾸고 생활을 고칠 수 있는 은총을 너희에게 주고자 한다. 너희를 도와 죄의 (속박)에서 벗어나게 하고, 정욕과 싸우며, 악을 쳐 이기게 하여, 너희 주 하느님과의 완전한 화해의 길로 너희를 인도하는 것이다. 그러한 화해는 하루 속히 일반화되어야 할 필요가 있는데, 그것은 다가올 대환난과 인류 전체의 정화에 너희를 대비시키려는 것이다. (536,9)

너희가 내 성심을 공경하면, 이 마음 안에서 가장 큰 영광을 받으시는 지존하신 성삼위를 찬미하는 것이 된다. 그분께서 나의 이 천상 정원을 당신의 거룩한 기쁨 (이 머무는) 처소로 삼아 오셨기 때문이다. (290,2) 너희가 이 성심을 사랑하면, 어머니인 나의 사랑과 (사심 없이) 순수한 내 자비를 옷 입듯 입게 될 터이다. 티 없는 내 성심의 깊숙한 곳에서는 놀라운 일이 일어나고 있다. 내가 너희와 더불어 날마다 행하는 이 기적은, 너희로 하여금 나를 더욱 닮아가게 하고 너희 영혼을 내 영혼의 모상으로 변모시키는 일이다. (290,5)

**7 자비의 5단 기도**

**8 묵주 기도** (환희의 신비)

**9 마침 기도**

사도들의 모후께 드리는 기도문

## 2 자비 안에서의 의탁

하느님께서는 자비 그 자체이십니다. 우리를 죄에서 구원하시기 위해 끊임없이 자비를 베풀어 주시며 인내하십니다. "부서지고 꺾인 마음을 하느님 당신께서는 업신여기지 않으십니다."라는 다윗의 기도와 같이 죄인인 우리의 존재를 영원한 생명을 주시는 하느님께 온전히 내어 드리고 진정으로 그분께 의탁해야 할 것입니다.

**+성부와 성자와 성령의 이름으로 아멘.**
**1 시작 기도** | 성령송가

**2 독서**

**신명** 30,19-20

"나는 오늘 하늘과 땅을 증인으로 세우고, 생명과 죽음, 축복과 저주를 너희 앞에 내놓았다. 너희와 너희 후손이 살려면 생명을 선택해야 한다. 또한 주 너희 하느님을 사랑하고 그분의 말씀을 들으며 그분께 매달려야 한다. 주님은 너희의 생명이시다. 그리고 너희의 조상 아브라함과 이사악과 야곱에게 주시겠다고 맹세하신 땅에서 너희가 오랫동안 살 수 있게 해 주실 분이시다."

**시편** 51,3-21

하느님, 당신 자애에 따라 저를 불쌍히 여기소서. 당신의 크신 자비에 따라 저의 죄악을 지워 주소서. 저의 죄에서 저를 말끔히 씻으시고 저의 잘못에서 저를 깨끗이 하소서. 저의 죄악을 제가 알고 있으며 저의 잘못이 늘 제 앞에 있습니다. 당신께, 오로지 당신께 잘못을 저지르고 당신 눈에 악한 짓을 제가 하였기에 판결을 내리시더라도 당신께서는 의로우시고 심판을 내리시더라도 당신께서는 결백하시리이다. 정녕 저는 죄 중에 태어났고 허물 중에 제 어머니가 저를 배었습니다. 그러나 당신께서는 가슴속의 진실을 기뻐하시고 남모르게 지혜를 제게 가르치십니다. 우슬초로 제 죄를 없애 주소서. 제가 깨끗해지리이다. 저를 씻어 주소서. 눈보다 더 희어지리이다. 기쁨과 즐거움을 제가 맛보게 해 주소서. 당신께서 부수셨던 뼈들이 기뻐 뛰리이다. 저의 허물에서 당신 얼굴을 가리시고 저의 모든 죄를 지워 주소서. 하느님, 깨끗한 마음을 제게 만들어 주시고 굳건한 영을 제 안에 새롭게 하소서. 당신 면전에서 저를 내치지 마시고 당신의 거룩한 영을 제게서 거두지 마소서. 당신 구원의 기쁨을 제게 돌려 주시고 순종의 영으로 저를 받쳐 주소서. 제가 악인들에게 당신의 길을 가르쳐 죄인들이 당신께 돌아오리이다. 죽음의 형벌에서 저를 구하소서, 하느님, 제 구원의 하느님. 제 혀가 당신의 의로움에 환호하오리다. 주님, 제 입술을 열어 주소서. 제 입이 당신의 찬양을 널리 전하오리다. 당신께서는 제사를 즐기지 않으시기에 제가 번제를 드려도 당신 마음에 들지 않으시리이다. 하느님께 맞갖은 제물은 부서진 영. 부서지고 꺾인 마음을 하느님, 당신께서는 업신여기지 않으십니다. 당신의 호의로 시온에 선을 베푸시어 예루살렘의 성을 쌓아 주소서. 그때에 당신께서 의로운 희생 제물을, 번제와 전번제를 즐기시리이다. 그때에 사람들이 당신 제단 위에서 수소들을 봉헌하리이다.

**3** 위의 말씀이 나 자신에게 주는 의미를 잘 깨닫고 깊이 묵상한다.

**4 성녀 파우스티나 수녀의 일기 중 예수님 말씀**
"내 아이야, 너의 모든 죄악이 내 마음에 상처를 준 것보다 지금 네가 나에게 의탁하는 마음이 부족한 것이 나에게는 더 큰 상처가 된다. 내가 사랑과 자비를 다해서 이렇게까지 노력했는데도 너는 아직 나의 선함을 의심하고 있다."(1486)

"내 아이야, 절대로 사람들에게 의지하지 않겠다고 결심하여라. '제가 원하는 대로가 아니라 오, 저의 하느님, 주님의 뜻이 저에게서 이루어지게 해 주십시오.'라고 말하면서, 너 자신을 전적으로 나의 뜻에 맡기면 많은 것을 얻을 것이다. 한 사람의 마음속 깊은 곳에서부터 우러나온 이런 말은 그 영혼을 아주 짧은 시간 내에 성덕의 경지에 이르게 할 것이다. 나는 이런 영혼으로 인해 기뻐하며 이런 영혼은 나에게 영광을 준다. 이런 영혼은 자신의 성덕의 향기로 하늘나라를 가득 채운다. 그러나 네가 고통을 견딜 수 있는 힘은 잦은 영성체로부터 온다는 것을 알아야 한다. 그러니까 너는 네게 필요한 것은 무엇이든지 믿음이라는 두레박으로 퍼 올리기 위해서 자주 이 자비의 샘으로 오너라." (1487)

"완덕을 추구하는 영혼들은 특히 나의 자비를 경배해야 한다. 내가 그들에게 주는 풍성한 은총이 나의 자비로부터 흘러나오는 것이기 때문이다. 나는 이들 영혼이 나의 자비에 대한 한없는 의탁으로 차별화되기를 바란다. 내가 직접 이 영혼들의 성화聖化를 돌보아 주고 그들이 성덕에 도달하기 위해서 필요로 하는 모든 것들을 다 준비해 주겠다. 내 자비의 은총은 다만 하나, 의탁이라는 그릇으로만 퍼낼 수 있다. 영혼들이 내게 의탁하면 할수록 그만큼 더 많이 받게 될 것이다. 영혼들의 한없는 의탁이 나에게는 커다란 위안이 된다. 왜냐하면 나는 그런 영혼들에게 내 모든 은총의 보배를 쏟아부어 주기 때문이다. 그들이 나에게 많이 청하는 것이 내겐 기쁨이다. 내가 바라는 것은 그들에게 많이 주는 것, 그것도 아주 많이 주는 것이기 때문이다. 반면에 영혼들이 조금만 원하고 자신들의 마음을 억누를 때, 나는 슬프다." (1578)

"나는 사람들에게 자비의 샘에 와서 계속 은총을 퍼갈 수 있는 그릇을 주려고 한다. '예수님, 당신께 의탁합니다.'라는 말이 새겨져 있는 이 성상화가 바로 그 그릇이다." (327)

## 5 성녀 파우스티나 수녀의 일기 중 묵상과 영적 대화

예수님, 고통 속에 저를 혼자 버려두지 마십시오. 주님,

주님은 제가 얼마나 약한지를 잘 아십니다. 저는 비천함의 심연이요 허무함 그 자체입니다. 그러니 주님께서 저를 내버려 두시면 제가 멸망하리라는 것은 당연하지 않습니까? 주님, 저는 어린아이입니다. 혼자서는 아무것도 할 수 없습니다. 그렇지만 모든 버림을 너머, 저는 자신의 느낌에도 불구하고 주님께 의탁합니다. 그리고 종종 제가 느끼는 것에도 불구하고 저를 믿음 자체로 변화시킵니다. 저의 고통을 조금도 줄이지 마시고, 다만 그 고통을 견디어낼 수 있는 힘을 주십시오. 주님, 제게는 주님께서 좋으실 대로 해 주시고 다만 어떤 경우, 어떤 상황에서도 주님을 사랑할 수 있는 은총을 저에게 주십시오. 주님, 저의 고통의 잔을 가볍게 하지 마시고 다만 그 잔을 깨끗이 다 마실 수 있는 힘을 저에게 주십시오. (1489)

모든 은총이 자비로부터 흘러나오며 마지막 시간에 우리를 위해 자비가 흘러넘칠 것이다. 아무도 하느님의 선하심에 대해서는 의심을 품지 말아야 한다. 비록 어떤 사람의 죄가 어두운 밤과 같이 검다고 해도 하느님의 자비는 우리 존재의 비천함보다 훨씬 더 강하다. 필요한 것은 다만 한 가지뿐이다. 죄인이 자신의 마음의 문을 조금이라도 열어 놓아서 하느님의 자비로운 은총의 빛줄기가 들어갈 수 있게 해야 한다. 그 나머지는 하느님께서 다 해 주실 것이다. 그러나 마지막 순간에도 하느님의 자비에 문을 닫아버리는 영혼은 참으로 불쌍하다. 바로 이런 영혼들이 올리브 동산에서 예수님을 죽음과 같은 슬픔 속으로 밀어 넣은 것이다. 하느님의 자비가 흘러나온 곳은 바로 지극히 자비로우신 그분의 성심이다. (1507)

## 6 성모님과 곱비 신부님의 내적 담화

나는 '생명'이신 예수님께 너희를 데려간다. 지금은 수많은 이들이 죄와 죽음의 암흑 속으로 떨어지는 시대이기에, 나는 너희 가운데 강력히 현존함으로써 너희가 하느님의 은총 안에서 살도록 도움을 주고 있다. 다름 아닌 주 예수님의 생명에 너희도 참여하게 하려는 것이다. (398,12) 이 어두운 대환난기에, 너희가 자녀다운 의탁과 큰 양순함으로 내 팔에 안겨 내가 데려가는 대로 자신을 맡기지 않는다면, 내 '원수'가 너희 앞에 놓는 간교한 덫을 용케 피하기란 쉬운 일이 아니다. 원수의 유혹이 어찌나 위험하고 교활한 것이 되었는지, 잘 피할 수 있는 사람이 이제는 거의 없을 정도이다. 너희는 예수님과 나로부터 너희를 멀리 떼어 놓으려는 그 유혹에 넘어갈 수도 있는, 크나큰 위험 속에 있는 것이다. (398,13) 나는 '길'이신 예수님께 너희를 데려간다. 그러면 예수께서 너희를 '하늘에 계신 아버지'(*마태 5,16)께 데려가신다. (398,16) 예수님과 하느님 아버지는 한 분이시다. 성부께서 성자를 통해 너희에게 '사랑의 성령'을 주심은, 이 거룩한 '일치'의 놀라운 신비를 너희도 깊이 깨달을 수 있게 하시려는 것이다. (398,17) 예수께서 너희의 길이 되시면, 그분의 아버지시오 너희의 아버지이신 천상 성부의 품에 너희도 도달할 수 있다. 예수님과 함께 걸어간다면, 그분께서 언제나 성부의 뜻을 이루셨던 그 사랑과 양순함으로, 너희도 자신의 삶 안에서 하느님의 '뜻'을 이룰 수 있는 것이다. 그러니 너희는 어린아이들의 신뢰와 맡김(의 정신)으로 살아야 한다. 아이들은 하늘에 계신 아버지께 모든 것을 바랄 뿐더러, 무엇이나 그분 사랑의 선물로 받아들이기 때문이다. (398,18) 너희가 그렇게 산다면, '천상 엄마'인 나는 영광과 빛이 (넘쳐흐르는) '주님 성전'의 내 티 없는 성심의 제단에, 날마다 너희를 데려올 수 있어진다. 너희의 삶을 성삼위 하느님의 완전한 영광을 위해 봉헌하면서, 너희를 통해 하느님 '빛'의 찬란한 '광채'가 어디로나 퍼져나가게 하려는 것이다. (398,19)

**7 자비의 5단 기도**

**8 묵주 기도** (빛의 신비)

**9 마침 기도**

사도들의 모후께 드리는 기도문

## 3 자비의 하느님께 대한 믿음

하느님께서는 우리의 믿음을 보시고 당신의 무한한 자비를 베풀어 주십니다. 우리는 그분의 자비로운 사랑에 흔들림 없는 신뢰를 드릴 수 있어야 합니다. 하느님께서는 당신을 믿지 못하는 우리의 불신이 우리가 범한 죄들보다도 더 마음을 아프게 하는 것이라고 말씀하셨습니다. 모든 재산을 탕진하고 돌아오는 아들을 멀리서 바라보고 바로 달려가신 자비로우신 주님의 선하심을 굳게 믿고 우리를 늘 애타게 바라보시며 기다리고 계신 주님의 시선을 믿음의 눈으로 느껴 보아야 할 것입니다.

**+ 성부와 성자와 성령의 이름으로 아멘.**
**1 시작 기도** | 성령송가

**2 독서**
**히브 11,1-3**
믿음은 우리가 바라는 것들의 보증이며 보이지 않는 실체들의 확증입니다. 사실 옛사람들은 믿음으로 인정을 받았습니다. 믿음으로써, 우리는 세상이 하느님의 말씀으로 마련되었음을, 따라서 보이는 것이 보이지 않는 것에서 나왔음을 깨닫습니다.

**루카 15,11-24**
예수님께서 또 말씀하셨다. "어떤 사람에게 아들이 둘 있었다. 그런데 작은아들이, '아버지, 재산 가운데에서 저에게 돌아올 몫을 주십시오.' 하고 아버지에게 말하였다. 그래서 아버지는 아들들에게 가산을 나누어 주었다. 며칠 뒤에 작은아들은 자기 것을 모두 챙겨서 먼 고장으로 떠났다. 그러고는 그곳에서 방종한 생활을 하며 자기 재산을 허비하였다. 모든 것을 탕진하였을 즈음 그 고장에 심한 기근이 들어, 그가 곤궁에 허덕이기 시작하였다. 그래서 그 고장 주민을 찾아가서 매달렸다. 그 주민은 그를 자기 소유의 들로 보내어 돼지를 치게 하였다. 그는 돼지들이 먹는 열매 꼬투리로라도 배를 채우기를 간절히 바랐지만, 아무도 주지 않았다. 그제야 제정신이 든 그는 이렇게 말하였다. '내 아버지의 그 많은 품팔이꾼들은 먹을 것이 남아도는데, 나는 여기에서 굶어 죽는구나. 일어나 아버지께 가서 이렇게 말씀드려야지. '아버지, 제가 하늘과 아버지께 죄를 지었습니다. 저는 아버지의 아들이라고 불릴 자격이 없습니다. 저를 아버지의 품팔이꾼 가운데 하나로 삼아 주십시오.' 그리하여 그는 일어나 아버지에게로 갔다. 그가 아직도 멀리 떨어져 있을 때에 아버지가 그를 보고 가엾은 마음이 들었다. 그리고 달려가 아들의 목을 껴안고 입을 맞추었다. 아들이 아버지에게 말하였다. '아버지, 제가 하늘과 아버지께 죄를 지었습니다. 저는 아버지의 아들이라고 불릴 자격이 없습니다.' 그러나 아버지는 종들에게 일렀다. '어서 가장 좋은 옷을 가져다 입히고 손에 반지를 끼우고 발에 신발을 신겨 주어라. 그리고 살진 송아지를 끌어다가 잡아라. 먹고 즐기자. 나의 이 아들은 죽었다가 다시 살아났고 내가 잃었다가 도로 찾았다.' 그리하여 그들은 즐거운 잔치를 벌이기 시작하였다."

3 위의 말씀이 나 자신에게 주는 의미를 잘 깨닫고 깊이 묵상한다.

4 성녀 파우스티나 수녀의 일기 중 예수님 말씀
"죄 많은 영혼아, 너의 구세주를 두려워하지 마라. 나는 네가 스스로의 힘만으로는 너 자신을 내게로 들어 올릴 수 없다는 것을 알고 있다. 그렇기 때문에 내가 먼저 너에게로 간다. 아이야, 너의 아버지로부터 도망치지 마라. 너를 용서해 주고 너에게 당신의 은총을 쏟아부어 주고 싶어 하시는 자비로우신 너의 하느님과 마음을 열고 이야기하여라. 너의 영혼이 나에게는 얼마나 사랑스럽고 귀중한지 모른다! 나는 네 이름을 내 손에 새겨 두었고 너는 깊은 상처를 내 마음속에 남기고 도망쳤다."

"내 아이야, 너는 하느님의 자비가 두렵다는 것이냐? 나의 신성함도 내 자비로움을 막지 못한다. 보아라. 나는 너를 위해서 이 지상에 자비의 어좌를 세웠다. 감실이 그 어좌이고, 나는 그 어좌로부터 너의 마음속으로 들어가기를 원한다. 나를 둘러싸고 있는 수행원이나 보초가 있는 것도 아니다. 너는 아무 때든지 항상 내게로 올 수 있다. 나는 너와 이야기를 하고 싶고 네게 은총을 주고 싶다."

"아이야, 너의 비천함에 대해서는 더 이야기하지 마라. 나는 벌써 다 잊었다. 내 아이야, 내가 너에게 하고자 하는 이야기를 잘 들어라. 나의 상처로 가까이 와서 네가 원하는 것이 무엇이든지 그 생명의 샘으로부터 퍼내어라. 생명의 샘물을 충분히 마시면, 너는 길을 가는 중에 멈추지 않을 것이다. 내 자비의 아름다운 광채를 보고 너의 구원을 방해하는 적들을 두려워하지 마라. 나의 자비를 찬양하여라." (1485)

"내 아이야, 자비로우신 네 아버지의 목소리에 귀를 기울여라."

"나의 전능한 자비가 여기에 임하고 있다. 이 은총을 활용하는 영혼은 행복하다."

"네가 나에게로 돌아올 때 내 마음은 말할 수 없는 기쁨으로 채워진다. 네가 연약하기 때문에 나는 너를 팔에 안아서 내 아버지의 집으로 데리고 간다." (1486)

"내 아이야, 이 지상에서의 삶은 참으로 투쟁의 연속이다. 그것은 나의 나라를 위한 크나큰 투쟁이다. 그렇지만 너는 혼자가 아니므로 두려워하지 마라. 내가 언제나 너를 지탱해 주고 있다. 아무것도 두려워하지 말고 내게 기대어 싸워라. 너 자신만을 위해서가 아니라 다른 영혼들을 위해서, 특히 나의 선함을 믿지 않는 영혼들을 위해서 믿음이라는 두레박을 가지고 생명의 샘물을 퍼 올려라." (1488)

## 5 성녀 파우스티나 수녀의 일기 중 묵상과 영적 대화

"주님, 저는 죄악의 길에서부터 돌아오라고 저를 부르시는 주님의 목소리를 듣고 있습니다. 그러나 저는 그렇게 할 용기도 없고 힘도 없습니다."

"주님, 저는 주님의 거룩하심을 알고 또 주님이 두렵습니다."

"주님, 저는 주님이 저의 수많은 죄를 모두 용서해 주실 것인지 의심스럽습니다. 저의 비천함이 저를 두려움으로 가득 채웁니다." (1485)

"저를 위한 자비란 이미 없습니다." 그러고는 영혼은 더욱 깊은 어둠의 구렁텅이로 빠져 들어가고, 지옥을 미리 맛보는 것과 같은 절망이 그를 하느님께로 가까이 갈 수 없게 만든다.

예수님께서는 그 영혼을 세 번째 부르시지만, 영혼은 눈이 멀고 귀가 먹어, 고집과 절망 속으로 빠져들기 시작한다. 그때 하느님의 자비는 내적인 힘을 더하기 시작하면서 영혼으로부터는 아무런 도움도 없이 그에게 최후의 은총을 베푸신다. 만일 영혼이 이것도 걷어차 버리면 하느님께서는 그 영혼을 영혼이 스스로 선택한 영원한 지옥으로 가게 내버려 두신다. 이 은총은 예수님의 자비로운 성심으로부터 나오는 것이며 영혼에게 특별한 빛을 준다. 영혼은 이 빛으로 하느님의 노력을 이해하기 시작한다. 그러나 회개는 영혼 자신의 의지에 달린 것이다. 영혼은 이것이 자신에게 주어진 마지막 은총이라는 것을 알고, 자신의 선의를 조금이라도 보여야 한다. 그렇게만 하면 나머지는 모두 하느님의 자비가 수행하신다. (1486)

"오, 예수님, 저는 영혼들이 믿음의 두레박으로 소생을 위한 생명의 물을 길어 올릴 수 있도록 그들을 주님 자비의 샘으로 인도하기를 갈망합니다. 하느님의 자비를 더 많이 원하는 영혼은 더 큰 믿음으로 하느님께로 다가가야 합니다. 만일 그 영혼이 하느님을 한없이 신뢰한다면 그 영혼을 향한 하느님의 자비도 한이 없을 것입니다. 오, 저의 하느님, 제 심장의 고동을 하나하나 다 아시는 하느님, 모든 사람들의 심장이 주님만을 위해서 뛰기를 그리고 모든 영혼들이 주님 자비의 위대하심을 찬양하기를 제가 얼마나 원하는지 주님께서는 잘 아십니다." (1489)

## 6 성모님과 곱비 신부님의 내적 담화

더 이상은 내 성자 예수님(의 마음)을 상하게 하지 말아라. 그분은 이미 너무도 많은 능욕을 받으셨다. 회개하여, 기도와 보속의 길로 하느님께 돌아오너라. (211,4)

(그러나) 불행히도 인류는 나의 이 메시지에 여전히 귀를 기울이지 않는다. 계속 하느님께 반항하면서 그분 사랑의 법을 완고하게 거부하는 길로 나아갈 따름이다. 죄 (자체)를 부인하고, 더없이 추악한 도덕상의 문란紊亂도 잘못 이해된 자유의 이름으로 정당화하기에 이르렀다. 내 원수인 사탄이 그렇듯 교활하게 너희를 속여 넘긴 것이다. (211,5) 그래서 허다한 사람들이 죄의식마저 상실해 버려서, 갈수록 많은 죄를 지으며 정당화한다. (죄의식이 없으니) 통회도 거의 사라져 버렸다. 이것이 회개의 길로 들어서는 첫걸음인데 말이다. (211,6) 지금은 정의와 자비의 때요, 징벌과 구원의 때이다. 지금만큼 큰 위협을 받으며 마지막 환난기로 다가선 때는 일찍이 없었기에, 이 천상 엄마가 너희를 위해 하느님께 전구하는 것이다. (211,8) 그러니 부디 통회하며 하느님께로 돌아오너라. 나는 내 가장 사랑하는 아들인 너희들, 내게 봉헌한, 이 마지막 시대의 내 '사도'인 너희들을 통해, 나의 고뇌에 찬 이 호소가 땅 극변까지 퍼져 나가게 하고 싶다. (211,9)

너희가 티 없는 내 성심의 정원에 머물면 나의 소유가 된다. 그래서 이제는 아무도 너희를 내게서 떼어 놓을 수 없다. 내가 몸소 너희를 지켜 주기 때문이니, 너희는 항상 안전한 (피난처에) 있다고 생각해야 한다. (133,1) 더욱이 나는 너희 한 사람 한 사람도 나의 정원과 같이 삼위일체이신 하느님의 거룩한 광채로 빛나는 정원이 될 때까지 부드럽게 양육한다. (133,5) 엄마다운 자상함으로 너희를 기르는 것이니, 주님 마음에 들지 않을 성싶은 것이 너희에게 있으면 무엇이든지 내 손으로 뿌리째 뽑아낸다. (133,6) 나를 감싸고 계시는 성령은 너희 안에 있는 일체를 태워 없애는 불길 같은 분이셔서, 이 천상 엄마가 너희에게서 이루고자 하는 (완전한) 아름다움을 흐리게 할 그늘은 단 하나도 남겨 두지 않으신다. 너희로 하여금 하느님의 지순至純하신 투명함에 이르기까지 (드맑은 영혼이 되게) 하는 것이 나의 바람이다. (133,7) 또한 나는 너희 안에 신덕과 망덕과 애덕이 굳건해지게 한다. 너희의 모든 성장 가능성이 거기에 달려 있는, 근원적인 덕목德目인 까닭이다. 이 (삼주덕三住德) 주위에, 하느님 대전에서 너희 엄마를 곱게 단장한 다른 모든 덕을 장식물로 달아 너희에게 준다. (133,8) 그리하여 너희가 하느님의 빛에 (마음을) 여는 정도에 따라, 내 향내가 가득한 향유를 너희에게 부어 준다. 그것이 다름 아닌 겸손과 신뢰와 의탁이다. (133,9) 오, 내 정원에서 내가 가꾸는 꽃들인 너희는 그와 같이 성장하여라. 이 엄마의 아름다움과 향기를 너희가 받고 있으니 말이다. (133,10)

**7 자비의 5단 기도**

**8 묵주 기도** (고통의 신비)

**9 마침 기도**

사도들의 모후께 드리는 기도문

## 4 자비의 빛으로 나아감

하느님 자비의 빛으로 나아가기 위해서는 우리의 삶 모두를 주님 앞에 내어 드리고 내면의 깊은 침묵 속에서 자신의 모습을 인식할 수 있어야 합니다. 우리가 죄인임을 자각하고 항상 용서해 주시는 자비의 하느님을 믿고 받아들일 때 하느님의 은총 안에서 우리는 영적인 눈을 뜨게 되고 하느님께서 우리가 마음을 열도록 해 주십니다. 주님의 빛 안에 우리 자신의 어두웠던 삶 모두를 내어 드리고 사랑이신 주님의 빛으로 가득 채워 주시기를 간절히 기도드려야 할 것입니다.

**+성부와 성자와 성령의 이름으로 아멘.**
**1 시작 기도** | 성령송가

**2 독서**
**시편 139,1-18**
주님, 당신께서는 저를 살펴보시어 아십니다. 제가 앉거나 서거나 당신께서는 아시고 제 생각을 멀리서도 알아채십니다. 제가 길을 가도 누워 있어도 당신께서는 헤아리시고 당신께는 저의 모든 길이 익숙합니다. 정녕 말이 제 혀에 오르기도 전에 주님, 이미 당신께서는 모두 아십니다. 뒤에서도 앞에서도 저를 에워싸시고 제 위에 당신 손을 얹으십니다. 저에게는 너무나 신비한 당신의 예지 너무 높아 저로서는 어찌할 수 없습니다. 당신 얼을 피해 어디로 가겠습니까? 당신 얼굴 피해 어디로 달아나겠습니까? 제가 하늘로 올라가도 거기에 당신 계시고 저승에 잠자리를 펴도 거기에 또한 계십니다. 제가 새벽놀의 날개를 달아 바다 맨 끝에 자리 잡는다 해도 거기에서도 당신 손이 저를 이끄시고 당신 오른손이 저를 붙잡으십니다. "어둠이 나를 뒤덮고 내 주위의 빛이 밤이 되었으면" 하여도 암흑인 듯 광명인 듯 어둠도 당신께는 어둡지 않고 밤도 낮처럼 빛납니다. 정녕 당신께서는 제 속을 만드시고 제 어머니 배 속에서 저를 엮으셨습니다. 제가 오묘하게 지어졌으니 당신을 찬송합니다. 당신의 조물들은 경이로울 뿐. 제 영혼이 이를 잘 압니다. 제가 남몰래 만들어질 때 제가 땅 깊은 곳에서 짜일 때 제 뼈대는 당신께 감추어져 있지 않았습니다. 제가 아직 태아일 때 당신 두 눈이 보셨고 이미 정해진 날 가운데 아직 하나도 시작하지 않았을 때 당신 책에 그 모든 것이 쓰였습니다. 하느님, 당신의 생각들이 제게 얼마나 어렵습니까? 그것들을 다 합치면 얼마나 웅장합니까? 세어 보자니 모래보다 많고 끝까지 닿았다 해도 저는 여전히 당신과 함께 있습니다.

**3** 위의 말씀이 나 자신에게 주는 의미를 잘 깨닫고 깊이 묵상한다.

**4 성녀 파우스티나 수녀의 일기 중 예수님 말씀**
"내 딸아, 비록 네가 네 마음의 가장 깊은 비밀스런 곳에서도 나를 알아보고 느끼지 못한다고 해도, 너는 내가 거기에 있지 않다고 말할 수는 없다. 나는 단지 네가 내 현존을 의식하지 못하게 한 것뿐이다. 그러니까 그것이 나의 뜻을 수행하는 데에 장애가 되어서는 안 된다. 내가 이렇게 하는 것은 네가 훗날 알게 될 깊이를 헤아릴 수 없는 나의 목적을 달성하기 위한 것이다."

"나의 딸아 언제나 명심하여라. 나를 영혼에게서 몰아내는 것은 다만 대죄뿐이다. 대죄 외에는 없다." (1181)

"기록하여라. 나는 세 배로 거룩하며 지극히 작은 죄까지도 혐오한다. 나는 죄로 물든 영혼을 사랑할 수 없지만, 죄인이 회개한다면 그에 대한 나의 관대함은 끝이 없을 것이다. 나의 자비가 그를 감싸고 용서할 것이다. 나는 내 자비로 죄인들이 가는 길을 끝까지 따라가며, 그들이 나에게로 되돌아오면 내 마음은 크게 기뻐한다. 그들이 내 마음에 퍼부었던 고통들은 다 잊어버리고, 그들이 돌아 온 것을 기뻐한다."

"죄인들에게 아무도 내 손을 벗어나지 못한다고 말해 다오. 그들이 나의 자비로운 마음으로부터 도망을 쳐도 결국엔 나의 정의로운 손에 잡히고 말 것이다. 내가 항상 그들을 기다리고 있으며 그들의 심장이 나를 위하여 뛸 때, 그 소리를 듣고 있다고 죄인들에게 말해 다오. 나는 그들의 양심의 가책을 통해서, 그들의 실패와 고통을 통해서, 폭풍우와 번개를 통해서 이야기하며, 교회의 목소리를 통해서 그들에게 말하고 있다는 것을 기록하여라. 만일 그들이 나의 모든 은총을 헛되이 한다면 나는 그들에게 분노하기 시작할 것이다. 그들을 그냥 내버려 두고, 그들이 원하는 심판을 그대로 내려 줄 것이다." (1728)

"나는 내 마음을 살아있는 자비의 샘으로 열어 놓았다. 모든 영혼들이 이 샘에서 생명을 퍼 올리게 하여라. 모든 영혼들이 커다란 믿음을 가지고 이 자비의 바다로 오게 하여라. 죄인들은 그들의 죄를 용서받을 것이고 의인들은 더욱 선하게 될 것이다. 누구든지 나의 자비에 의탁하는 사람은 임종의 순간에 나의 거룩한 평화로 가득 채워

질 것이다." (1520)

## 5 성녀 파우스티나 수녀의 일기 중 묵상과 영적 대화

오, 영원한 진리이신 예수님, 나약한 저에게 힘을 주십시오. 주님, 주님은 무엇이든지 다 하실 수 있으십니다. 주님 없이는 저의 이 모든 노력이 헛되다는 것을 저는 잘 압니다. 오, 예수님, 저는 주님 없이는 살 수 없사오니, 저에게서 주님을 숨기지 마십시오. 제 영혼의 울부짖음을 들어 주십시오. 주님의 자비는 끝이 없사오니, 주님, 저의 비천함을 불쌍히 여겨 주십시오. 모든 천사들과 인간들의 지혜를 합쳐도 주님의 자비를 이해할 수는 없습니다. 그러므로 주님께서 저의 기도를 들어 주시지 않는 것 같을지라도, 저는 바다와 같은 주님의 자비에 의탁합니다. 저는 저의 희망이 어긋나지 않으리라는 것을 알고 있습니다. (69)

저녁에 주님께서는 세상의 모든 것이 얼마나 덧없는 것인지를, 그리고 위대한 것처럼 보이는 것들은 연기처럼 사라질 것이며, 그런 것들은 영혼에게 자유를 주는 것이 아니라 피로만 준다는 것을 내게 알려 주셨다. 이런 것들을 알고 있는 영혼, 그리고 한 발로만 땅을 밟고 있는 영혼은 행복하다. 저의 휴식은 주님과 일치하는 것입니다. 다른 모든 것들은 저를 피로하게 해 줄 뿐입니다. 오, 제가 귀양살이를 하고 있다는 것을 얼마나 절실히 느끼는지요! 아무도 저의 내적 생활을 이해해 주지 못한다는 것을 저는 압니다. 주님만이 저를 이해하십니다. 주님은 저의 마음속에 숨어 계시지만, 또한 영원히 살아 계십니다. (1141)

저의 예수님, 어려움과 폭풍의 날들, 시험의 날들, 시련의 날들이 닥쳐올 때, 고통과 피로가 제 몸과 마음을 억누르기 시작할 때, 저를 지탱해 주십시오. 예수님, 고통을 견디어 낼 힘을 제게 주시고 저를 지켜 주십시오. 제 입술에 파수꾼을 두시어서, 제 입술이 피조물들에게 어떤 불평의 말이라도 하지 않게 해 주십시오. 주님의 가장 자비로우신 성심이 저의 유일한 희망입니다. 주님의 자비 외에는 저를 보호해 줄 것이라고는 아무것도 없습니다. 주님의 자비에 제 모든 것을 의탁합니다. (1065)

그때에, 나는 일곱 영들 중의 하나가 내 곁에 있는 것을 보았다. 그 영은 다른 때처럼 빛나는 모습으로 광채를 발하고 있었다. 내가 기차를 타고 가는 동안, 나는 계속 내 옆에 있는 그를 보았다. 나는 우리가 지나치는 각 성당마다 천사가 하나씩 서 있는 것을 보았다. 그러나 그들은 나의 여행에 동행하는 그 영보다는 희미한 빛을 내고 있었다. 그리고 성당들을 지키는 각 영들은 내 곁에 있는 영에게 머리 숙여 절을 했다.

내가 바르샤바Warszawa에 있는 수녀원의 대문을 들어섰을 때, 그 영은 사라졌다. 나는 하느님의 선하심에 감사했다. 그분이 우리에게 천사들을 동반자로 주시기 때문이다. 오, 단지 소수의 사람들만이 자신들 곁에 이런 손님이 항상 함께 있다는 것을, 그리고 그들이 모든 것의 증인이라는 것을 깨닫고 있나니! 죄인들이여, 당신들의 모든 행동에 대해서는 증인이 있다는 것을 기억하라. (630)

## 6 성모님과 곱비 신부님의 내적 담화

나는 너희의 천상 엄마이고, 너희 한 사람 한 사람 곁에 있다. (192,3) 나는 너희를 보호하며 인도한다. (192,4) 나는 너희를 피신시키며 지켜 준다. (그러므로) 너희의 운명이 어떻게 될지 걱정하지 말아라. 만사가 이미 이 엄마의 마음 안에 안배되어 있으니 말이다. (192,5) 더욱더 열심히 기도하여라. (192,10) 나와 함께 거룩한 '묵주 기도'를 바쳐야 한다. (192,11) 기도하고 보속하여라. (환난의) 때가 단축되고 내 자녀들 가운데서 되도록 많은 수가 영원한 구원을 얻을 수 있도록 하기 위해서다. (192,12) 고통이 하느님을 멀리해 온 모든 사람을 회개시키는 데 쓰일 수 있도록 기도하여라. (192,13) 성부의 사랑을 절대로 의심하지 않도록 기도하여라. 성부께서는 항상 너희를 지켜보시고 돌보시며, 타락, 불충실, 반항, 불순결, 무신론이라는 질병에서 너희를 낫울 약으로 고통을 사용하신다. (192,14) 이제 나는 너희가 더 많이 기도하기 바란다. (192,15) 묵주 기도를 더 많이 하되, 나와 일치하여 잘 바쳐야 한다. 너희의 고통과 보속도 내게 바쳐 다오. (192,17) (그리고) 죄인들의 회개를 위한 기도와 보속도 바쳐 주기 바란다. 가장 반항적이고 가장 멀리 떨어져 있는 자녀들까지 하느님께 돌아올 수 있도록 말이다. 하느님께서는 자비로운 아버지의 애타는 정으로 그들을 기다리신다. (192,18) 그러니 우리가 함께 온 세상을 싸안아 구원할 수 있는, 사랑의 거대한 그물을 이루자꾸나. (192,19) 이와 같이 하면, 길 잃은 모든 이를 구원하기 위해, 나의 어머니답고 고귀한 중재를 도처에 펼 수 있다. (192,20)

**7 자비의 5단 기도**

**8 묵주 기도** (영광의 신비)

**9 마침 기도**
사도들의 모후께 드리는 기도문

## 5 자비의 사랑 안에 머무름

지극히 자비로우신 주님의 성심은 사랑 자체이시며 주님의 성심 안으로 늘 우리를 초대하십니다. 한없이 흘러나오는 주님 성심의 사랑은 죄로 물든 영혼들도 순결하게 정화되고 변화시켜주십니다. 주님의 자비가 한없이 흘러나오는 사랑의 샘에 일치하여 주님의 사랑만이 우리를 가득 채울 수 있도록 온전히 우리 자신을 내어 드려야 할 것입니다.

+성부와 성자와 성령의 이름으로 아멘.
1 시작 기도 | 성령송가

2 독서

요한 8,1-11

예수님께서는 올리브 산으로 가셨다. 이른 아침에 예수님께서 다시 성전에 가시니 온 백성이 그분께 모여들었다. 그래서 그분께서는 앉으셔서 그들을 가르치셨다. 그때에 율법 학자들과 바리사이들이 간음하다 붙잡힌 여자를 끌고 와서 가운데에 세워 놓고, 예수님께 말하였다. "스승님, 이 여자가 간음하다 현장에서 붙잡혔습니다. 모세는 율법에서 이런 여자에게 돌을 던져 죽이라고 우리에게 명령하였습니다. 스승님 생각은 어떠하십니까?" 그들은 예수님을 시험하여 고소할 구실을 만들려고 그렇게 말한 것이다. 그러나 예수님께서는 몸을 굽히시어 손가락으로 땅에 무엇인가 쓰기 시작하셨다. 그들이 줄곧 물어 대자 예수님께서 몸을 일으키시어 그들에게 이르셨다. "너희 가운데 죄 없는 자가 먼저 저 여자에게 돌을 던져라." 그리고 다시 몸을 굽히시어 땅에 무엇인가 쓰셨다. 그들은 이 말씀을 듣고 나이 많은 자들부터 시작하여 하나씩 하나씩 떠나갔다. 마침내 예수님만 남으시고 여자는 가운데에 그대로 서 있었다. 예수님께서 몸을 일으키시고 그 여자에게, "여인아, 그자들이 어디 있느냐? 너를 단죄한 자가 아무도 없느냐?" 하고 물으셨다. 그 여자가 "선생님, 아무도 없습니다." 하고 대답하자, 예수님께서 이르셨다. "나도 너를 단죄하지 않는다. 가거라. 그리고 이제부터 다시는 죄짓지 마라."

**3 위의 말씀이 나 자신에게 주는 의미를 잘 깨닫고 깊이 묵상한다.**

**4 성녀 파우스티나 수녀의 일기 중 예수님 말씀**
"나는, 영혼들을 위해 내 성심 안에서 불타고 있는 사랑에 대해, 네가 좀 더 깊이 깨닫기를 바란다. 내 수난을 묵상할 때, 너는 이것을 이해하게 될 것이다. 죄인들을 대신해서 내 자비를 소리쳐 불러라. 나는 그들의 구원을 갈망한다. 네가, 어떤 죄인을 대신하여, 죄를 뉘우치는 마음과 믿음으로 이 기도를 바칠 때, 나는 그에게 회개의 은총을 베풀 것이다. 이것이 그 기도이다": (186)

"오, 저희를 위한 자비의 샘이신 예수 성심에서 흘러나오신 피와 물이시여, 저는 당신께 의탁합니다." (187)

"두 빛줄기는 피와 물을 표시한다. 흰 빛줄기는 영혼을 의롭게 하는 물을 뜻하고, 붉은 빛 줄기는 영혼의 생명인 피를 뜻한다."

"이 두 빛줄기는 십자가에서 고통당하는 나의 심장이 창에 찔려서 열렸을 때, 나의 자비의 깊은 심연에서부터 나온 것이다." "이 빛줄기들은 내 아버지의 분노로부터 영혼들을 보호해 줄 것이다. 자신들의 피난처에서 살게 되는 사람은 행복하다. 왜냐하면 하느님의 정의의 손길이 그를 잡지 않으실 것이기 때문이다. 나는 부활축일 후의 첫 주일이 자비의 축일이 되기를 원한다." (299)

"나의 자비에 의탁하지 않으면 인류는 평화를 얻지 못

할 것이다."

"오, 불신하는 영혼이 나에게 얼마나 많은 상처를 주는지! 그런 영혼은 내가 거룩하고 정의롭다고 고백은 하지만, 나의 자비를 믿지도 않고, 나의 선함을 신뢰하지도 않는다. 악마들까지도 나의 정의에는 영광을 돌리지만, 나의 선함은 믿지 않는다."

"나의 성심은 이 자비라는 존칭을 좋아한다."(300)

[자기가 청한 것보다] "더 많은 것을 얻을 때 사양하지 않고, 차라리 진심으로 감사하는 거지처럼 행동하여라. 내가 너에게 더욱 큰 은총을 줄 때, 네가 그것을 받을 자격이 없다며 사양하지 마라. 나는 알고 있다. 오히려 그만큼 더욱더 기뻐하여라. 그리고 네가 가질 수 있는 만큼 힘이 닿는 데까지 내 성심으로부터 가능한 한 많은 보화를 가져가거라. 그렇게 함으로써 너는 나를 더욱 기쁘게 해 준다. 그리고 네게 한 가지 더 말해 주겠다. 이런 은총들을 너 자신만을 위하여 가져가지 말고 다른 이들을 위해서도 가져가거라. 네가 만나는 영혼들에게 나의 무한한 자비에 의탁하라고 용기를 주어라. 오, 나에게 완전히 의탁하는 영혼들을 내가 얼마나 사랑하는가! 나는 그들

을 위해서는 무엇이든 다 하겠다."(294)

**5 성녀 파우스티나 수녀의 일기 중 묵상과 영적 대화**

고통은 이 세상에서 가장 귀한 보물이다. 고통은 영혼을 정화시킨다. 고통 중에, 우리는 누가 우리의 진정한 친구인지를 알게 된다. (342)

진정한 사랑은 고통이라는 체온계로 잴 수 있다. 예수님, 매일의 작은 십자가들에 대해서 주님께 감사드립니다. 제가 하고자 하는 일에 맞서는 반대 의견들, 공동체 생활의 어려움, 저의 지향에 대한 오해들, 다른 사람들에게서 당하는 굴욕들, 우리가 당하는 학대, 억울한 누명, 나약한 건강과 힘의 결핍, 자기 부정, 자신을 스스로 망가뜨리는 것, 어떤 일에 있어서도 합당하게 인정을 받지 못하는 것, 모든 계획이 수포로 돌아가는 것, 이런 모든 것들 때문에 저는 주님께 감사드립니다.

예수님, 내적 고통에 대해서도 감사드립니다. 영의 메마름, 공포, 두려움과 불확실함, 내적인 깊은 수렁, 유혹과 갖가지 시련들, 그리고 설명할 수 없는 고초들, 특히 아무도 이해해 주지 못하는 고통들, 처절한 투쟁과 온갖

쓰라림으로 가득한 죽음의 시간에 대해서 주님께 감사드립니다. (343)

큰 사랑은 작은 것들을 큰 것으로 만들며, 사랑만이 우리 행동의 값을 매길 수 있다. 우리의 사랑이 더욱더 순수해질수록, 우리를 먹이로 삼는 고통의 불길은 점점 더 작아진다. 그리고 고통이 우리에게 고통이기를 그치고, 우리의 즐거움이 될 것이다! 하느님의 은총으로, 나는 이런 마음가짐을 허락받았기 때문에, 내 심장이 뛰는 매 순간마다 사랑하는 예수님을 위해서 고통을 당하는 것이 더할 나위 없이 행복하다. (303)

하느님의 눈에 한없이 귀한 가치를 가진 것이 딱 한 가지가 있는데, 그것은 바로 하느님께 대한 사랑이라는 것을 하느님께서 내게 알려 주셨다. 사랑, 사랑, 그리고 또 사랑, 그리고 하느님께 대한 순수한 사랑으로 행한 한 가지 행위와 비교될 수 있는 것은 아무것도 없다. 오, 하느님께서는 당신을 진실하게 사랑하는 영혼에게는 상상할 수도 없는 특별한 애정의 선물들을 내리신다! 오, 지금 이 세상에서 벌써 하느님의 특별한 애정의 선물들을 누리는 영혼들은 얼마나 행복한가! 이런 행복을 누리는 영

혼들은 작고 겸손한 영혼들이다. (778)

## 6 성모님과 곱비 신부님의 내적 담화

예수님을 사랑하여라. 그분은 세상을 구원하시기 위해 '십자가'에서 이루신 당신의 '희생 제사'가 시간 속에 지속되도록 하시려고 너희를 뽑아 축성해 주신 분이시다. (490,3) 예수께서 당신 사제인 너희에게 청하시는 것은 오직 그분께 대한 너희의 사랑뿐이다. 그분은 물 한 방울을 기다리며 신음하는 사람 같은 목타는 갈증으로, 빵 한 조각을 얻으려고 손을 뻗는 사람 같은 허기진 갈망으로 사랑하는 이의 사랑을 받고 싶어 애태우는 연인 같은 불타는 열망으로 너희에게 사랑을 청하시는 것이다. (490,4)

아끼는 사람들을 위하여 자기 생명을 바치는 것보다 더 큰 사랑은 없다. 너희를 위해 십자가에 달려 돌아가시는 내 아들 예수님을 바라보아라. 그분은 돌아가심으로써 그 사랑으로 (너희에게) 당신 생명을 주신다. (124,3)

갈라져 피를 흘리고 있는 그분의 상처는 너희에 대한 그분 사랑의 표징이다. 너희 구원의 몸값이다. 생명의 새

봄에 피어난 꽃송이들이다. 속량과 구원의 파스카 기쁨을 너희 모두에게 가져다주는, '하느님 자비'의 귀한 선물이다. (569,4) 그분의 상처는 영원한 생명을 위해 솟아오르는 생수의 샘이다. 오늘날에도 너희를 위해 십자가에 높이 달려 돌아가시는 내 아들 예수님의 찢어져 피 흘리는 상처에서 분출하는 '은총'과 '하느님의 자비'의 샘이다. 이 샘에서 너희 몸을 씻어라. (569,8) 그러면 너희는 모든 얼룩이 씻기고, 모든 속박에서 해방되고, 모든 죄를 속량 받고, 사탄의 지배에서 벗어나게 되며, 하늘에 계신 아버지와의 완전한 친교 안으로 들어가고, 사랑과 착함에로 (마음이) 열리고, 은총과 순결의 비추임을 받고, '하느님 자비'의 샘에서 새롭게 변화된다. (569,9)

## 7 자비의 5단 기도

## 8 묵주 기도 (환희의 신비)

## 9 마침 기도
사도들의 모후께 드리는 기도문

## 6 자비 안에서의 고백 ('화해와 참회의 성사')

우리의 진정한 속죄는 우리가 드릴 수 있는 가장 아름다운 기도입니다. 우리가 지은 죄가 아무리 작고 사소한 것일지라도 인류의 죄로 인해 수난을 받으신 예수님의 고통 앞에 깊이 참회하며 진정한 회개의 은총을 주시길 주님께 청해야 합니다. 우리의 나약함과 비천함을 온전히 내어 드릴 때 하느님의 자비의 샘으로부터 흘러나오는 은총과 빛 안에 머무르게 될 것입니다.

+ 성부와 성자와 성령의 이름으로 아멘.
**1 시작 기도** | 성령송가

**2 독서**

미카 7,18-19

당신의 소유인 남은 자들, 그들의 허물을 용서해 주시고 죄를 못 본 체해 주시는 당신 같으신 하느님이 어디 있겠습니까? 그분은 분노를 영원히 품지 않으시고 오히려 기꺼이 자애를 베푸시는 분이시다. 그분께서는 다시 우리를 가엾이 여기시고 우리의 허물들을 모르는 체해 주시리라. 당신께서 저희의 모든 죄악을 바다 깊은 곳으로 던져 주십시오.

**루카 7,36-50**
바리사이 가운데 어떤 이가 자기와 함께 음식을 먹자고 예수님을 초청하였다. 그리하여 예수님께서는 그 바리사이의 집에 들어가시어 식탁에 앉으셨다. 그 고을에 죄인인 여자가 하나 있었는데, 예수님께서 바리사이의 집에서 음식을 잡수시고 계시다는 것을 알고 왔다. 그 여자는 향유가 든 옥합을 들고서 예수님 뒤쪽 발치에 서서 울며, 눈물로 그분의 발을 적시기 시작하더니 자기의 머리카락으로 닦고 나서, 그 발에 입을 맞추고 향유를 부어 발랐다. 예수님을 초대한 바리사이가 그것을 보고, '저 사람이 예언자라면, 자기에게 손을 대는 여자가 누구이며 어떤 사람인지, 곧 죄인인 줄 알 터인데.' 하고 속으로 말하였다. 그때에 예수님께서 말씀하셨다. "시몬아, 너에게 할 말이 있다." 시몬이 "스승님, 말씀하십시오." 하였다. "어떤 채권자에게 채무자가 둘 있었다. 한 사람은 오백 데나리온을 빚지고 다른 사람은 오십 데나리온을 빚졌다. 둘 다 갚을 길이 없으므로 채권자는 그들에게 빚을 탕감해 주었다. 그러면 그들 가운데 누가 그 채권자를 더 사랑하겠느냐?" 시몬이 "더 많이 탕감받은 사람이라고 생각합니다." 하고 대답하자, 예수님께서 "옳게 판단하였다." 하고 말씀하셨다. 그리고 그 여자를 돌아보시며 시몬에게 이르셨다. "이 여자를 보아라. 내가 네 집에 들어왔을 때 너는 나에게 발 씻을 물도 주지 않았다. 그러나 이 여자는 눈물로 내 발을 적시고 자기의 머리카락으로 닦아 주었다. 너는 나에게 입을 맞추지 않지만, 이 여자는 내가 들어왔을 때부터 줄곧 내 발에 입을 맞추었다. 너는 내 머리에 기름을 부어 발라 주지 않았다. 그러나 이 여자는 내 발에 향유를 부어 발라 주었다. 그러므로 내가 너에게 말한다. 이 여자는 그 많은 죄를 용서받았다. 그래서 큰 사랑을 드러낸 것이다. 그러나 적게 용서받은 사람은 적게 사랑한다." 그러고 나서 예수님께서는 그 여자에게 말씀하셨다. "너는 죄를 용서받았다." 그러자 식탁에 함께 앉아 있던 이들이 속으로, '저 사람이 누구이기에 죄까지 용서해 주는가?' 하고 말하였다. 그러나 예수님께서는 그 여자에게 이르셨다. "네 믿음이 너를 구원하였다. 평안히 가거라."

**3 위의 말씀이 나 자신에게 주는 의미를 잘 깨닫고 깊이 묵상한다.**

**4 성녀 파우스티나 수녀의 일기 중 예수님 말씀**
"나의 자비에 대해 기록하고 말하여라. 어디에서 위로를 찾아야 하는지 영혼들에게 말해 주어라. 그것은 바로 자비의 법정 곧 참회의 성사이니 그곳에서는 가장 거룩한 기적이 일어나고 그 기적은 끊임없이 반복되고 있다. 이런 기적의 은혜를 받기 위해서는, 멀리 성지순례를 하거나 겉으로 보이는 예절을 올려야 하는 것이 아니다. 다만 믿음을 가지고 나의 대리자에게 가서 그에게 자기 자신의 비천함을 알려 주기만 하면 된다. 그러면 하느님의 자비가 충만히 드러날 것이다. 시체처럼 썩어 가는 영혼이 있다고 하자. 인간의 견지에서 본다면 이런 영혼에게는 회복의 가망이 없고, 모든 것이 이미 다 끝나버린 것처럼 보일 것이다. 그러나 하느님께는 그렇지 않다. 하느님 자비의 기적은 그런 영혼도 완전히 회복시킬 수 있다. 오, 하느님 자비의 기적을 선용하지 않는 사람들은 얼마나 불쌍한 사람들인가! 너희가 헛되이 울부짖을 때가 올 것이나, 그때는 이미 너무 늦을 것이다."(1448)

"나의 딸아, 네가 이 자비의 샘인 고해성사를 보러 갈 때는 언제나 나의 성심에서부터 피와 물이 네 영혼에게로 흘러나와 네 영혼을 고귀하게 만들어 준다. 네가 고해성사를 보러 갈 때마다, 나의 자비를 온전히 믿고 나의 자비 속으로 잠겨 들도록 하여라. 그러면 내가 네 영혼 위에 무한한 은총을 내려 줄 수 있을 것이다. 고해소로 갈 때면, 바로 내가 그곳에서 너를 기다리고 있다는 것을 명심하여라. 비록 사제의 모습에 가려져 있지만 네 영혼 안에 임하는 것은 바로 나라는 것을 명심하여라. 이곳에서 영혼의 비천함은 하느님의 자비와 만나게 된다. 이 자비의 샘에서는 의탁이라는 그릇으로만 은총을 길어 올릴 수 있다는 것을 영혼들에게 말해 다오. 그들의 의탁이 크면, 그만큼 나의 관대함도 끝이 없을 것이다. 은총의 시냇물은 겸손한 영혼들에게로 흘러가게 될 것이다. 교만한 이들은 언제나 빈곤하고 미천한 상태로 남아 있게 될 것이다. 나의 은총은 그들로부터 겸손한 영혼들에게로 돌아서게 될 것이기 때문이다." (1602)

"영혼들이 나의 자비의 법정으로 다가오기를 두려워하지 않도록 그들을 위해 기도하여라. 죄인들을 위한 기도를 게을리하지 마라. 너는 죄인들의 영혼이 얼마나 무거운 내 마음의 짐인지를 잘 알고 있다. 죽을 것 같은 나의 슬픔을 덜어 다오. 나의 자비를 그들에게 나누어 주어라." (975)

## 5 성녀 파우스티나 수녀의 일기 중 묵상과 영적 대화

"주님, 주님은 선하심으로 저의 돌과 같은 마음을 정복하셨습니다. 저는 믿음과 겸손으로 이제 주님 대리자의 법정으로 나아갑니다. 주님 대리자의 손을 통해 주님 친히 저를 용서해 주시옵소서. 오, 주님, 저는 주님의 은총과 평화가 저의 불쌍한 영혼을 채워 주시는 것을 느낍니다. 오, 주님, 저 자신이 주님의 자비에 파묻힌 것을 느낍니다. 주님께서는 제가 감히 바라거나 상상한 것보다 더 많이 저를 용서해 주십니다. 주님의 자비는 제가 온 마음을 다해서 원하는 것 이상입니다. 그 많은 은총에 대해 감사하면서 저는 지금 주님을 저의 마음속으로 초대합니다. 저는 길을 잃고 탕아처럼 방황했지만 주님은 언제나 저의 아버지셨습니다. 주님은 제가 얼마나 연약한지 아시니, 제 안에 주님의 자비를 두 배로 베풀어 주십시오."(1485)

고해성사에서 얻는 유익에 대해서 말하려고 한다.

첫째 - 완전한 정직과 열린 마음. 만일 영혼이 정직하게 마음을 열지 않으면, 가장 거룩하고 가장 현명한 고해신부도 자기가 원하는 것을 영혼에게 억지로 쏟아부어 줄 수는 없다. 부정직하고 닫힌 영혼은 영적 생활에서의 큰 위험에 노출되어 있는 것이다. 주 예수님 자신까지도 더 높은 수준에서는 당신 자신을 이 영혼에게 주지 않으신다. 왜냐하면 주 예수님께서 이런 영혼에게는 좀 더 높은 단계의 은총을 나누어 주시지 않기 때문이다. 왜냐하면 이런 영혼들은 특별한 은총을 받더라도 아무런 유익을 얻지 못하리라는 것을 잘 아시기 때문이다.

둘째 - 겸손. 만일 영혼이 겸손하지 못하면, 고해성사에서 자신이 얻어 내야 할 만큼의 유익을 얻지 못한다. 교만은 영혼을 어두움 속에 가두어 둔다. 교만한 영혼은 자신이 얼마나 비천한지, 그 깊이를 정확히 가늠할 줄도 모르고, 또 그렇게 하려는 의지도 없다. 그래서 영혼은 가면을 쓰고, 치료를 받을 수 있는 기회까지도 모두 피해 버리게 된다.

셋째 - 순명. 순명하지 않는 영혼은 예수님께서 친히 그의 고백을 직접 들어 주신다고 해도 승리할 수 없을 것이다. 이런 영혼에게는 아무리 경험이 많은 고해 신부일지라도 아무런 도움도 주지 못한다. 순명하지 않는 영혼은 큰 불행 속으로 자신을 내던지게 되고, 결코 완덕으로 나아가지도 못한다. 또한 영적 생활에서도 성공하지 못할 것이다. 하느님께서는 당신의 은총들을 지극히 관대하게 영혼에게 아낌없이 쏟아부어 주시지만, 그 영혼은 반드시 순명하는 영혼이어야만 한다. (113)

거룩한 고해성사를 위해서 나를 최대한 낮추고, 좀 더 큰 희생을 치러야만 하는 일을 선택해야 하리라. 때로는 큰일보다는 하찮은 작은 것 때문에 더 많은 대가를 치러야 한다. 고해성사를 볼 때마다 내 마음속에 회개를 일으키기 위해서, 나는 예수님의 수난을 기억할 것이다. 하느님께서 주시는 은총의 도움으로, 나는 언제나 가능한 한 완전한 회개를 할 것이다. 회개를 위해서 나는 더 많은 시간을 사용할 것이다. 고해소에 들어가기 전에, 나는 먼저 구세주의 가장 자비로운 열려있는 성심 안으로 들어갈 것이다. 고해소를 떠날 때에는, 내 영혼 안에 정교하게 꾸며진 상상을 초월하는 아름다운 자비의 기적에 대해 성삼위께 크나큰 감사를 드릴 것이다. 내 영혼이 비천하면 비천할수록 나는 하느님 자비의 바다를 더 느낀다. 하느님 자비의 바다는 나를 삼키고 나에게 위대한 능력과 힘을 준다. (225)

　비록 온 세상의 모든 불행이 내 영혼을 짓누른다고 하더라도, 저희는 한순간도 의심해선 아니 되며, 하느님 자비의 권능께 의탁해야 합니다. 하느님께서는 통회하는 영혼을 기꺼이 받아 주시기 때문입니다. 오, 말로 다할 수 없는 우리 주님의 자비여, 연민과 모든 다정함의 원천이시여, 오, 영혼이여, 비록 네가 죄를 범하였어도, 의탁하고, 의탁하여라. 네가 하느님께로 가까이 갈 때에, 쓰라림을 맛보지 않을 것이기 때문이다. 그분은 위대한 사랑의 불길이시니, 우리가 진실하게 그분께로 다가갈 때, 우리의 불행과 죄와 악행들은 사라져 버린다. 우리가 자

신을 그분께 바칠 때, 그분은 우리의 모든 빚을 탕감해 주신다. (1748)

## 6 성모님과 곱비 신부님의 내적 담화

나는 '원죄 없이 잉태된 자'이다. (278,1) 나는 지극히 아름다운 너희 '엄마'이기에, 너희도 나를 그렇게 부른다. 나 자신의 아름다움으로 너희에게 옷 입혀 주고 싶구나. 그래서 나는 너희가 은총과 성덕의 길, 순결과 동정童貞의 길로 나를 따라오라고 간곡히 권고한다. (278,3) 너희의 내적 아름다움을 손상시키는 것은 오직 죄뿐이다. 그러기에 내가 너희더러 (죄라는) 이 큰 악과 매일 싸우라고 당부하는 것이다. (278,4) (모든) 죄는 원초적 방종(인 원죄)의 결과이다. 이 (원죄) 때문에 너희가 불행히도 나처럼 티 없이 잉태되지도 태어나지도 못하는 것이다. (278,5) 너희는 누구나 그 무겁고 사악한 유산의 무게를 짊어지고 태어난다. '세례'를 받을 때 그것으로부터 해방되지만, (원죄의) 결과는 아직 너희 안에 남아 있어서 너희를 몹시 나약하게 한다. 그래서 다시금 죄에 이끌리기 쉽고 살아가는 동안 번번이 죄의 희생이 되곤 한다.

(278,6) 너희가 무엇보다 먼저 해야 할 일은, 죄를 악으로 인정하는 것이며 순수하고 초자연적인 사랑의 행위로 즉시 통회하는 것이다. (278,7) 오늘날에는 얼마나 많은 내 자녀들이 죄를 악으로 인정하지 않는지! 죄가 무슨 선이나 되는 듯 기꺼이 받아들이곤 함으로써 영혼과 마음과 생명 안으로 죄가 파고들어오게 하는 이들이 흔히 있다. 그렇게 되면 더 이상 통회할 능력이 없어지므로, 이렇게 중병에 걸린 (상태에) 습관이 되다시피 살아가기 마련이다. (278,8) 너희는 예수님의 자비가 너희를 위해 마련하신 약, 곧 '화해의 성사'에 의지하지 않으면 안 된다. (278,9) 이 시대만큼 고해성사를 자주 받을 필요가 있는 시대는 일찍이 없었다. (그런데) 오늘날, 수많은 내 자녀들의 생활에서 고해성사를 받는 습관이 사라지고 있으니 이는 교회가 위기에 처해 있음을 보여 주는 하나의 표지이다. (278,10) 따라서 사랑하는 아들들아, 나는 너희를 통해 '화해의 성사'가 교회에서 다시 눈부신 광채를 띠게 하고 싶다. 이 은총과 하느님 자비의 원천으로 내 모든 자녀들이 대거 달려오기 바란다. 그리고 내가 사랑하는 아들들인 너희도 자주 고해성사를 받아라. 될 수 있는

대로 매주 그렇게 하기 바란다. (278,11) 하느님의 은총과 성화의 길을 걷고 싶다면 너희에게 필요한 약이 바로 이 성사이다. 그렇게 너희 천상 엄마를 따라 오너라. 엄마는 자신의 천상 향기를 그윽이 풍기면서 너희를 끌어당긴다. (278,14) 그러면 너희가 나의 광채를 입게 되고, 예수님의 생명이 너희 존재 깊숙이 뿌리를 내릴 수 있게 된다. (278,15)

**7 자비의 5단 기도**

**8 묵주 기도** (빛의 신비)

**9 마침 기도**
　사도들의 모후께 드리는 기도문

# 7 자비 안에서의 비움

우리의 영혼이 자비로우신 하느님과 일치하기 위해서는 우리의 뜻을 하느님 뜻에 일치시켜야 합니다. 이것은 곧 우리의 내면이 주님이 거처하실 수 있는 안식처가 되어야 한다는 것입니다. 우리의 감각들이 작용하지 못하는 깊은 내면 안에서 주님은 우리를 변화시키시고 또 당신께서 원하시는 대로 활동하실 수 있으십니다. 더 큰 '선'으로 이끄시는 주님을 믿고 주님의 자비 안에 우리의 계획, 집착, 불안, 걱정 등 이 모든 것들을 온전히 내어 드려야 할 것입니다.

+성부와 성자와 성령의 이름으로 아멘.
**1 시작 기도** | 성령송가

**2 독서**
마태 6,25-34
"그러므로 내가 너희에게 말한다. 목숨을 부지하려고 무엇을 먹을까, 무엇을 마실까, 또 몸을 보호하려고 무엇을 입을까 걱정하지 마라. 목숨이 음식보다 소중하고 몸이 옷보다 소중하지 않으냐? 하늘의 새들을 눈여겨보아라. 그것들은 씨를 뿌리지도 않고 거두지도 않을 뿐만 아니라 곳간에 모아들이지도 않는다. 그러나 하늘의 너희 아버지께서는 그것들을 먹여 주신다. 너희는 그것들보다 더 귀하지 않으냐? 너희 가운데 누가 걱정한다고 해서 자기 수명을 조금이라도 늘릴 수 있느냐? 그리고 너희는 왜 옷 걱정을 하느냐? 들에 핀 나리꽃들이 어떻게 자라는지 지켜보아라. 그것들은 애쓰지도 않고 길쌈도 하지 않는다. 그러나 내가 너희에게 말한다. 솔로몬도 그 온갖 영화 속에서 이 꽃 하나만큼 차려입지 못하였다. 오늘 서 있다가도 내일이면 아궁이에 던져질 들풀까지 하느님께서 이처럼 입히시거든, 너희야 훨씬 더 잘 입히시지 않겠느냐? 이 믿음이 약한 자들아! 그러므로 너희는 '무엇을 먹을까?', '무엇을 마실까?', '무엇을 차려입을까?' 하며 걱정하지 마라. 이런 것들은 모두 다른 민족들이 애써 찾는 것이다. 하늘의 너희 아버지께서는 이 모든 것이 너희에게 필요함을 아신다. 너희는 먼저 하느님의 나라와 그분의 의로움을 찾아라. 그러면 이 모든 것도 곁들여 받게 될 것이다. 그러므로 내일을 걱정하지 마라. 내일 걱정은 내일이 할 것이다. 그날 고생은 그날로 충분하다."

3 위의 말씀이 나 자신에게 주는 의미를 잘 깨닫고 깊이 묵상한다.

4 **성녀 파우스티나 수녀의 일기 중 예수님 말씀**
"내 딸아, 나는 네 마음이 내 자비로운 성심을 모범으로 하여 형성되기를 원한다. 너는 나의 자비 안에 완전히 흡수되어야 한다." (167)

"너는 너 자신을 위해 사는 것이 아니라, 영혼들을 위해서 살고 있다. 그리고 다른 영혼들이 네 고통으로부터 도움을 받고 있다. 지속되는 너의 고통은 그들이 나의 뜻을 받아들일 수 있도록 그들에게 빛과 힘을 줄 것이다." (67)

"나는 이제 네가 은총이나 은사 때문에 나를 사랑하는 것이 아니라 나의 뜻이 너의 생명보다 더 귀하기 때문에 나를 사랑한다는 것을 안다. 그렇기 때문에 나는 나 자신을 너와 아주 친밀히 일치시키는 것이다. 다른 어느 피조

물에게도 그렇게는 하지 않는다."(707)

"영혼들 안에서 활동하기를 간절히 바라는 나의 자비에 장애가 되는 것을 마음속에 두지 말라고 영혼들에게 일러라. 나의 자비는 문을 열어 주는 모든 마음 안에서 깃들게 된다. 죄인들도 의인들도 모두 나의 자비를 필요로 한다. 항구함도 회개도 다 내 자비의 은총이다."(1577)

"나는 나 자신을 영혼들에게 주고, 내 사랑으로 그 영혼들을 채워 주고 싶다. 그러나 그들에게 주려고 하는 내 사랑의 모든 은총을 받아들이려는 영혼들의 수가 매우 적다. 그러나 나의 은총이 낭비되지는 않는다. 한 영혼이 자기에게 주어지는 은총을 받아들이지 않으면, 다른 영혼이 그 은총을 대신 받게 된다."(1017)

"내 딸아, 나는 네 마음속에서 쉬고 싶다. 오늘 많은 영혼들이 자신들의 마음에서 나를 쫓아냈기 때문이다. 나는 죽도록 슬픈 체험을 했다."(866)

"네 마음의 깊은 곳에서 내가 너에게 말해 준 것들을 묵상할 때에, 많은 책들을 읽는 것보다 네게 더 유익할 것이다. 오, 만일 영혼들이 내가 그들의 마음 속 깊은 곳에서 말해 주는 내 목소리를 듣기를 원하기만 한다면,

그들은 오래지 않아 거룩함의 절정에 도달할 것이다."
(584)

## 5 성녀 파우스티나 수녀의 일기 중 묵상과 영적 대화

영원한 진리시여, 저에게 한 줄기 주님의 빛을 내리시어, 오, 주님, 제가 주님을 알게 하시고, 주님의 무한한 자비에 합당한 영광을 드리게 해 주십시오. 그와 동시에 저로 하여금 비천함의 심연 자체인 저 자신을 알게 해 주십시오. (727)

영원하신 하느님, 주님 안에는 끝없는 자비가 있고, 다 써 버릴 수 없이 많은 연민의 보배가 있습니다. 저희들을 다정하게 보아 주시고, 저희들 안에 자비를 더해 주십시오. 그래서 우리가 어려울 때에 실망하거나 의기소침하지 않고, 커다란 신뢰로 주님의 거룩한 뜻에 저희들을 온전히 맡겨 드리게 해 주십시오. 주님의 거룩한 뜻은 사랑과 자비 그 자체입니다. (950)

하느님께서 어떤 영혼 안에서 일하시기 위해서는, 그 영혼이 자기 뜻대로 행동하는 것을 단념해야만 된다는 것을 알게 되었다. 그렇지 않으면 하느님께서 그 영혼 안

에서 주님의 뜻을 행하지 않으실 것이다. (1790)

고통 중에서도 한결같이, 하느님께 충실하고 그분의 뜻을 수행하는 영혼은 위대하다. 크나큰 무지개와 폭풍 속에서도 변함없는 것은 하느님의 순수한 사랑이 그의 운명을 감미롭게 해 주기 때문이다. 모든 것이 잘 되어 나갈 때에 그분께 감사하고, 번성하는 중에 하느님을 사랑하는 것은 위대한 일이 아니지만, 크나큰 역경 중에 그분을 경배하고, 그분만을 사랑하고, 그분 안에 희망을 두는 이는 진실로 위대하다.

끊임없는 아픔과 고뇌 속에서도, 주어진 쓴 잔에 입술을 갖다 대면서, 지극히 높으신 하느님의 뜻을 행할 때, 영혼은 강력해지고, 아무것도 그의 기세를 꺾을 수 없다. 자신의 변형의 때를 인내로 기다리면서, 고통 중에도 이렇게 되풀이한다. 주님의 뜻을 이루소서. (995)

오, 저의 창조주님, 저의 주님, 저의 존재는 송두리째 주님의 것입니다! 저를 주님의 거룩하신 뜻대로, 주님의 영원한 계획대로, 주님의 한량없으신 자비에 따라서 써 주십시오. 모든 영혼은 주님께서 얼마나 좋으신 분인지를 알아야 한다. 그 어떤 영혼도 주님과 친밀히 가까워지는 것을 두려워하지 말아야 한다. 어떤 영혼도 자신이 비천하다고 핑계를 대선 안 되고, 어떤 영혼도 하느님의 초대를 뒤로 미루어서는 안 된다. 그런 행동은 주님을 기쁘게 해 드리는 것이 아니기 때문이다. 내가 진정으로 아는 바, 나처럼 미천한 영혼이 없는데, 거룩하신 주님께서 당신을 이렇게까지 낮추시니, 나는 놀라움을 금할 수가 없다. 오, 영원이시여, 주님의 무한하신 자비를 합당하게 찬양하기에는 영원도 짧기만 합니다! (440)

**6 성모님과 곱비 신부님의 내적 담화**

세상에서 살되, 너희는 오로지 내 아들 예수님께만 속한 사람들이 되어야 한다. (98,8) 너희가 오로지 내 아들 예수님께만 속한 사람들이 되어야, 그분께서 온 세상을 차지하게 해드릴 수 있고, 그렇게 영혼들을 구원으로 이끌 수 있는 것이다. (98,9)

   티 없는 내 성심에 너희 자신을 봉헌하여라. 내 티 없는 성심에 자신을 봉헌하는 이들에게 나는 다시 '구원'을 약속한다. 오류에 물들지 않게 하는 현세의 안전과 영원한 구원을 약속한다. (99,10)

내 마음에 드는 완덕의 길로 너를 부드럽게 이끌어가면서, 서서히 내 아들 예수님과 꼭 닮은 모습으로 변화시켜 주겠다. (22,5) - 너에게 사물을 보는 새 방식을 주겠다. 다시 말하면, 바로 나의 눈으로 사물을 보게 된다는 것이다. 이제부터는 세상에 있는 모든 것이 더 이상 네 흥미를 끌지 못할 것이고, 오히려 네 마음속에 깊은 고통 같은 것을 남기기도 할 것이다. 그래서 너는 이렇게 말하게 되리라: "얼마나 헛되고 무익한 것들인가!" (22,6) - 너에게 새 감수성을 주겠다. 다시 말하면, 네가 내 성심이 느끼는 것처럼 느끼게 된다는 것이다. 그렇게 되면 사랑하고 고통받는 너의 능력이 비상하게 더욱 커질 것이다. 왜냐하면, 아들아, 이 엄마 마음이 느끼는 그대로 너도 느끼게 될 테니 말이다. (22,8) - 너에게 새 사고방식을 주겠다. 다시 말하면, 네가 예수님의 성심과 이 엄마의 마음과 같은 마음으로 생각하게 되고, 지혜의 성령께서 비춰 주시는 대로 일체를 하느님 안에서, 하느님을 통해 보게 된다는 것이다. 그런 마음의 지혜를 네게 주겠다. (22,11) 내 운동의 사제들도 이제 모두 그렇게 되어야 한다. 내게 자신을 봉헌한 이상, 나와 함께, 나처럼 느끼고 보고 생각하는 것은 당연한 일이다. 내가 그들의 삶 전체를 소유하여, 다른 모든 아들 중에서 맏아들인 예수님의 모상으로 그들의 삶을 변화시켜 주고자 하기 때문이다. (22,12) 큰 신뢰와 자아 포기로 조그만 아기들처럼 길러지도록, 너희 자신을 부디 내게 맡겨 주기 바란다! (22,13)

**7 자비의 5단 기도**

**8 묵주 기도** (고통의 신비)

**9 마침 기도**
　사도들의 모후께 드리는 기도문

## 8 자비 안에서의 인내

인내는 따뜻함과 온유함입니다. 하느님은 사랑이시고,

선이시고, 자비 자체이십니다. 우리가 이웃을 용서할 때 우리는 주님을 가장 많이 닮게 되며 주님의 자비에 영광과 찬미를 드리게 되는 것입니다. 이런 행동을 실천함으로써 사랑은 더욱 순수해지고 영혼에게 힘과 인내력을 길러 줍니다. 우리가 본성적으로 피하고 싶은 사람들에게서도 예수님의 모습을 찾으려고 노력하며 그들을 위해 할 수 있는 모든 것을 행하려고 할 때 비로소 하느님의 자비와 은총 안에 깊이 잠겨 들 수 있을 것입니다.

**+ 성부와 성자와 성령의 이름으로 아멘.**
**1 시작 기도** | 성령송가

**2 독서**

**마태 5,43-48**

"'네 이웃을 사랑해야 한다. 그리고 네 원수는 미워해야 한다.'고 이르신 말씀을 너희는 들었다. 그러나 나는 너희에게 말한다. 너희는 원수를 사랑하여라. 그리고 너희를 박해하는 자들을 위하여 기도하여라. 그래야 너희가 하늘에 계신 너희 아버지의 자녀가 될 수 있다. 그분께서는 악인에게나 선인에게나 당신의 해가 떠오르게 하시고, 의로운 이에게나 불의한 이에게나 비를 내려 주신다. 사실 너희가 자기를 사랑하는 이들만 사랑한다면 무슨 상을 받겠느냐? 그것은 세리들도 하지 않느냐? 그리고 너희가 자기 형제들에게만 인사한다면, 너희가 남보다 잘하는 것이 무엇이겠느냐? 그런 것은 다른 민족 사람들도 하지 않느냐? 그러므로 하늘의 너희 아버지께서 완전하신 것처럼 너희도 완전한 사람이 되어야 한다."

**3** 위의 말씀이 나 자신에게 주는 의미를 잘 깨닫고 깊이 묵상한다.

**4** 성녀 파우스티나 수녀의 일기 중 예수님 말씀
"나의 제자야, 네 고통의 원인이 되는 사람들에게 큰사랑을 갖도록 하여라. 너를 미워하는 사람들에게 좋은 일을 해 주어라."
"감정을 통제할 능력이 언제나 네게 있는 것은 아니다. 만일에 네가 그들에게서 반박과 괴로움을 당하고서도 마음의 평화를 잃지 않고, 너에게 고통을 준 사람들을 위해

서 기도하고 그들이 잘되기를 기원한다면, 네가 사랑을 가진 것임을 알게 될 것이다." (1628)

"내가 너에게 주는 은총들은 너만을 위한 것이 아니고, 다른 많은 영혼들을 위한 것이기도 하다. 너는 비천한 존재이지만 그럼에도 불구하고 너의 마음은 내 마음이 계속 거처하는 곳이다. 나는 나 자신을 너와 합치시켜 너의 비천함을 거두고, 나의 자비를 너에게 준다. 나는 모든 영혼들 안에서 자비의 과업을 행한다. 죄가 큰 죄인일수록 나의 자비에 대해서 더 큰 권리를 가지고 있다. 나의 자비는 내 손이 하는 모든 일들이 증명한다. 나의 자비에 의탁하는 이는 멸망하지 않을 것이다. 왜냐하면 그의 모든 일이 나의 것이고, 그의 원수들은 내 발판 밑에서 다 부수어질 것이기 때문이다." (723)

"내 아이야, 너는 고통을 받음으로써 나를 가장 기쁘게 해 준다. 내 딸아, 너는 네가 정신적인 고통은 물론 육체적 고통을 당할 때에, 피조물들로부터 동정을 받으려고 하지 마라. 나는 네 고통의 향기가 순수하고 완전한 것이기를 원한다. 나는 네가 다른 피조물들뿐만 아니라 너 자신으로부터도 스스로를 멀어지게 하기를 원한다. 내 딸아, 나는 네 마음의 사랑, 순수하고 순결한 사랑, 흠이 없는 무구한 사랑을 누리고 싶다. 내 딸아, 네가 고통을 더 많이 사랑하게 될수록 내게 대한 너의 사랑은 더욱 순수하게 될 것이다."(279)

**5 성녀 파우스티나 수녀의 일기 중 묵상과 영적 대화**
오, 저의 예수님, 어떤 사람이 우리에게 불친절하고 불쾌한 행동을 할 때, 이런 종류의 고통을 견디는 것은 쉬운 일이 아닙니다. 그러나 이런 시련은 제가 견딜 수 없는 고통에 비교하면 아주 사소한 것입니다. 제가 견딜 수 없는 고통이란 어떤 사람이 제게 아주 친절하게 대하고는 제가 가는 발걸음마다 제 발밑에 올가미를 쳐 놓는 것입니다. 하느님을 위해서 그런 영혼을 사랑하려면 얼마나 강력한 의지력이 필요한지요. 하느님께서 명령하시는 대로 그런 영혼을 사랑하기 위해서 초인적인 노력을 해야 할 때가 한두 번이 아닙니다. 그런 사람과의 접촉이 잦은 것이 아니라면 그래도 견디기가 좀 쉬울 것입니다. 그러나 그런 사람과 아주 가까이 접촉하면서 발걸음마다 그런 경험을 해야 한다면, 참으로 크나큰 노력을 해야만 합니다. (1241)

저의 예수님, 제 전 생애에 주님을 반영할 수 있도록 저를 깊숙이 꿰뚫어 주십시오. 저를 거룩하게 만들어 주시어서 저의 행동들이 초자연적인 가치를 갖게 해 주십시오. 저로 하여금 예외 없이 모든 영혼들에게 사랑과 동정심과 자비를 갖게 해 주십시오. 오, 저의 예수님, 주님의 모든 성인들은 각자 주님의 성덕 중의 한 가지를 반영하고 있습니다. 저는 자비와 동정심으로 가득 찬 주님의 성심을 반영하여 주님의 성심께 영광을 드리고 싶습니다. 오, 예수님, 주님의 자비가 제 마음과 영혼에 인장처럼 새겨지게 해 주십시오. 그래서 이것이 이 세상의 삶에서, 그리고 내세의 삶에서도 저의 표지가 되게 해 주십시오. 주님의 자비에 영광을 드리는 것이 제 생애의 유일한 사명입니다. (1242)

## 6 성모님과 곱비 신부님의 내적 담화

너희 자신을 쳐다보지 말아라. 겸손하고 온유하게 자신의 작음을 인정하면서 주님께 이렇게 말씀드려라 : "저는 당신의 가장 작은 아기입니다. 제 가난을 알고 있사오며, 당신께 감사드리옵니다." (132,2) 그리고 (주님을) 사랑하여라. 너희가 참으로 가장 작은 아기라면 (누구보다) 더 많이 사랑할 수 있다. (132,3) 언제나 사랑하여라. 예수님과 내가 너희에게 원하는 건 다만 사랑뿐이다. 그 무엇도 너희 것이 아니지만, 심장의 고동만은 너희 것이다. (132,4)

눈은 참으로 영혼의 거울이 되어야 한다. 선과 은총의 빛을 받고 주기 위해서는 눈을 뜨되, 죄악의 영향에 대해서는 눈을 감아라. (222,4) 혀는 선량하고 사랑 깊고 진실한 말을 하기 위해 풀리도록 하여라. 따라서 무슨 말이나 더없이 깊은 침묵 속에서 형성되어 나오는 것이어야 한다. (222,5) 정신은 단지 평화와 자비, 이해와 구원에 대한 생각으로만 열리게 하여라. 판단과 비판, 하물며 악의와 단죄가 결코 너희 정신을 스쳐가게 해선 안 된다. (222,6) 마음은 하느님과 이웃에 대한 가득한 사랑 쪽으로만 열릴 수 있도록, 너희 자신의 자아와 피조물, 그리고 너희가 살고 있는 세상에 대한 무질서한 집착에는 단단히 (문을) 닫아걸어야 한다. (222,7) 순결, 침묵, 충실 안에서 날마다 이 천상 엄마를 따라오너라. 내가 인도하는 길은 바로 '십자가에 달리신 예수님'의 길이다.

(222,10) 이는 (자기) 포기와 완전한 순명의 길이요, 고난과 희생의 길이다. (222,11)

**7 자비의 5단 기도**

**8 묵주 기도** (영광의 신비)

**9 마침 기도**
　사도들의 모후께 드리는 기도문


## 9 자비의 은총

하느님의 자비는 의인들보다 죄인들에게 더 깊으십니다. 우리의 비천함과 보잘것없음을 온전히 드러내며 겸손한 마음으로 하느님께 의탁할 때 한없는 은총을 주십니다. 자비의 은총은 죽음과 부활의 파스카 신비이며 당신 아들 예수님의 피로 우리를 구원하도록 하셨습니다. 주님의 그 크신 사랑을 마음 깊이 새기며 주님을 닮아 갈 수 있도록 노력해야 할 것입니다.

**+ 성부와 성자와 성령의 이름으로 아멘.**
**1 시작 기도** | 성령송가

## 2 독서
**루카 1,46-55**

그러자 마리아가 말하였다. "내 영혼이 주님을 찬송하고 내 마음이 나의 구원자 하느님 안에서 기뻐 뛰니 그분께서 당신 종의 비천함을 굽어보셨기 때문입니다. 이제부터 과연 모든 세대가 나를 행복하다 하리니 전능하신 분께서 나에게 큰일을 하셨기 때문입니다. 그분의 이름은 거룩하고 그분의 자비는 대대로 당신을 경외하는 이들에게 미칩니다. 그분께서는 당신 팔로 권능을 떨치시어 마음속 생각이 교만한 자들을 흩으셨습니다. 통치자들을 왕좌에서 끌어내리시고 비천한 이들을 들어 높이셨으며 굶주린 이들을 좋은 것으로 배불리시고 부유한 자들을 빈손으로 내치셨습니다. 당신의 자비를 기억하시어 당신

종 이스라엘을 거두어 주셨으니 우리 조상들에게 말씀하신 대로 그 자비가 아브라함과 그 후손에게 영원히 미칠 것입니다."

**루카 14,7-11**

예수님께서는 초대받은 이들이 윗자리를 고르는 모습을 바라보시며 그들에게 비유를 말씀하셨다. "누가 너를 혼인 잔치에 초대하거든 윗자리에 앉지 마라. 너보다 귀한 이가 초대를 받았을 경우, 너와 그 사람을 초대한 이가 너에게 와서, '이분에게 자리를 내 드리게.' 할지도 모른다. 그러면 너는 부끄러워하며 끝자리로 물러앉게 될 것이다. 초대를 받거든 끝자리에 가서 앉아라. 그러면 너를 초대한 이가 너에게 와서, '여보게, 더 앞자리로 올라앉게.' 할 것이다. 그때에 너는 함께 앉아 있는 모든 사람 앞에서 영광스럽게 될 것이다. 누구든지 자신을 높이는 이는 낮아지고 자신을 낮추는 이는 높아질 것이다."

**3** 위의 말씀이 나 자신에게 주는 의미를 잘 깨닫고 깊이 묵상한다.

## 4 성녀 파우스티나 수녀의 일기 중 예수님 말씀

"내 딸아, 사랑이 나를 이곳으로 데려왔다. 그리고 사랑이 나를 이곳에 잡아 두고 있다. "내 딸아, 내게 대한 순수한 사랑의 행위 하나가 얼마나 큰 공로와 상을 의미하는지 네가 안다면, 너는 아마 기뻐서 죽을 것이다. 내가 이 말을 하는 것은 네가 끊임없이 사랑으로 나와 일치할 수 있게 하려는 것이다. 이것이 네 영혼의 삶의 목적이기 때문이다. 그러한 행동은 의지에 의한 행동인 것이다. 순수한 영혼은 겸손하다는 것을 알아야 한다. 내 엄위 앞에서 네가 너 자신을 낮추고 비운다면, 그러면, 나는 내 은총을 가지고 너를 따라다니고, 내 전능함을 사용해서 너를 높여 줄 것이다." (576)

"나는 너의 스승이었고, 지금도 너의 스승이며, 앞으로도 너의 스승이 될 것이다. 네 마음이 겸손하고 침착한 나의 마음과 닮도록 노력하고, 절대로 너의 권리를 주장하지 마라. 너에게 닥치는 모든 것을 아주 조용하게 인내로 받아 견디어라. 비록 네가 죄 없이 수모를 당한다 해도 너 자신을 변명하지 말고, 다른 사람들이 이기도록 놔두어라. 너희 선함이 악용되는 것을 알게 되더라도, 선한 마음을 버리지 마라. 필요하다면 내가 직접 나서서 너를 대변할 것이다. 나의 가장 작은 은총에 대해서도 감사해야 한다. 너의 감사로 나는 네게 새로운 은총을 주게 되기 때문이다."(1701)

"내 자비에 의탁하는 영혼들과, 다른 이들에게 나의 자비를 알리고 찬양하는 영혼들이 죽을 때에, 나는 그들에게 나의 무한한 자비를 베풀 것이다."

"선택된 영혼들까지도 내 자비의 위대함을 이해하지 못하기 때문에 내 마음은 슬프다. 어떤 면에서는 그들과 [나와의[ 관계에 불신이 스며들어 있다. 오, 이 때문에 내가 얼마나 많은 상처를 받는지! 나의 수난을 기억해 다오. 그리고 만일에 네가 나의 말을 믿을 수 없다면, 적어도 나의 상처는 믿어 다오."(379)

"모든 영혼이 나의 선함을 찬양하게 되도록… 나는 내 피조물들이 내게 온전히 의탁하기를 바란다. 크나큰 신뢰로 나의 헤아릴 수 없는 자비에 의탁할 수 있게 영혼들을 격려하여라. 약하고 죄 많은 영혼들이 내게 오는 것을 두려워하지 않게 해 다오. 비록 그들의 죄가 이 세상에 있는 모든 모래알들보다 많다고 하더라도 모두 측량

할 수 없는 내 자비의 깊은 곳으로 잠겨 들어 올 수 있을 것이다." (1059)

**5 성녀 파우스티나 수녀의 일기 중 묵상과 영적 대화**

오 사랑스러운 꽃, 겸손이여, 너를 소유한 영혼이 극소수에 불과하다는 것을 나는 안다. 그것은 네가 너무나도 아름답고, 또 너를 얻는다는 것이 무척 어려운 일이기 때문이 아니냐? 오, 그렇다. 두 가지가 다 옳다. 하느님 스스로도 겸손을 무척 좋아하신다. 하늘의 문들도 겸손한 영혼에게는 활짝 열려있고, 은총의 바다는 겸손한 영혼 위로 쏟아져 내린다. 오, 겸손한 영혼은 얼마나 아름다운가! 겸손한 영혼의 가슴으로부터 여러 가지 아름다운 향기들이 향로에서처럼 솟아올라 구름을 뚫고 하느님께로 올라가서는 그분의 지극히 거룩하신 성심을 기쁨으로 가득 채워 드린다. 하느님께서는 그런 영혼에게는 아무것도 거절하지 않으신다. 그 때문에 그 영혼의 능력은 무궁하여 온 세상의 운명에 영향을 끼친다. 하느님께서는 그런 영혼을 바로 당신의 어좌로까지 들어 올려 주신다. 영혼이 자신을 낮추면 낮출수록, 하느님께서는 온갖 은총을 가지고 그를 뒤쫓으신다. 그러면서 매 순간 당신의 전능으로 그 영혼을 감싸 주시고, 그를 향해 더욱더 당신 자신을 낮추신다. 이런 영혼은 하느님과 아주 깊이 일치하고 있다. 오, 겸손이여, 내 모든 존재 안에 깊이 뿌리를 내려다오! 오, 지극히 순결하신 동정녀시여, 또한 가장 겸손하신 분이시여, 제가 깊은 겸손을 얻도록 도와주십시오. 이제, 나는 성인들의 수가 왜 그렇게 적은지를 이해한다. 그것은 아주 소수의 영혼들만이 깊은 겸손을 가졌기 때문이다. (1306)

## 6 성모님과 곱비 신부님의 내적 담화

내가 끔찍이 사랑하며 보살피고 보호하는 내 자녀들아, 너희에게 알려 준 길로 나를 따라오너라. 그것은 회개와 속죄의 길이다. (347,1) 내가 너희에게 당부하는 '회개'는 바로 예수님께서 당신 '복음'에서 요구하신 회개이다. 악과 교만과 이기심과 죄라는 그릇된 길을 멀리하여라. (347,2) 다음은 '조용한 일상적 속죄'를 내게 바쳐 다오. 이는 너희가 어떤 상황 속에서 생활하든지 겸손하고 충실하고 완전하게 너희의 모든 본분을 행함으로써 오로지

'주님의 뜻'을 훌륭히 따르는 데서 얻어지는 속죄이다. 그렇게 한다면 하루 종일 고통과 봉헌의 귀한 기회가 얼마나 많이 너희 앞에 나타나겠느냐! 너희의 미소, 평온, 침착, 인내, (고통의) 감수와 봉헌이야말로 과연 조용한 속죄이니, 그것이 너희가 생활하는 모든 상황에 더욱 큰 의미와 빛을 부여하는 것이다. (347,8) 너희는 주변의 극심한 악 – 너희가 (사는) 곳을 더럽히는 엄청난 불순결일랑은 쳐다보지도 말아라. 텔레비전 시청을 끊어버려라. 너의 영혼 안에 빛을 간직하기 위해서이고, (또) 너희 생활 속에서 더 많은 시간을 잠심과 묵상과 기도에 바치기 위해서이다. (347,10) (그리고) 혀를 제어하여 너희 안이든 주변이든 침묵이 (깃들일 수 있게) 하여라. 이는 만민에 대한 사랑과 겸손한 섬김의 정신으로 선을 확장하기 위해서만 입을 열기 위함이다. 비판, 험담, 중상, 악담 같은 것은 아예 입에 올리지도 말아라. 판단과 단죄라는 빠지기 십상인 유혹도 (경계)하여라. (347,11) 내가 너희에게 알려 주는 이 길을 따라 걷는다면, 너희 삶의 나날은 주님의 강복을 받을 것이고, 마음의 평화와 영혼의 순결에로 너희를 이끌어 갈 것이다. (또한) 너희 자신이 살아

있는 나의 말이 되어, 세상에 짙게 쌓인 큰 암흑 속 어디에나 내 현존의 빛을 가져가게 될 것이다. (347,14)

**7 자비의 5단 기도**

**8 묵주 기도** (환희의 신비)

**9 마침 기도**
　사도들의 모후께 드리는 기도문

## 10 자비의 공경과 실천

하느님 자비에 대한 진정한 공경은 예수님 수난의 고통과 우리를 위해 목숨까지 내어 주신 그 크신 사랑을 우리 삶 안에서 온전히 드러내는 것입니다. 예수님의 성심은 사랑 그 자체 이며 사랑의 핵심은 고통과 희생입니다. 우리가 예수님을 닮는다는 것은 고통과 굴욕과 희생을 통해서입니다. 지상에서의 우리의 삶은 투쟁의 연속입니다. 나약한 우리의 의지마저도 하느님께 온전히 의탁하며 항구한 기도로 이루어 나가야 할 것입니다.

**+ 성부와 성자와 성령의 이름으로 아멘.**
**1 시작 기도** | 성령송가

**2 독서**
**마태** 25,35-40
"'너희는 내가 굶주렸을 때에 먹을 것을 주었고, 내가 목말랐을 때에 마실 것을 주었으며, 내가 나그네였을 때에 따뜻이 맞아들였다. 또 내가 헐벗었을 때에 입을 것을 주었고, 내가 병들었을 때에 돌보아 주었으며, 내가 감옥에 있을 때에 찾아 주었다.' 그러면 그 의인들이 이렇게 말할 것이다. '주님, 저희가 언제 주님께서 굶주리신 것을 보고 먹을 것을 드렸고, 목마르신 것을 보고 마실 것을 드렸습니까? 언제 주님께서 나그네 되신 것을 보고 따뜻이 맞아들였고, 헐벗으신 것을 보고 입을 것을 드렸습니까? 언제 주님께서 병드시거나 감옥에 계신 것을 보고 찾아가 뵈었습니까?' 그러면 임금이 대답할 것이다. '내가 진실로 너희에게 말한다. 너희가 내 형제들인 이 가장 작은 이들 가운데 한 사람에게 해 준 것이 바로 나에게 해 준 것이다.'"

**3** 위의 말씀이 나 자신에게 주는 의미를 잘 깨닫고 깊이 묵상한다.

**4 성녀 파우스티나 수녀의 일기 중 예수님 말씀**
"내 딸아, 만일 내가 너를 통해서 사람들에게 나의 자비를 공경하기를 요구한다면 네가 첫 번째로 나의 자비에 의탁함으로써 솔선수범이 되어야 한다. 나는 네가 나에 대한 사랑에서 우러나오는 자비로운 행동을 실천하길 원한다. 너는 언제나 어디서나 너의 이웃들에게 자비를 보여 주어야 한다. 너는 자비로운 행동을 하기를 주저하거나, 핑계를 대거나, 또는 그 책임을 면하려고 하면 안 된다."

"나는 네가 이웃에게 자비를 실천할 수 있는 세 가지 방법을 주겠다. 첫째는 행동이요, 둘째는 말이요, 셋째는 기도로써 하는 것이다. 이 세 가지 단계들 안에 자비가 충만하게 포함되어 있고, 이 세 가지 방법은 나에 대한 사랑을 확실히 증명하는 의문의 여지가 없는 증거들이다. 이런 방법으로 영혼은 나의 자비에 영광을 돌리고 경배를 드릴 수 있다. 그리고 부활 후 첫 주일은 자비의 축일이다. 이 축일에는 자비의 행위들이 있어야 한다. 나는 또한 이날에 이 축일을 기리는 성대한 예식을 통하여, 그리고 내 모습이 그려진 초상화를 경배하는 예식을 통하여 나의 자비를 공경하기를 요구한다. 이 초상화를 통해서 나는 많은 영혼들에게 은총을 베풀 것이다. 그 초상화는 나의 자비가 요구하는 것들이 행동임을 기억시켜 줄 것이다. 왜냐하면 아무리 강한 신앙이라 할지라도 행동이 없이는 아무 소용이 없기 때문이다." (742)

"내 마음의 즐거움, 내 사랑하는 아이야, 네가 하는 말이 나에게는 천사들의 합창보다도 더 귀하고 즐겁다. 내 마음의 모든 보물 창고가 너에게는 열려 있다. 너 자신을 위해서 그리고 온 세상을 위해서 필요한 것들을 모두 나의 마음에서 가져가거라. 너의 사랑 때문에 나는 인간들이 당연히 받아야 할 벌을 내리지 않는다. 순수한 자비의 행위 하나가 불완전한 영혼들의 천 번의 기도보다도 더 나를 기쁘게 해 준다. 네 사랑의 탄식 하나가 무신론자들이 나에게 범하는 많은 죄들을 보상한다. 내게 대한 네 사랑이 매우 크기 때문에 지극히 미소한 덕행 하나가 내 눈에는 한없이 큰 가치를 가지고 있다. 나의 사랑만으로 살아가는 영혼 안에서는 나는 내가 하늘에서 하는 것처럼 군림하며 그 영혼을 밤낮으로 지켜 준다. 나는 그 영혼 안에서 나의 즐거움을 발견하고 그 영혼이 청하는 것은 무엇이나 다 들어준다. 그리고 종종 나는 그 영혼이 청하기도 전에 미리 들어주기도 한다. 오, 내가 특별히 사랑하는 내 아이야, 내 눈의 눈동자야, 내 마음에 기대어서 잠시 쉬어라. 그리고 그 안에서 네가 영원토록 즐길 사랑을 맛보아라."

"그러나 아이야, 너는 아직 아버지의 나라에 있는 것이 아니다. 그러니 나의 은총으로 무장을 하고 가서 사람들의 영혼 안에 있는 나의 나라를 위해서 싸워라. 왕가의 자손답게 싸워라. 그리고 네 귀양살이의 나날들은 곧 지나가고 그와 함께 하늘나라를 위해서 공로를 쌓을 시간도 곧 지나간다는 것을 기억해라. 내 아이야, 나는 네가 영원토록 나의 자비를 찬양할 수많은 영혼들을 데려올 것을 기대하고 있다. 내 아이야, 네가 나의 부름에 합당하게 응답할 수 있도록, 영성체를 통해서 나를 받아 모셔라. 너는 영성체를 통해서 힘을 얻을 것이다." (1489)

## 5 성녀 파우스티나 수녀의 일기 중 묵상과 영적 대화

순수한 사랑은 큰일을 할 수 있고, 어려움과 불행도 다 이겨 낸다. 영혼은 큰 어려움 속에서 아주 강하게 견뎌 내는 것과 마찬가지로, 고생스럽고 단조로운 일상생활도 견디어 낸다. 영혼은 하느님을 기쁘게 해 드리기 위해서 필요한 것은 오직 한 가지뿐이라는 것을 안다. 그것은 아주 작은 일이라도 사랑, 언제나 큰사랑으로 실천하는 것이다.

 순수한 사랑은 절대로 잘못을 저지르지 않는다. 순수한 사랑은 신기하게도 언제나 빛으로 넘치며, 하느님께서 싫어하실 만한 일은 아무것도 하지 않는다. 순수한 사랑은 하느님께서 더욱더 좋아하실 수 있는 일을 독창적으로 행함으로써, 아무도 그를 따라가지 못한다. 순수한 사랑은 자신을 비울 수 있고, 자신을 순수한 번제물로 완전히 불태울 수 있을 때에 행복을 느낀다. 자신을 하느님께 헌신적으로 바칠수록 더욱 행복하다. 먼 곳에서 닥쳐

오는 위험을 사랑만큼 잘 감지할 수 있는 것은 아무것도 없다. 사랑은 가면을 벗어 던지고 자신을 드러낼 줄 알고 또 누구를 상대해야 하는지도 안다. (140)

나는 예수님의 수난 예절에 참여하기를 간절히 원했지만, 의사는 내가 경당에 가는 것을 허락하지 않았다. 그래서 나는 방안에서 기도를 하고 있었다. 그런데 갑자기 옆방에서 울리는 종소리를 들었다. 얼른 그 방으로 가서 심하게 앓고 있는 사람을 도와주었다. 내 방으로 돌아 왔을 때 나는 갑자기 주 예수님을 뵈었다. 그분은 내게 말씀하셨다. "내 딸아, 너는 나를 그렇게 도와줌으로써, 오랫동안 기도를 한 것보다 더 많이 나를 기쁘게 해 주었다." 나는 대답했다. "그러나 예수님, 저는 주님을 도와드리지 않았습니다. 제가 도와드린 것은 그 환자였습니다." 그랬더니 주님께서 또 대답하셨다. "그렇다. 내 딸아, 그러나 네가 이웃을 위해서 하는 것은 모두 다 나를 위해서 하는 것이다." (1029)

오 예수님, 주님의 자비는 모든 상상을 초월한다는 것을 저는 알고 있습니다. 그러므로 저는 주님께서 제 마음을 아주 크게 만들어 주시기를 청합니다. 그래서 이 지상에서 살고 있는 모든 영혼들이 필요로 하는 것들을 모두 제 마음속에 품을 수 있게 해 주십시오. 오, 예수님, 제 사랑은 이 세상보다 훨씬 큽니다. 저는 연옥에서 고통받는 영혼들에게도 제 사랑을 주고 싶습니다. 저는 대사를 청하는 기도들을 통해서 그들에게도 자비를 베풀고 싶습니다. 하느님의 자비는, 하느님 자신이 측량할 수 없는 분이신 것처럼, 측량할 수도 없고 다 써 버릴 수도 없을 만큼 한없이 많고 큽니다. 제가 이 하느님의 자비를 표현해 보려고 아무리 강렬한 표현을 쓴다고 해도, 하느님 자비의 실제와 비교를 하면, 아무것도 아닙니다. 오, 예수님, 제 이웃의 모든 고통에 대해서 - 그 고통이 영적인 것이든 육체적인 것이든 - 저의 마음이 민감해지도록 해 주십시오. 오, 저의 예수님, 저는 우리가 이웃을 대하는 것처럼, 주님도 우리를 대해 주신다는 것을 알고 있습니다.

저의 예수님, 제 마음을 주님의 자비로우신 마음처럼 만들어 주십시오. 예수님, 제가 일생 동안 모든 이들에게 선을 행하면서 살도록 도와주십시오. (692)

## 6 성모님과 곱비 신부님의 내적 담화

지금은 너희의 때이다. 드러나는 증거자가 되어야 할 때이다. (392,4) - 사랑의 증거자가 되려무나. 예수님의 성심과 이 어머니의 마음으로 너희 형제들을 사랑하여라. 모든 사람을 사랑하되, 특히 (하느님을) 가장 멀리하는 이들, 가장 가난한 이들, 가장 도움이 필요한 이들, 가장 고통받는 이들을 사랑하여라. 내 '성심'으로 죄인들을, 하느님을 배척하는 길을 걷는 이들을 무신론과 증오와 폭력과 불순결의 길을 걷는 이들을 사랑하여라. 나의 모성적 치유(의 향유)로서 너희의 사랑을 찢어져 피 흘리는 수많은 상처에 부어라. 그리하여 너희가 평화와 친교와 큰 형제애의 건설자가 되어라. (392,5) 너희는 기도로써 주님께로부터 무엇이든지 얻어 낼 수 있다. 너희 '천상 엄마'인 나와 함께 바치는 기도로써 (사람의) 마음을 변화시키는 회개의 큰 선물을 얻어 낼 수 있다. 기도로써 너희는 너희 자신과 너희 조국으로부터 날마다 수많은 위험과 악을 몰아낼 수 있다. (392,7) - 자비의 증거자가 되려무나. 너희는 오늘날 무엇보다도 하느님의 자비를 (드러내는) 크고도 특별한 징표가 되어야 한다. (그러니)

너희 마음이 예수님의 '성심'을 닮아, 착하고 인내롭고 온유하고 겸손하고 자비로워야 한다. 그리하면 너희가 언제나 하느님 사랑의 빛을 펴면서 만인을 구원의 길로 인도하게 될 것이다. (392,8) 절대로 판단하지 말아라(*마태 7,1). 그 누구도 단죄하지 말아라(*루카 6,37). 너희의 의무는 오로지, 기도와 고통과 희생의 초자연적 힘을 통해 (영혼들을) 구원하는 데 있을 뿐이다. (392,9)

**7 자비의 5단 기도**

**8 묵주 기도** (빛의 신비)

**9 마침 기도**
사도들의 모후께 드리는 기도문

# 11 자비 안에서의 순명

가브리엘 천사의 알림에 피앗으로 순명하신 성모님과 겟세마니에서 피땀을 흘리시며 하느님의 뜻에 순명하신 예수님은 세상을 구원하시려는 하느님의 뜻을 온전히 이루어 내십니다. 하느님 뜻에 순명한다는 것은 그 어떤 희생보다도 값진 최상의 선물이며 불가능도 가능하게 하는 힘입니다. 주님의 말씀에 순명함으로써 물이 포도주가 되는 기적을 체험한 일꾼들처럼 우리 자신도 "주님, 말씀하소서. 주님의 종이 듣고 있나이다."라고 고백할 수 있어야 할 것입니다.

+ 성부와 성자와 성령의 이름으로 아멘.
1 시작 기도 | 성령송가

2 독서
**루카 1,30-38**
천사가 다시 마리아에게 말하였다. "두려워하지 마라,

마리아야. 너는 하느님의 총애를 받았다. 보라, 이제 네가 잉태하여 아들을 낳을 터이니 그 이름을 예수라 하여라. 그분께서는 큰 인물이 되시고 지극히 높으신 분의 아드님이라 불리실 것이다. 주 하느님께서 그분의 조상 다윗의 왕좌를 그분께 주시어, 그분께서 야곱 집안을 영원히 다스리시리니 그분의 나라는 끝이 없을 것이다." 마리아가 천사에게, "저는 남자를 알지 못하는데, 어떻게 그런 일이 있을 수 있겠습니까?" 하고 말하자, 천사가 마리아에게 대답하였다. "성령께서 너에게 내려오시고 지극히 높으신 분의 힘이 너를 덮을 것이다. 그러므로 태어날 아기는 거룩하신 분, 하느님의 아드님이라고 불릴 것이다. 네 친척 엘리사벳을 보아라. 그 늙은 나이에도 아들을 잉태하였다. 아이를 못 낳는 여자라고 불리던 그가 임신한 지 여섯 달이 되었다. 하느님께는 불가능한 일이 없다." 마리아가 말하였다. "보십시오, 저는 주님의 종입니다. 말씀하신 대로 저에게 이루어지기를 바랍니다." 그러자 천사는 마리아에게서 떠나갔다.

**마태** 26,36-39

그때에 예수님께서 제자들과 함께 겟세마니라는 곳으로 가셨다. 그리고 제자들에게, "내가 저기 가서 기도하는 동안 여기에 앉아 있어라." 하고 말씀하신 다음, 베드로와 제베대오의 두 아들을 데리고 가셨다. 그분께서는 근심과 번민에 휩싸이기 시작하셨다. 그때에 그들에게 "내 마음이 너무 괴로워 죽을 지경이다. 너희는 여기에 남아서 나와 함께 깨어 있어라." 하고 말씀하셨다. 그런 다음 앞으로 조금 나아가 얼굴을 땅에 대고 기도하시며 이렇게 말씀하셨다. "아버지, 하실 수만 있으시면 이 잔이 저를 비켜 가게 해 주십시오. 그러나 제가 원하는 대로 하지 마시고 아버지께서 원하시는 대로 하십시오."

3 위의 말씀이 나 자신에게 주는 의미를 잘 깨닫고 깊이 묵상한다.

4 성녀 파우스티나 수녀의 일기 중 예수님 말씀
"내 딸아, 네가 인내심을 가지고 나의 뜻에 복종할 때 너는 나에게 가장 큰 영광을 주고, 너 자신을 위해서도 단

식이나 그 어떤 고행으로도 얻을 수 없는 커다란 공로를 쌓게 된다. 내 딸아, 너의 뜻을 내 뜻에 복종시킨다면 너는 나의 커다란 기쁨을 얻게 된다는 것을 기억해라. 이런 희생은 나를 기쁘게 해 주며 아름다운 향기로 가득 차 있다. 나는 희생에서 큰 기쁨을 얻는다. 희생에는 놀라운 힘이 있다."(904)

"내 딸아, 너는 오랜 시간 동안의 기도나 고행보다는 단 한 번의 순명으로 나에게 더 큰 영광을 준다는 것을 알아야 한다."(894)

"그렇다. 네가 순명할 때에, 나는 너의 약함을 가져가고, 대신에 나의 강력한 힘으로 너를 채워 준다. 나는 영혼들이 나와의 이런 교환을 원하지 않는 것이 무척 놀랍다."(381)

"나는 내 아버지의 뜻을 수행하려고 왔다. 나는 내 부모님께 순명했고 나를 고문하는 사람들에게도 순명했고, 지금은 사제들에게 순명하고 있다."(535)

"내 딸아, 나의 즐거움은 나 자신을 네게 결합하는 것이다. 너 자신을 나의 뜻에 복종시킬 때에 너는 나에게 가장 큰 영광을 주고, 또 네게는 축복의 바다를 끌어당기는 것이다. 만일 네가 나의 뜻대로 살지 않는다면, 나는 네게서 이런 특별한 즐거움을 얻지는 못할 것이다." (954)

"네가 혼자 결정해서 하는 일은 아무리 거기에 많은 노력을 기울였다 하더라도, 나를 기쁘게 하지 못한다." (659)

"내 딸아, 나는 네가 아주 지극히 작은 일에서도 너의 고해 신부에게 의지하기를 바란다. 너의 가장 커다란 희생일지라도 네가 만일 고해 신부의 허락 없이 행했다면, 나를 기쁘게 하지 못한다. 반면에, 만일 네가 그의 허락을 받고 했다면, 너의 아주 지극히 작은 희생도 내 눈에는 아주 큰 가치를 갖는 것이다. 아무리 위대한 일이라도 만일 그것이 자기 뜻에서 행한 것이라면, 내 눈에는 아무런 가치도 없는 것이다. 그런 일들은 대개 나의 뜻에 맞지 않는 것이며, 상을 받기보다는 벌을 받게 될 것이다. 한편, 네가 고해 신부의 허락을 받고 한 아주 작은 너의 행동들은 내 눈을 기쁘게 하고, 나에게 더할 나위 없이 귀한 것이 된다. 너는 언제나 이 교훈을 든든히 지켜야 한다. 그리고 언제나 깨어서 지켜라. 이 사업으로 인해 많은 영혼들이 지옥의 문에서 돌아서서 나의 자비를 경배할 것이기 때문에, 지옥 전체가 힘써 네게 대항할 것이다. 아무것도 두려워하지 마라. 내가 너와 함께 있기 때문이다. 너는 너 혼자서는 아무것도 할 수 없다는 것을 명심하여라." (639)

## 5 성녀 파우스티나 수녀의 일기 중 묵상과 영적 대화

하느님께서는 진실한 사랑이 무엇으로 이루어지는지 내게 알려 주시고, 실제로 어떻게 하면 그분에게 사랑을 증명해 보일 수 있는지에 대해서 내게 깨달음을 주셨다. 하느님께 대한 진실한 사랑은 그분의 뜻을 실천하는 것으로 이루어진다. 우리가 하는 일로, 하느님께 우리의 사랑을 보여 드리기 위해서는, 아주 미소한 행위까지도 포함해서 우리의 모든 행동이 하느님께 대한 우리의 사랑에서 솟아 나와야 한다. (279)

하느님은 당신의 뜻을 따라 살고 있는 영혼을 끝없는 당신의 사랑으로 끌어안으신다. 나는 하느님께서 우리를 얼마나 사랑하시는지, 우리의 이해를 초월하시면서도 얼마나 단순하신지, 그리고 그분의 엄위하심에도 불구하고, 얼마나 쉽게 그분과 교감할 수 있는지를 이해하게 되

었다. (603)

 비록 아주 단순하지만 섬세한 감성을 가진 고귀하고 민감한 영혼은 모든 것 안에서 하느님을 보고, 어디서든지 하느님을 발견하고, 가장 깊이 감추어져 있는 것 안에서도 하느님을 발견할 줄 안다. 이런 영혼은, 모든 것이 다 중요하다는 것을 발견하고, 모든 것을 높이 평가하고 모든 것 때문에 하느님께 감사한다. 이런 영혼은 모든 것에서부터 영혼을 위해서 유익한 것을 얻어 내고, 모든 영광을 하느님께 돌려 드린다. 이런 영혼은 하느님께 온전히 의탁하고, 시련이 닥쳐와도 혼돈을 느끼지 않는다. 이런 영혼은 언제나 하느님께서 제일 좋으신 아버지이심을 알고 사람들의 평가를 중요하게 생각하지 않는다. 이런 영혼은 성령의 아주 가벼운 숨결에도 충실하게 따른다. 이런 영혼은 손님이신 성령 안에서 기뻐하고, 마치 어린 아이가 엄마에게 매달리듯이 성령께 매달린다. 다른 영혼들이 무서워서 꼼짝 못하는 곳도, 이런 영혼은 대담하게 아무런 어려움 없이 지나간다. (148)

 저의 하느님, 저는 주님의 뜻을 완성하는 것 외에는 아무것도 바라는 것이 없습니다. 그것이 어렵든 쉽든 개의

치 않습니다. 저로 하여금 주님의 뜻을 실천하도록 만드는 비상한 힘을 저는 느낍니다. 저를 속박하는 것이 꼭 한 가지 있는데, 그것은 거룩한 순명입니다. 오, 저의 예수님, 주님은 한편으로는 저를 재촉하시고, 다른 한편으로는 저를 제지하십니다. 오, 저의 예수님, 그렇지만 그 안에서도 주님의 거룩한 뜻이 이루어지기를 바랍니다. (615)

### 6 성모님과 곱비 신부님의 내적 담화

사랑하는 아들들아, 너희는 오늘 '주님의 뜻'에 "예!"라고 응답한 순간의 너희 천상 엄마를 묵상해 보아라. (196,1) 내 영혼에서 우러나온 이 "예!"는 깊은 침묵의 열매였다. (196,2) 나는 습관이 되다시피 늘 '내적 침묵' 속에 살면서, 오로지 '하느님의 말씀'을 찾는 데만 전념하고 있었다. 이 지극히 심오한 침묵 속에서 '말씀'은 내 영혼과 친교를 나누셨으니, 나의 정신은 그분을 영접하려고 열리는 한편 마음은 그분만을 간직하려고 조심스럽게 닫히고 있었다. (196,3) '외적 침묵'으로 나는 주변에서 일어나는 시끄러움이나 분심거리, 혹은 사건들에서 멀리 떠나 있었다. 마음을 모아 하느님의 뜻을 온전히 받아들여 나의 비천하고 평범한 생활 안에서 그 뜻을 다 이루도록 힘쓰기 위해서였다. (196,4) 세상의 잡다한 시끄러움에서 멀리 떠나 있어라. 일체 만물을 휩쓸며 오염시키는 말과 영상의 물결에서 몸을 피하여라. 이제는 내적 침묵을 지킬 줄 아는 사람이 거의 없다. 이토록 내 원수가 성공적으로 너희를 유혹하여, 마음과 영혼을 더럽히고 있는 것이다. (196,14) (이제) '성부의 뜻'이 이루어지도록 "예!"라고 응답하여라. 이것이 성부의 비밀 안으로 더욱 깊이 들어가도록 너희가 부름 받은 이유이다. (196,15) 너희는 기도하면서 그렇게 응답하여라. 기도는 너희를 하느님과의 친교로 인도해 준다. (196,16) 내 조그만 아기들아, 너희의 "예!"는 이 천상 엄마가 자신의 하느님께 영원히 기쁘게 반복하는 "예!"안에 포함되는 것이란다. (196,20) 그리하여 너희 안에서도 '성부의 뜻'이 이루어질 것이고, 티 없는 내 성심은 너희가 세상을 구원하려고 희생 제물로 바쳐질 제단이 될 것이다. (196,21)

7 자비의 5단 기도

8 묵주 기도 (고통의 신비)

9 마침 기도
사도들의 모후께 드리는 기도문

## 12 자비 안에서의 영혼 구원을 위한 중재 기도

십자가상 죽음의 순간에도 "아버지, 저들을 용서해 주십시오. 저들은 자기들이 무슨 일을 하는지 모릅니다."라고 하신 주님의 말씀은 죄인들을 위해 한없이 흘러넘치는 자비와 진정한 사랑의 중재 기도입니다. 이 말씀에 우리는 '인간이 무엇이기에, 사람이 무엇이기에 이토록 돌보아 주십니까?'라는 속죄의 절규가 마음 깊은 곳에서 우러나와야 할 것입니다.

진정한 사랑은 생명의 힘입니다. 많은 죄인들이 주님

의 자비에 의탁할 수 있도록 우리는 정성된 기도와 사랑으로 그들의 빛이 되어야 할 것입니다.

**✚ 성부와 성자와 성령의 이름으로 아멘.**
**1 시작 기도** | 성령송가

## 2 독서

**루카 23,32-34**
그들은 다른 두 죄수도 처형하려고 예수님과 함께 끌고 갔다. '해골'이라 하는 곳에 이르러 그들은 예수님과 함께 두 죄수도 십자가에 못 박았는데, 하나는 그분의 오른쪽에 다른 하나는 왼쪽에 못 박았다. 그때에 예수님께서 말씀하셨다. "아버지, 저들을 용서해 주십시오. 저들은 자기들이 무슨 일을 하는지 모릅니다." 그들은 제비를 뽑아 그분의 겉옷을 나누어 가졌다.

**탈출 32,9-14**
주님께서 다시 모세에게 말씀하셨다. "내가 이 백성을 보니, 참으로 목이 뻣뻣한 백성이다. 이제 너는 나를 말리지 마라. 그들에게 내 진노를 터뜨려 그들을 삼켜 버리게 하겠다. 그리고 너를 큰 민족으로 만들어 주겠다." 그러자 모세가 주 그의 하느님께 애원하였다. "주님, 어찌하여 당신께서는 큰 힘과 강한 손으로 이집트 땅에서 이끌어 내신 당신의 백성에게 진노를 터뜨리십니까? 어찌하여 이집트인들이, '그가 이스라엘 자손들을 해치려고 이끌어 내서는, 산에서 죽여 땅에 하나도 남지 않게 해 버렸구나.' 하고 말하게 하시렵니까? 타오르는 진노를 푸시고 당신 백성에게 내리시려던 재앙을 거두어 주십시오. 당신 자신을 걸고, '너희 후손들을 하늘의 별처럼 많게 하고, 내가 약속한 이 땅을 모두 너희 후손들에게 주어, 상속 재산으로 길이 차지하게 하겠다.' 하며 맹세하신 당신의 종 아브라함과 이사악과 이스라엘을 기억해 주십시오." 그러자 주님께서는 당신 백성에게 내리겠다고 하신 재앙을 거두셨다.

**3 위의 말씀이 나 자신에게 주는 의미를 잘 깨닫고 깊이 묵상한다.**

## 4 성녀 파우스티나 수녀의 일기 중 예수님 말씀

"나의 딸아, 나는 네가 희생과 기도를 통해서 어떻게 영혼들을 구할 수 있는지를 너에게 가르쳐 주고 싶다. 선교사가 가르침과 설교만을 통해서 구원하는 것보다 훨씬 더 많은 영혼들을 너는 고통과 기도를 통해서 구원하게 될 것이다. 나는 너를 살아있는 사랑의 희생 제물로 보고 싶다. 그래야만 내 앞에서 힘을 가지게 될 것이다. 너는 네 존재의 가장 은밀한 곳에서 마치 죽은 것처럼 살면서, 없어져야 하고, 파괴되어야 한다. 너는 인간의 눈이 전혀 미치지 못하는 그 은밀한 곳에서 파괴되어야만 한다. 너는 내 마음을 즐겁게 해 주는 제물, 단맛과 향기로 가득 찬 번제물이 될 것이고, 네가 기도해 주는 이를 위해 강력한 힘을 갖게 될 것이다. 외적으로 너의 희생은 은밀하고, 고요하며, 동시에 사랑이 가득하고, 기도가 스며들어 있는 것이어야 한다. 내 딸아, 나는 내가 네 희생을 통해 기쁨을 발견할 수 있도록 네 희생이 순수하고 겸손으로 가득한 것이기를 바란다. 네가 나의 요구를 다 채울 수 있도록 하기 위해서 나는 은총을 조금도 아끼지 않을 것이다."

"너를 망상으로부터 보호해 주기 위해서, 일상생활에서 무엇이 너의 번제물을 구성하게 될 것인지 지금 가르쳐 주겠다. 너는 모든 고통을 사랑으로 받아들여야 한다. 만일 네 마음이 종종 희생을 원치 않더라도 고민하지 마라. 그 모든 힘은 의지에 달린 것이다. 이런 반감으로 내 눈앞에서 희생의 가치가 감소되는 것이 아니라, 오히려 더욱 증가되는 것이다. 네 몸과 영혼이 종종 불길 속에 있게 되리라는 것을 알아 두어라. 어떤 때에는 비록 네가 나의 현존을 느끼지 못한다 할지라도 나는 너와 함께 있을 것이다. 두려워하지 마라. 나의 은총이 너와 함께할 것이다." (1767)

"이 모든 것은 영혼들의 구원을 위한 것이다. 내 딸아, 그들의 구원을 위해서 네가 하고 있는 일을 잘 생각하여라."

"내 딸아, 네가 매일 나의 뜻에 완전히 복종하는 침묵의 순교가 많은 영혼들을 하늘로 인도한다는 것을 알아야 한다. 그리고 너의 고통이 네 힘에 넘치는 것이라고 생각될 때에는 나의 상처들을 관상하여라. 그러면 너는 사람들의 비난과 판단을 초월하게 될 것이다. 내 수난을 묵상하면

너는 모든 것을 초월할 수 있게 될 것이다."(1184)

"죽어 가는 이들을 위해서 가능한 한 많이 기도하여라. 그들이 내 자비에 의탁하도록 기도하여라. 그들은 가장 많이 의탁해야 함에도 불구하고, 가장 적게 의탁하고 있기 때문이다. 어떤 영혼들이 그들의 마지막 순간에 영원한 구원의 은총을 얻게 되는 것은 너의 기도에 달려 있다는 것을 알아라. 너는 내 자비의 심연을 모두 알고 있다. 그러니 내 자비의 샘에서부터 너 자신과, 특히 불쌍한 죄인들을 위해서 자비를 길어 올려라. 하늘과 땅이 다 없어지는 일은 있을 수 있지만, 나의 자비가 나에게 의탁하는 영혼을 품어 안아주지 않는 일은 있을 수 없다."(1777)

"한 사람의 영혼을 잃을 때마다 나는 엄청난 슬픔을 겪는다. 네가 죄인들을 위해 기도할 때마다 너는 항상 나를 위로해 주는 것이다. 나를 가장 기쁘게 해 주는 기도는 죄인들의 회개를 위한 기도이다. 내 딸아, 이런 기도는 내가 언제나 들어 주고 응답해 준다는 것을 알아 두어라."(1397)

"내 딸아, 나에게 영혼들을 다오. 기도와 희생을 통해, 그리고 나의 자비에 의탁하라고 영혼들을 격려함으로써

영혼들을 내게 얻어 주는 것이 너의 사명임을 기억하여라."(1690)

"내 마음의 즐거움인 내 딸아, 너의 영혼을 들여다보는 것은 나의 즐거움이다. 나는 단지 너로 인해 많은 은총을 내린다. 또 나는 단지 너로 인해 형벌을 내리지 않는다. 네가 나를 막기 때문에, 나는 정의가 요구하는 것들을 다 들어줄 수가 없다. 너는 사랑으로 내 손을 묶어 놓는다."(1193)

**5 성녀 파우스티나 수녀의 일기 중 묵상과 영적 대화**

오늘 아침 영신수련을 끝마친 후에 나는 곧 뜨개질을 시작했다. 나는 마음속에서 고요함을 느꼈고, 예수님께서 그 안에서 쉬고 계신다는 것을 알았다. 이처럼 깊고도 달콤한 하느님의 현존을 의식하면서 나는 주님께 이렇게 말씀을 드렸다. "오, 제 마음속에 거처하시는 지극히 거룩하신 삼위일체시여, 제가 주님께 간청합니다. 오늘 이 뜨개바늘로 뜨개질한 숫자만큼의 영혼들에게 회개의 은총을 내려 주십시오." 그때 나는 내 영혼 안에서 이런 말씀을 들었다. "너는 너무 많은 것을 요구한다." "예수님,

주님께서는 많이 주는 것이 적게 주는 것보다 더 쉽다는 것을 아십니다." "그렇다. 네 말이 맞다. 나로서는 영혼에게 조금 주는 것보다는 많이 주는 것이 더 쉽다. 그러나 죄인의 영혼 하나가 회개할 때마다 희생이 필요하다." "좋습니다. 예수님, 저는 제가 온 정성을 다해서 만든 이 작품을 주님께 봉헌합니다. 이러한 봉헌이 수많은 영혼들의 회개를 위해서 아주 작은 것만은 아닐 것입니다. 예수님, 주님께선 삼십 년 동안 이런 일로 영혼들을 구원하시지 않았습니까! 게다가 거룩한 순명이 저에게 큰 고행이나 보속을 하는 것을 금하고 있습니다. 그러므로 제가 간청하오니, 주님, 순명의 인장이 찍힌 이 하잘것없는 것을 큰 것처럼 받아 주십시오." 그때 나는 내 영혼 안에서 이런 소리를 들었다. "내 귀여운 딸아, 나는 너의 청을 승낙한다." (961)

첫 금요일 날 영성체를 하기 전에, 나는 아주 큰 성합이 거룩한 성체들로 가득 차 있는 것을 보았다. 누군가 그 성합을 내 앞에 놓았고, 나는 그것을 받아들었다. 그 성합 안에는 천 개의 살아있는 성체들이 들어 있었다. 그때, 나는 이런 목소리를 들었다. "이 성체들은 이번 사순절 동안에 네가 진정한 회개의 은총을 얻어준 영혼들이 받아 모신 성체들이다." 그것은 성금요일 바로 일주일 전이었다. 나는 영혼들을 위해서 나 자신을 비우면서, 그날을 아주 깊은 내적 명상 속에서 보냈었다. (640)

오, 불멸의 영혼들을 위해서 나 자신을 비운다는 것은 얼마나 기쁜 일인가! 나는 밀알이 음식이 되기 위해서는, 맷돌 사이에서 부서져야만 한다는 것을 안다. 나 또한 교회와 영혼들을 위해서 쓸모가 있으려면 비록 외적으로는 아무도 나의 희생을 눈치채지 못한다고 하더라도 부서져야만 한다. 오, 예수님, 저도 외적으로는 누구의 눈에도 인정받지 못한 채 이 작은 제병처럼 숨어 지내고 싶습니다. 그래도 저는 주님께 봉헌된 성체입니다. (641)

저는 죽어 가는 죄인들을 위해 주님께 끊임없이 간청합니다. 오, 거룩하신 삼위일체시여! 하나이시며 나뉠 수 없으신 하느님! 이 크신 선물과 자비의 약속에 대해, 주님은 찬미를 받으소서! 저의 예수님, 주님을 모독하는 이들의 죄를 보상하기 위해서, 저는 제가 당하는 억울한 질책들에 대해서 입을 다물고 참겠습니다. 이렇게 해서라도 주님을 조금이나마 위로해 드리려고 합니다. 저는 저

의 영혼 안에서 끝없는 찬미의 노래를 주님께 불러 드립니다. (81)

나는 하루 온종일을 전부 죽어 가는 죄인들을 위해서 바쳤다. 거룩한 미사 시간에는 특별하게 주님과의 친밀함을 느꼈다. 영성체 후에 나는 믿음 어린 시선으로 주님을 바라보면서 그분에게 말씀드렸다. "예수님, 제게는 주님께 간절히 말씀드리고 싶은 것이 있습니다." 주님은 사랑으로 저를 바라보시면서 말씀하셨다. "네가 그렇게 간절히 내게 말하고 싶은 것이 무엇이냐?"

"예수님, 주님께 간청하오니 한없는 주님 자비의 능력으로 오늘 죽는 모든 영혼들이 지옥의 불을 피하게 해 주십시오. 비록 그들이 큰 죄인들일지라도 지옥의 불을 면하게 해 주십시오. 오늘은 십자가 위에서 주님이 고통스레 돌아가신 것을 기억하는 금요일입니다. 주님의 자비는 끝이 없는 것이기 때문에 천사들도 이것을 보고 놀라지 않을 것입니다." 예수님께서는 나를 당신 가슴에 꼭 안아 주시고 말씀하셨다. "나의 사랑하는 딸아, 너는 내 자비의 깊이를 잘 알고 있구나. 나는 네가 부탁하는 대로 하겠다. 그러나 너는 너 자신을 고통받는 내 마음과 항상 일치시키도록 하고, 내 정의에 대한 보상을 해야 한다. 네가 나에게 청한 것은 아주 큰일이라는 것을 알아야 한다. 그러나 나는 네가 나에 대한 순수한 사랑으로 이렇게 큰 청을 했다는 것을 안다. 그렇기 때문에 나는 네가 청한 대로 해 주는 것이다." (873)

## 6 성모님과 곱비 신부님의 내적 담화

기도의 길로 나를 따라오너라. 이 결정적인 시대에 수많은 내 자녀들이 영원한 멸망으로 떨어질 위기에 처해 있는 이유는, 그들을 위해 기도와 희생을 바쳐 주는 사람이 아무도 없기 때문이다. (100,2) 너희는 그들을 위해 기도하여라. 그 너희 형제들을 구원할 수 있도록 나를 도와다오. (100,3) 어제까지만 해도 아주 충실하고 확고해 보이던 이들이 (오류에) 떨어지고 마는 것을 너희가 보겠거니와, 그렇더라도 놀라지 말아라. (100,5) 심지어 다른 이들을 가르치는 높은 위치에 있는 이들의 추락마저 너희가 보게 될 것이다. (100,6) 내가 친히 준 무기인 나의 기도, 곧 단순하고 겸손한 기도인 '거룩한 묵주 기도'를 이 전투에서 사용하지 않거나 사용할 줄 모르는 사람은 모두 떨어진다고 해도 놀랄 것 없다. (100,7) 그것은 단순하고 겸손한 기도이므로 사탄을 쳐부술 수 있는 가장 효과적인 기도이다. 사탄은 오늘날 무엇보다도 교만과 방자함으로 너희를 유혹하기 때문이다. (100,8) 그것은 또 너희가 나와 함께 나를 통해서 하는 기도이므로 나의 기도이다. 그리고 교회 및 예수님의 대리자요 사랑하는 내 맏아들인 교황이 이 엄마의 마음을 감동시키는 말로 권장해 온 기도이기도 하다. (100,9)

나는 '거룩한 묵주 기도의 모후이다.' (그리고) 사탄과 모든 악령에 대항해서 싸우는 무서운 전투에서 너희를 이끄는 '지휘관'이다. 내가 인도하는 대로 유순히 따른다면, 너희는 언제나 주님의 천사들, 천국의 복자들과 성인들, 그리고 연옥에서 아직 정화되고 있는 모든 영혼들이 너희 곁에서 귀한 도움을 주고 있음을 느끼게 되리라. (336,1) 묵주 기도는 너희에게 평화를 가져온다. 이 기도로 너희는 주님에게서 크나큰 은총을 얻어 낼 수 있으니, 그것은 (사람의) 마음들을 변화시키는 은총, 영혼들을 회개시키는 은총, 그리고 온 인류로 하여금 속죄와 사랑과 신적 은총과 성화의 길을 걸어 하느님께로 돌아오게 하

는 은총이다. (336,14)

**7 자비의 5단 기도**

**8 묵주 기도** (영광의 신비)

**9 마침 기도**
  사도들의 모후께 드리는 기도문

## 13 자비 안에서의 침묵

침묵은 강력한 언어로 살아 계신 하느님의 어좌에까지 도달합니다. 성령께서는 침묵하는 영혼에게 당신의 고요한 영감으로 말씀하십니다. "마리아는 이 모든 일을 마음속에 간직하고 곰곰이 되새겼다."라는 성모님의 침묵은 하느님의 뜻에 온전히 자신을 내어 드리는 겸손과 진정한 사랑의 언어이며 거룩함의 증거입니다. 우리도 성모님처럼 영혼의 깊은 침묵을 통해 하느님의 사랑을 드러내야 하며 침묵을 통해 더욱더 유창하게 말할 수 있어야 할 것입니다.

✛ 성부와 성자와 성령의 이름으로 아멘.
**1 시작 기도** | 성령송가

**2 독서**
**루카** 2,15-20
천사들이 하늘로 떠나가자 목자들은 서로 말하였다. "베들레헴으로 가서 주님께서 우리에게 알려 주신 그 일, 그곳에서 일어난 일을 봅시다." 그리고 서둘러 가서, 마리아와 요셉과 구유에 누운 아기를 찾아냈다. 목자들은 아기를 보고 나서, 그 아기에 관하여 들은 말을 알려 주었다. 그것을 들은 이들은 모두 목자들이 자기들에게 전한 말에 놀라워하였다. 그러나 마리아는 이 모든 일을 마음속에 간직하고 곰곰이 되새겼다. 목자들은 천사가 자기들에게 말한 대로 듣고 본 모든 것에 대하여 하느님을 찬양하고 찬미하며 돌아갔다.

**야고 3,1-12**

나의 형제 여러분, 많은 사람이 교사가 되려고 하지는 마십시오. 여러분도 알다시피, 우리는 엄한 심판을 받을 것입니다. 우리는 모두 많은 실수를 저지릅니다. 누가 말을 하면서 실수를 저지르지 않으면, 그는 자기의 온몸을 다 스릴 수 있는 완전한 사람입니다. 말의 입에 재갈을 물려 복종하게 만들면, 그 온몸을 조종할 수 있습니다. 그리고 배를 보십시오. 배가 아무리 크고 또 거센 바람에 떠밀려도, 키잡이의 의도에 따라 아주 작은 키로 조종됩니다. 이와 마찬가지로 혀도 작은 지체에 지나지 않지만 큰일을 한다고 자랑합니다. 아주 작은 불이 얼마나 큰 수풀을 태워 버리는지 생각해 보십시오. 혀도 불입니다. 또 불의 세계입니다. 이러한 혀가 우리의 지체 가운데에 들어앉아 온몸을 더럽히고 인생행로를 불태우며, 그 자체도 지옥 불로 타오르고 있습니다. 온갖 들짐승과 날짐승과 길짐승과 바다 생물이 인류의 손에 길들여질 수 있으며 또 길들여져 왔습니다. 그러나 사람의 혀는 아무도 길들일 수 없습니다. 혀는 쉴 사이 없이 움직이는 악한 것으로, 사람을 죽이는 독이 가득합니다. 우리는 이 혀로 주님이신 아버지를 찬미하기도 하고, 또 이 혀로 하느님과 비슷하게 창조된 사람들을 저주하기도 합니다. 같은 입에서 찬미와 저주가 나오는 것입니다. 나의 형제 여러분, 이래서는 안 됩니다. 같은 샘구멍에서 단 물과 쓴 물이 솟아날 수 있습니까? 나의 형제 여러분, 무화과나무가 올리브 열매를 내고 포도나무가 무화과를 낼 수 있습니까? 짠 샘도 단 물을 낼 수는 없습니다.

**3** 위의 말씀이 나 자신에게 주는 의미를 잘 깨닫고 깊이 묵상한다.

**4** 성녀 파우스티나 수녀의 일기 중 예수님 말씀
"내 딸아, 내가 헤로데 앞에 섰을 때 나는 네가 사람들의 경멸과 모욕을 참아 내고, 나의 발자취를 충실히 따를 수 있도록 하기 위한 은총을 기도를 통해 얻어 내었다. 사람들이 너의 진실을 인정하지 않으려 할 때는 침묵을 지켜라. 그런 때에 너는 침묵을 통해서 더욱더 유창하게 말할 수 있기 때문이다." (1164)

"아무것도 같이할 수 없는 영혼들이 있다. 이들은 계속

남들을 쫓아다니면서, 자기 자신들 안에서 일어나는 일에 대해서는 아무것도 모르는 영혼들이다. 그들은 심지어 나와 이야기하기 위해 마련된 대침묵 시간에도 계속 남들에 대한 이야기를 한다. 불쌍한 영혼들, 그들은 나의 말을 듣지 않는다. 그들의 속은 비어 있으며, 자신들의 마음속에서 나를 찾지 않고, 수다를 통해 찾는데, 그런 수다 속에서는 절대로 나를 찾지 못한다. 그들은 자기들이 비어 있다는 것은 느끼지만 자신들의 잘못은 알아보지 못한다. 내가 완전히 다스리는 영혼들이 이들에게는 계속적으로 양심의 가책을 느끼게 하는 원인이 된다. 잘못을 고치는 대신 그들의 마음은 시기심으로 차오른다. 만일 정신을 차리지 않는다면, 그들은 더욱 깊은 수렁에 빠질 것이다. 지금까지 질투에 차 있던 마음은 이제 미움이 되기 시작한다. 그들은 이미 벼랑 끝에 와 있다. 다른 영혼들이 가지고 있는 나의 선물을 부러워하지만, 자신들은 나의 선물들을 받을 줄도 모르고, 받을 마음도 없다." (1717)

"내 딸아, 겸손, 지향의 순결함, 그리고 사랑, 이 세 가지 덕행으로 너 자신을 특별히 장식하여라. 내가 너에게 요구하는 것 이외에는 아무것도 하지 말고, 내 손이 네게 주는 것은 무엇이나 다 받아들여라. 네가 나의 목소리를 잘 들을 수 있도록 언제나 명상하는 생활을 하도록 노력하여라. 나의 목소리는 아주 작기 때문에 명상하는 영혼만이 들을 수 있다." (1779)

## 5 성녀 파우스티나 수녀의 일기 중 묵상과 영적 대화

영적 투쟁에서 침묵은 칼과 같은 무기다. 수다스러운 영혼은 절대로 성덕에 도달하지 못한다. 침묵의 칼은 영혼에게 달라붙으려는 것들을 모두 잘라버릴 것이다. 우리는 남들의 말에 민감하고, 우리가 말을 하는 것이 하느님의 뜻인지는 생각해 보지도 않고 즉시 대꾸하려고 한다. 침묵하는 영혼은 강하다. 영혼이 침묵 중에 잘 견디면, 어떤 역경도 그를 해치지 못한다. 침묵하는 영혼은 하느님과의 가장 밀접한 일치에 도달할 수 있다. 그런 영혼은 거의 언제나 성령의 인도하심 속에 산다. 침묵하는 영혼 안에서 하느님은 아무런 방해도 받지 않고 일하신다. (477)

  침묵은 아주 강력한 언어이기 때문에, 살아 계신 하느님의 어좌에까지 도달한다. 침묵은 비밀스럽지만, 살아 있고 강력한 하느님의 언어다. (888)

여자들은 이야기하기를 아주 좋아한다. 그러나 성령께서는 마음이 산란하고 수다스러운 영혼에게는 말씀하지 않으신다. 성령께서는 명상하는 영혼, 침묵하는 영혼에게 당신의 고요한 영감으로 말씀하신다. 만일 침묵이 엄격하게 준수된다면 푸념, 비방, 험담, 빈정거림, 또는 남의 소문을 퍼뜨리는 일 따위는 없을 것이며 애덕愛德이 손상 되는 일도 없을 것이다. 한마디로 수녀들은 많은 잘못을 피할 수 있다. 침묵을 지키는 입술은 순수한 금과 같고 그 사람의 내면의 거룩함을 증거 하는 것이다. (552)

내 생각에는, 그리고 내 경험에 의하면, 침묵에 관한 규칙이 제일 첫째 자리를 차지해야 한다. 하느님께서는 윙윙거리며 돌아다니기만 하고 꿀은 모으지 않는 벌집 속의 수벌같이 재잘거리는 영혼에게는 자신을 주지 않으신다. 말이 많은 영혼은 속이 비어 있다. 이런 영혼은 필수적인 덕도 갖추지 못하고, 하느님과 친밀하지도 않다. 하느님께서 거처하시는 고요한 평화와 침묵의 깊은 내적 생활은 의문의 여지도 없이 불가능하다. 내적인 침묵의 감미로운 맛을 전혀 체험하지 못한 영혼은 들떠있는 영이고, 자신만 들떠있는 것이 아니라, 다른 이들의 침묵을 방해한다. 나는 침묵을 지키지 않았기 때문에 지옥 깊은 곳으로 떨어진 많은 영혼들을 보았다. 이것은 내가 그들에게 지옥에 떨어진 이유를 물어 보았을 때에, 그들이 직접 나에게 그렇게 말해 준 것이다. 그들은 수도자들의 영혼이었다. 저의 하느님, 그들이 하늘나라에 있을 수 있었을 뿐만 아니라, 성녀가 될 수도 있었다는 것을 생각하면 너무나 고통스럽습니다! (118)

오, 자비의 예수님, 제가 제 혀에 대해서 책임을 져야 한다는 생각을 하면, 저는 무서움에 떨게 됩니다. 혀에는 생명이 있지만, 죽음도 있고, 때때로 우리는 혀로 사람을 죽입니다. 우리가 실제로 살인을 범하는 것입니다. 그런데도 우리는 아직도 혀를 작은 것이라고 생각하겠는가? 나는 그런 양심을 참으로 이해할 수 없다. 내가 아는 한 사람은 어떤 사람에게서 자신에 대해서 사람들이 이야기한 것을 듣고는 몹시 앓게 되었다. 그는 피를 많이 흘리고, 눈물도 많이 흘렸다. 그 결과는 슬프게 끝나버렸다. 칼 때문에 이런 일이 생긴 것이 아니라, 혀 때문에 이런 일이 생긴 것이었다. 오, 침묵하시는 나의 예수님, 저희에게 자비를 베푸소서! (119)

굴욕을 당하는 것이 나의 매일의 양식이다. 나는 신부가 신랑의 모든 것을 함께 나누어야 한다는 것을 잘 안다. 그러니깐 그분이 입으셨던 멸시의 두루마기를 나도 입어야 한다. 나는 심하게 고통을 당할 때에, 나는 침묵을 지키려고 노력한다. 내 혀를 믿을 수 없기 때문이다. 내 혀는 하느님께서 내게 내려 주신 모든 축복과 은총에 보답하고자 하느님을 찬미하도록 하는 것이 그 본분인데도 불구하고, 그런 힘든 순간에 자기 자신의 이익을 위해서 말하려는 경향을 가지고 있다. 그래서 나는 성체를 모실 때, 나의 혀를 치유하시어서 내 혀가 하느님께나 이웃에게 해를 끼치는 일이 없게 해 달라고 간절히 청한다. 나는 내 혀가 쉬지 않고 하느님을 찬미하기를 원한다. 혀로 범하는 죄는 참으로 크다. 자신의 혀를 다스릴 줄 모르는 영혼은 성덕에 도달하지 못한다. (92)

## 6 성모님과 곱비 신부님의 내적 담화

나에 대한 신뢰와 맡김 다음에 너희가 사용해야 할 두 번째 무기는 너희의 기도, 너희의 침묵이다. (84,9) 내적 침묵 : 너희 엄마가 너희 안에서 말하도록 해 다오.

(84,10) 이 엄마가 어린이 같은 너희 마음에 예수님의 복음 전체를 반복해서 조용하게 들려주고, 그 말씀의 맛을 다시 선물하겠다. (84,11) 다른 어떤 음성, 어떤 말에도 귀 기울이지 말아라. 오로지 그분 말씀에만 굶주리고 목말라 하는 사람들이 되어라. 그렇게 하면 너희가 하느님 말씀의 학교에서 교육을 받게 된다. (84,12) 외적 침묵 : 너희 엄마가 너희를 통해서 말하도록 해 다오. 내가 너희 안에서 자유롭게 활동할 수 있게 너희가 맡겨 준다면 참으로 기꺼이 그렇게 하리라. (84,13) 내가 말하려면 너희의 침묵이 필요하다. 너희 중에 어떤 이들은 이 점을 잘 이해하지 못한다. 하지만 이 침묵은 너희 자신의 말을 위해서도 매우 필요한 점이다. (84,14) 언제나 너희의 삶으로 말하여라. 너희 삶이 너희 말이 되어야 한다. 그러면 나 자신이 너희 안에서, 너희를 통해 말하게 되고, 그럴 때 너희 말을 듣는 사람들의 마음이 그 말을 이해하며 받아들이게 된다. (84,16) 오늘날에는 온 인류를 유혹하기 위해 내 원수가 사용하는 무기가 바로 말이다. 그래서 나는 너희가 침묵으로 그와 맞서도록 당부하는 것이다. (84,17) 그러면 성령께서도 너희 안에서 말씀하실 것이

며 너희를 통해 그분께서 세상을 완전히 새롭게 만드실 것이다. (84,18)

**7 자비의 5단 기도**

**8 묵주 기도** (환희의 신비)

**9 마침 기도**
　사도들의 모후께 드리는 기도문

## 14 자비 안에서의 삶과 덕행

하느님께 대한 열렬한 사랑은 말과 행동과 기도로 드러납니다. 그 열렬한 사랑은 하느님을 기쁘게 합니다. 진정한 덕이 있는 곳에는 언제나 희생이 따르며 생애 전체가 하나의 희생 제물이 되어야 합니다. 그리고 이 희생을 통해서 진정한 하느님의 사랑이 흘러나와야 합니다. 우리의 존재가 주님의 자비로우신 사랑으로 변화되어 참된 가치를 지닌 삶을 살아가도록 해야 할 것입니다.

**+성부와 성자와 성령의 이름으로 아멘.**
**1 시작 기도** | 성령송가

**2 독서**
**루카** 12,33-34
"너희는 가진 것을 팔아 자선을 베풀어라. 너희 자신을 위하여 해지지 않는 돈주머니와 축나지 않는 보물을 하늘에 마련하여라. 거기에는 도둑이 다가가지도 못하고 좀이 쏠지도 못한다. 사실 너희의 보물이 있는 곳에 너희의 마음도 있다."

**루카** 16,19-31
"어떤 부자가 있었는데, 그는 자주색 옷과 고운 아마포 옷을 입고 날마다 즐겁고 호화롭게 살았다. 그의 집 대문 앞에는 라자로라는 가난한 이가 종기투성이 몸으로 누워 있었다. 그는 부자의 식탁에서 떨어지는 것으로 배를 채우기를 간절히 바랐다. 그러나 개들까지 와서 그의 종기를 핥곤 하였다. 그러다 그 가난한 이가 죽자 천사들이 그를 아브라함 곁으로 데려갔다. 부자도 죽어 묻혔다. 부자가 저승에서 고통을 받으며 눈을 드니, 멀리 아브라함과 그의 곁에 있는 라자로가 보였다. 그래서 그가 소리를 질러 말하였다. '아브라함 할아버지, 저에게 자비를 베풀어 주십시오. 라자로를 보내시어 그 손가락 끝에 물을 찍어 제 혀를 식히게 해 주십시오. 제가 이 불길 속에서 고초를 겪고 있습니다.' 그러자 아브라함이 말하였다. '얘야, 너는 살아있는 동안에 좋은 것들을 받았고 라자로는 나쁜 것들을 받았음을 기억하여라. 그래서 그는 이제 여기에서 위로를 받고 너는 고초를 겪는 것이다. 게다가 우리와 너희 사이에는 큰 구렁이 가로놓여 있어, 여기에서 너희 쪽으로 건너가려 해도 갈 수 없고 거기에서 우리 쪽으로 건너오려 해도 올 수 없다.' 부자가 말하였다. '그렇다면 할아버지, 제발 라자로를 제 아버지 집으로 보내 주십시오. 저에게 다섯 형제가 있는데, 라자로가 그들에게 경고하여 그들만은 이 고통스러운 곳에 오지 않게 해 주십시오.' 아브라함이, '그들에게는 모세와 예언자들이 있으니 그들의 말을 들어야 한다.' 하고 대답하자, 부자가 다시 '안 됩니다, 아브라함 할아버지! 죽은 이들 가운데에서 누가 가야 그들이 회개할 것입니다.' 하였다. 그에게 아브라함이 이렇게 일렀다. '그들이 모세와 예언자들의 말을 듣지 않으면, 죽은 이들 가운데에서 누가 다시 살아나도 믿지 않을 것이다.'"

**3** 위의 말씀이 나 자신에게 주는 의미를 잘 깨닫고 깊이 묵상한다.

**4** 성녀 파우스티나 수녀의 일기 중 예수님 말씀
"오늘, 너는 내 가난의 정신 속으로 들어와, 이 세상에서 가장 가난한 사람도 너를 부러워할 이유가 없도록, 모든 것을 정리하여라. 나는 거대한 건물이나 훌륭한 시설 안에서보다는 순수하고 겸손한 마음 안에서 즐거워한다." (532)

"내 딸아, 나는 사랑하는 마음에서 비롯된 순수한 희생이 필요하다. 나에게는 그런 희생만이 가치가 있기 때문이다. 이 세상이 나에게 갚아야 할 빚은 참으로 엄청난

것이다. 그 빚은, 깨끗한 영혼들이 영적인 자비를 실천하면서 자신을 희생으로 바침으로써 갚을 수 있다."(1316)

"내 딸아, 나는 네가 이것을 이해하고 또 네 힘닿는 대로 모든 것을 힘써 실천하고 있다는 것을 알고 있다. 그러나 너는 이것을 많은 영혼들을 위하여 모두 기록해야만 한다. 그들은 흔히 자비의 행위를 실천할 수 있는 물질적인 수단이 없기 때문에 걱정하고 있다. 그러나 장상의 허락이 없이도 실천할 수 있는 영적인 자비는 그 공로가 더욱 큰 것이며, 누구나 실천할 수 있는 것이다. 어떤 방법으로든지 자비를 베풀지 않는 영혼은 심판의 날에 나의 자비를 얻지 못할 것이다. 오, 만일 영혼들이 자신들을 위해 영원한 보물을 모을 줄 안다면, 그들은 그 자비로 나의 심판을 미리 막음으로써 심판을 면할 것이다."(1317)

"사랑과 봉사가 없는 영혼들, 이기주의와 자기애로 가득 찬 영혼들, 교만과 자만심으로 가득 찬 영혼들, 거짓과 위선으로 가득 찬 영혼들, 겨우 자신의 생명을 유지할 수 있는 정도의 온기만을 가진 미적지근한 영혼들, 내 마음은 이런 것들을 견딜 수가 없다. 내가 그들 위에 쏟아부어 준 은총들은 마치 바위 위에 쏟아진 물처럼 헛되이 흘러내려 버린다. 착하지도 않고 악하지도 않은 이들을 나는 견딜 수가 없다. 수도원들을 통해서 세상이 성화되도록 하기 위해서 그들을 불렀던 것이기에 이곳으로부터 강력한 사랑의 불꽃과 희생이 솟구쳐 나와야 하는 것이다. 만일 그들이 참회하지 않고, 처음과 같은 사랑으로 불타오르지 않는다면, 나는 그들을 끝나가는 이 세상의 운명에로 넘겨주어 버릴 것이다."

"보속도 속죄도 없이, 그들의 죄가 이 세상의 죄보다도 더 크다면, 어떻게 그들이 이 세상을 심판하기 위해서 약속된 심판의 자리에 앉을 수 있단 말이냐? 아, 아침에 나를 받아들인 마음이 정오에는 나에 대한 온갖 형태의 미움으로 타오른다! 오, 내게 특별히 선택된 마음아, 너는 나에게 고통을 더해 주기 위해서 선택되었더냐? 이 세상이 지은 큰 죄들은 나의 마음에 표피적인 상처를 주지만, 선택된 영혼들의 죄는 내 마음을 꿰뚫어 찌르고 또 찌른다." (1702)

"사랑을 베푸는 겸손한 영혼의 기도가 내 아버지의 분노를 풀어 주고 축복을 바다처럼 내려 주시게 한다." (320)

"너는 나의 큰 기쁨이다. 너의 사랑과 너의 겸손 때문에, 나는 하늘의 옥좌를 떠나서 네게로 와서 너와 결합한다. 사랑이 나의 위대함과 너의 보잘것없음 사이에 있는 심연을 메운다." (512)

## 5 성녀 파우스티나 수녀의 일기 중 묵상과 영적 대화

내가 혼자 있게 되었을 때에, 나는 가난의 정신에 대해서 성찰하기 시작했다. 나는 예수님께서 모든 것의 주님이면서도, 아무것도 소유하지 않으신 것을 분명하게 보았다. 빌린 구유에서 태어나신 것에서부터, 그분은 일생 동안 모든 이들에게 선행을 하면서도 당신은 그 머리를 누일 곳도 없이 사셨다. 그리고 십자가 위에서는, 걸칠 옷도 없으신 그분의 지극한 가난의 절정을 보았다. 오, 예수님, 가난의 성대서원을 통해서, 저도 주님과 똑같이 되고 싶습니다. 가난은 저의 어머니입니다. 외적으로 우리는 아무것도 소유하지 말아야 하고, 우리의 것이라고 마음대로 할 만한 것이 하나도 없어야 한다. 마찬가지로 내적으로도, 우리는 아무것도 원하지 말아야 한다. 지극히 거룩하신 성체 안에, 주님의 가난은 참으로 위대합니다!

예수님, 주님이 십자가에서 버림받으셨던 것처럼, 그만큼 버림받았던 영혼이 어디에 또 있습니까? (533)

 덕행의 핵심은 하느님의 의지이다. 하느님의 의지를 충실히 행하는 사람은 모든 덕행을 실천하는 사람이다. 내 생애의 모든 사건들과 상황 안에서, 나는 하느님의 거룩한 뜻을 경배하며 찬양한다. 내 사랑의 대상은 하느님의 거룩한 뜻이다. 내 영혼의 가장 비밀스런 깊은 곳에서, 나는 하느님의 뜻을 따라 살고 있다. 나는 내적으로 하느님의 뜻이라고 이해하는 모든 것들을 외적으로 행한다. 하느님의 뜻으로 받게 되는 수난, 고통, 박해 그리고 모든 종류의 역경이 내게는 나 자신의 뜻으로 받게 되는 성공, 칭찬 그리고 존경보다 훨씬 더 감미롭다. (678)

 분별이 없는 덕은 덕이라고 할 수 없다. 우리는 분별의 은총을 얻기 위해 성령께 자주 기도해야 한다. 분별은 신중한 사려와 합리적인 성찰, 그리고 용기 있는 결심으로 이루어진다. 항상 최종 결정은 우리에게 달려 있다. 결정은 우리가 해야 하며 우리는 빛과 권고를 구할 수 있고, 또 구해야 한다. (1106)

 오늘 예수님께서 아주 가난한 젊은 청년의 모습을 하

고, 우리 수녀원의 정문으로 들어오셨다. 이 젊은 청년은 깡마른 모습에 맨발로 모자도 쓰지 않았고, 옷은 남루하기 짝이 없었는데 추위에 꽁꽁 얼어 있었다. 오늘은 날씨만 추운 것이 아니라 비까지 오고 있었기 때문이었다. 그 청년은 무엇이나 따뜻한 것을 좀 먹게 해 달라고 청했다. 그래서 나는 주방으로 갔지만 가난한 이들을 위한 음식이 하나도 남아 있지 않았다. 얼마 동안 애를 쓰면서 찾아본 결과, 마침내 나는 약간의 수프를 찾아내었다. 나는 수프에 빵을 부수어 넣고 따뜻하게 데워서 그 청년에게 주었고, 그는 그 수프를 받아먹었다. 내가 그로부터 수프 그릇을 되돌려 받았을 때, 그는 자신이 하늘과 땅의 주인이신 주님이시라는 것을 내게 알려 주었다. 내가 있는 그대로의 그분의 모습을 바라보고 있는 동안 그분은 내 시야에서 사라지셨다. 내가 숙소로 돌아와서 방금 일어났던 일을 돌이켜 보고 있을 때, 내 영혼 안에서 이런 말씀을 들었다. "내 딸아, 가난한 이들이 이 정문을 떠나면서 나에게 바친 감사의 기도가 내 귀에까지 들려왔다. 그리고 순명 중에 네가 할 수 있는 범위 안에서 네가 베푼 자선이 나를 기쁘게 해 주었다. 그래서 나는 네 자비의 열

매를 맛보려고 나의 어좌를 떠나서 너에게로 갔던 것이다."(1312)

## 6 성모님과 곱비 신부님의 내적 담화

이 천상 엄마는 너희 눈과는 다른 눈으로 (만물을) 본다. 그것은 '빛과 사랑'이 담긴 눈길이다. 사람이 보기에 아무것도 아니고 아무 가치도 없는 것으로 여겨지는 사람이 내게는 큰사람으로 보이는 것이다. (115,3) 만물을 이 엄마의 눈으로 보는 습관을 길러라. 세상이 무시하고 경멸하는 사람들을 언제나 흐뭇함과 특별한 애정이 담긴 눈으로 바라보아라. (115,5) 아무것도 아니고 아무 가치도 없는 것으로 여김 받는 사람들, 가난한 사람들, (보잘것없도록) 작은 사람들, 비천한 사람들, 고통받는 사람들, 알려지지 않은 사람들을 네 마음으로는 (다른 이들보다) 더 큰사람들로 여겨야 한다. (115,6) 마음의 참가난은 내 부름을 받는 이들에게 주는 나의 선물이다. 내 사랑을 끌어당기는 것은 비어 있는 마음이다. 이런 마음이야말로 내 음성을 감지하여 알아들을 수 있는 파장波長인 것이다. (115,9)

 이제부터 너는 어느 때나, 무슨 일을 하든지, 사랑만이 너를 이끌도록 해야 한다. (117,2) 성부와 성자와 성령께 대한 사랑, 네 영혼 안에 사시는 지극히 거룩하신 삼위일체께 대한 사랑이 네 마음으로 하여금 이 천상 엄마에 대한 사랑도 더욱 자라나게 할 것이다. (117,3) 내 티없는 성심은 네가 갈수록 뜨겁고 순수해지는 사랑으로 하느님을 사랑하도록, 이 엄마가 너를 기르는 처소이다. (117,4) 아들아, 하느님과 네 이웃을 더욱더 사랑하는 법을 내가 몸소 가르쳐 주마. 내 사랑의 능력을 너의 마음에 넣어 주겠고 하나뿐인 단순하고 지속적이고 순수한 사랑의 현동現動으로 너를 이끌기 위해 여타 다른 갈망일랑은 네 마음에서 모조리 없앨 수 있도록 도와주겠다. (117,7)

**7 자비의 5단 기도**

**8 묵주 기도** (빛의 신비)

**9 마침 기도**
　사도들의 모후께 드리는 기도문

# 15 자비를 전파함

모든 은총은 하느님의 자비로부터 흘러나오며 그것은 사랑입니다. 수난과 고통, 죽음에 이르기까지 우리의 죄를 용서해 주시기를 하느님 아버지께 간절히 기도하신 예수님의 자비로우신 성심의 사랑을 우리가 얼마만큼이나 이해할 수 있겠습니까? 우리는 이 세상의 삶이 끝나는 마지막 때에 주님의 자비에로 초대를 받아야 합니다. 그때가 두려움이 아닌 자비로운 구세주와의 만남이 되기 위해서는 우리가 자비로운 사랑의 삶을 살아야 하며 그 사랑을 아낌없이 나누고 전파해야 할 것입니다.

✛성부와 성자와 성령의 이름으로 아멘.
1 시작 기도 | 성령송가

2 독서
루카 10,25-37
어떤 율법 교사가 일어서서 예수님을 시험하려고 말하

였다. "스승님, 제가 무엇을 해야 영원한 생명을 받을 수 있습니까?" 예수님께서 그에게 말씀하셨다. "율법에 무엇이라고 쓰여 있느냐? 너는 어떻게 읽었느냐?" 그가 "'네 마음을 다하고 네 목숨을 다하고 네 힘을 다하고 네 정신을 다하여 주 너의 하느님을 사랑하고' '네 이웃을 너 자신처럼 사랑해야 한다.' 하였습니다." 하고 대답하자, 예수님께서 그에게 이르셨다. "옳게 대답하였다. 그렇게 하여라. 그러면 네가 살 것이다." 그 율법 교사는 자기가 정당함을 드러내고 싶어서 예수님께, "그러면 누가 저의 이웃입니까?" 하고 물었다. 예수님께서 응답하셨다. "어떤 사람이 예루살렘에서 예리코로 내려가다가 강도들을 만났다. 강도들은 그의 옷을 벗기고 그를 때려 초주검으로 만들어 놓고 가 버렸다. 마침 어떤 사제가 그 길로 내려가다가 그를 보고서는, 길 반대쪽으로 지나가 버렸다. 레위인도 마찬가지로 그곳에 이르러 그를 보고서는, 길 반대쪽으로 지나가 버렸다. 그런데 여행을 하던 어떤 사마리아인은 그가 있는 곳에 이르러 그를 보고서는, 가엾은 마음이 들었다. 그래서 그에게 다가가 상처에 기름과 포도주를 붓고 싸맨 다음, 자기 노새에 태워 여관으로 데리고 가서 돌보아 주었다. 이튿날 그는 두 데나리온을 꺼내 여관 주인에게 주면서, '저 사람을 돌보아 주십시오. 비용이 더 들면 제가 돌아올 때에 갚아 드리겠습니다.' 하고 말하였다. 너는 이 세 사람 가운데에서 누가 강도를 만난 사람에게 이웃이 되어 주었다고 생각하느냐?" 율법 교사가 "그에게 자비를 베푼 사람입니다." 하고 대답하자, 예수님께서 그에게 이르셨다. "가서 너도 그렇게 하여라."

**3** 위의 말씀이 나 자신에게 주는 의미를 잘 깨닫고 깊이 묵상한다.

**4 성녀 파우스티나 수녀의 일기 중 예수님 말씀**
"자비의 불길이 나를 태우고 있다. 나는 인간의 영혼들에게 이 자비의 불꽃을 쏟아 주고 싶다. 오, 그들이 내 자비를 받아들이지 않을 때, 나는 얼마나 심한 고통을 받는가!"

"내 딸아, 나의 자비에 대한 신심을 전파하기 위해서 네가 할 수 있는 것이면 무엇이든지 다 하여라. 네게 부족한 것은 내가 채워 주겠다. 고통받는 인간들에게 내 자

비로운 성심에 매달리라고 일러라. 내가 그들을 평화로 채워 주겠다."(1074)

"어린 아기의 자애로운 어머니가 그 아기를 돌보듯이, 나는 내 자비의 영광을 전파하는 사람들을 평생 동안 보호해 줄 것이고, 그들이 임종할 때에는 심판관이 아니라 자비로운 구원자가 되어 줄 것이다. 그 마지막 시간에는 나의 자비만이 영혼을 변호해 줄 것이다. 살아있는 동안에 내 자비의 샘에 잠겨 들었던 영혼은 행복하다. 이런 영혼들은 정의의 심판을 받지 않을 것이기 때문이다."(1075)

"이것을 기록하여라. 존재하는 모든 것들은 아기가 어머니의 품속에 있는 것보다도 더 깊이 내 자비의 깊은 곳에 안겨 있다. 나의 선함에 대한 불신이 내게 얼마나 큰 상처를 주는지! 불신의 죄가 나에게는 가장 심한 상처를 준다."(1076)

"내 딸아, 나의 자비를 선포하는 일을 멈추지 마라. 그렇게 함으로써 너는 죄인들에 대한 연민으로 불타는 나의 마음에 청량제가 되어 준다. 나의 사제들에게 말해 다오. 그들이 나의 깊이를 측량할 수 없는 자비에 대해서 말하고 내가 마음속에 죄인들에 대한 연민을 가지고 있다는 것을 이야기하면, 그들의 말을 듣게 되는 비정한 죄인들도 회개할 것이라고 그들에게 일러다오. 나의 자비를 선포하고 찬양하는 사제들에게는 내가 그들에게 비상한 힘을 줄 것이라고 말해 다오. 내가 그들이 하는 말을 기름으로 축성하고 그들의 말을 듣는 사람들의 마음을 감동시킬 것이라고 말해 다오."(1521)

**5 성녀 파우스티나 수녀의 일기 중 묵상과 영적 대화**
평신도 한 분이 오늘 나를 방문했다. 그는 거짓말을 많이 하면서 나의 선의를 악용해서 나를 무척 슬프게 했다. 그를 본 첫 순간에 내 혈관속의 피가 얼어붙었다. 왜냐하면 비록 내가 한마디 말로 그 모든 것에서 벗어날 수는 있었겠지만, 그 때문에 내가 당해야 했던 모든 고통이 전부 내 눈앞에 펼쳐졌기 때문이었다. 그리고 곧 강경하게 그에게 진실을 말해야 하겠다는 생각이 내게 떠올랐다. 그러나 한순간 하느님의 자비가 내 눈앞에 나타나서, 예수님이 내 입장이셨다면 하셨을 것과 같이 그렇게 그에게 행동할 것을 결심하도록 했다. 나는 그에게 부드럽게 말하기 시작했다. 그리고 그가 나와 단둘이 이야기하고 싶다고 했을 때, 그제야 나는 분명하게 그의 영혼의 슬픈 상태를 아주 조심스럽게 그에게 알려 주었다. 그는 내게 감추려 했지만 나는 그가 깊이 감동했다는 것을 알아보았다. 그때 제삼자가 들어왔기 때문에 우리 둘만의 이야기는 끊어졌다. 그 제삼자는 나에게 물 한잔과 다른 두 가지를 청했는데, 나는 기꺼이 청을 들어주었다. 어떻든 하느님의 은총이 아니었더라면 나는 그를 그렇게 대할 수 없었을 것이다. 그들이 가고 난 뒤, 그 순간에 나를 지탱해 준 은총에 대해 하느님께 감사드렸다. (1694)

그러자 이런 말씀을 들었다. "네가 진정으로 나의 딸답게 행동했기 때문에 나는 무척 기쁘다. 너는 언제나 나처럼 자비로워야 한다. 내게 대한 사랑으로 모든 이들을, 너의 가장 큰 원수까지도 사랑해 다오. 그래서 나의 자비가 너의 마음속에 완전히 울려 퍼지게 하여라." (1695)

주님께서는 나에게 당신의 뜻에 대해서, 말하자면 세 가지로 나누어 알려 주셨는데, 이 셋은 결국 하나로 귀착되는 것이다.

첫째로, 이 세상으로부터 격리된 영혼들이 하느님의

어좌 앞에서 봉헌 제물로 불타게 될 것이며, 그들은 온 세상을 위해서 자비를 청할 것이다… 그리고 그들은 자신들의 간청으로 사제들을 위한 축복을 얻어 낼 것이고, 기도를 통해서 이 세상을 예수님의 마지막 재림을 위해 준비시킬 것이다. (1155)

둘째는 자비의 행위와 연결된 기도이다. 특히 여기에 속한 영혼들은 어린이들의 영혼을 악으로부터 보호하게 된다. 기도와 자비로운 행위들에는 영혼들이 해야 할 모든 것들이 포함된다. 가장 가난한 사람들도 이러한 영혼들 속에 포함될 수 있다. 이들은 한없이 이기적인 세상에서 사랑과 예수님의 자비를 불러일으키려고 노력할 것이다. (1156)

셋째는 어떤 서원의 의무도 없는 기도와 자비의 행위들이다. 이런 기도와 자비의 행위를 하는 사람들은 [수도회]의 모든 공로와 특전들을 나누어 받는다. 이 세상의 모든 사람들이 이 그룹에 속한 회원이 될 수 있다. (1157)

이 그룹에 속한 사람은 적어도 매일 한 번 자비로운 행동을 해야 한다. 적어도 한 번, 물론 여러 번 할 수도 있다. 이런 행동들은 누구든지 쉽게 할 수 있고, 그 방법이 세 가지나 있어서 가장 가난한 사람들이라도 쉽게 행할 수 있기 때문이다. 첫째는 용서를 하거나 위로를 해 주는 자비로운 말 한마디 하기; 둘째는 말로 해 줄 수 없을 때는 기도하기 – 그것 역시 자비다; 셋째는 자비로운 행위를 하는 것이다. 그리고 마지막 날이 오면 우리는 이러한 세 가지 행위를 통해 판단을 받을 것이다. 이것을 근거로 우리는 영원한 판정을 받게 될 것이다. (1158)

하느님께서 은총을 보내 주시는 문이 우리를 위해서 열려 있다. 하느님 심판의 날이 오기 전에 우리는 이 문을 잘 이용해야 할 것이다. 그날은 무시무시한 날이 될 것이다! (1159)

언젠가 한번은 어떻게 그 많은 일탈자들과 범죄자들을 벌하지 않고 참으실 수 있는지 주 예수님께 여쭈어 보았다. 예수님께서 내게 대답하셨다. "나는 징벌을 위해서는 영원한 시간을 가지고 있다. 그렇기 때문에 나는 자비의 시간을 연장하는 것이다. 그러나 내가 방문하는 이때를 무시하는 자들에게는 재앙이 있을 것이다. 내 딸아, 나의 자비의 수행원이여, 네가 할 일은 단지 나의 자비에 대해서 기록하고, 선포하는 것만이 아니다. 저들 또한 나의 자비를 찬미할 수 있도록 기도를 통해 그들에게 나의 은총을 얻어 내는 것도 네가 해야 할 일이다." (1160)

## 6 성모님과 곱비 신부님의 내적 담화

나는 '하느님 은총의 어머니'이고 '하느님 사랑의 어머니'이며, '자비의 샘'이다. (325,1) 섬세하고 다정다감한 사람, 마음이 깨끗하고 겸손한 사람이 되어라. 구원을 얻기 위해 사랑이 필요한 모든 이에게 내가 오늘날 베풀고자 하는 도움 - 너희가 바로 그 도움이 되어야 한다. (하느님께로부터) 멀리 떨어져 있는 자들과 무신론자들을 사랑하여라. 너희를 박해하고 배척하는 자들 또한 사랑하여라. (325,6) 너희가 내 자비의 도구가 되어 다오. 오늘날의 인류에게는 하느님의 자비가 꼭 필요하다. 인류는 그 자비를 통해서만 온전히 새로워질 수 있고 구원될 수 있다. 고집스럽게 하느님을 배척함으로써 병들어 있기 때문이니, 그러한 배척이 지장이 되어 하느님께서 구원으로 이끄시려고 가르쳐 주신 길을 걷지 못하고 있는 것이다. (325,7)

주님은 당신의 '자비로우신 사랑' 으로 이 너희 시대의 너무도 병들고 길 잃은 사람들을 위해서도 구원과 자비를 위한 계획을 계속 수행하고 계신다. 너희의 병은 바로 죄인데, 그것이 갈수록 내 자녀들에게 번져 가면서 그들로 하여금 이기심과 증오와 불순결 속에서, 또 하느님을 거부하는 고집 속에서 살아가게끔 한다. 너희를 창조하신 하느님께서는 (오직) 참된 행복의 길로 너희를 인도하고 계시건만! (319,3) 너희는 나와 더불어 힘차게, 주님께 배상의 기도를 올려야 한다. (319,5) 악이 두꺼운 얼음층처럼 온 땅을 뒤덮어, 수많은 내 자녀들의 마음과 영혼을 얼어붙게 하니, 가득 차 넘쳐흐르는 하느님 정의의 잔이 보상을 요구하고 있다. (319,6) 세상에는 더없이 심각한 악이 극단을 향해 치닫고 있고, 한편에서는 내가 내 자녀들인 너희에게 배상의 대대적인 고리를 나와 함께 만들자고 호소하고 있다. 너희의 모든 기도와 고통을, 날마다 세상의 모든 죄를 보속하고 용서해 주시려고 당신 '희생 제사'를 새롭게 하시는 내 성자 예수님의 희생과 합하여 바쳐 다오. (319,7) 그렇게 한다면 이 인류가 불경한 생활로 이미 자초한 징벌을 늦추는 일에, 너희가 나를 도와주는 셈이 된다. (319,8)

7 자비의 5단 기도

8 묵주 기도 (고통의 신비)

9 마침 기도
사도들의 모후께 드리는 기도문.

## 16 자비의 5단 기도

예수님은 십자가상 죽음의 순간에 가장 거룩하신 성심에서 나온 피와 물을 저희에게 주셨으며 그곳에서 모든 은총의 빛이 쏟아져 저희에게 흘러내립니다. 그 끔찍한 고문과 고통 속에서도 오직 저희의 구원만을 생각하시며 자신을 온전히 낮추심은 상상할 수 없는 자비와 사랑입니다. 그 헤아릴 수 없는 사랑에 온전히 의탁하며 '주님의 뜻이 저희 안에 이루어지소서!'라고 진정으로 응답할 수 있어야 할 것입니다.

✚ 성부와 성자와 성령의 이름으로 아멘.

1 시작 기도 | 성령송가

2 독서

**로마 5,6-11**

우리가 아직 나약하던 시절, 그리스도께서는 정해진 때에 불경한 자들을 위하여 돌아가셨습니다. 의로운 이를 위해서라도 죽을 사람은 거의 없습니다. 혹시 착한 사람을 위해서라면 누가 죽겠다고 나설지도 모릅니다. 그런데 우리가 아직 죄인이었을 때에 그리스도께서 우리를 위하여 돌아가심으로써, 하느님께서는 우리에 대한 당신의 사랑을 증명해 주셨습니다. 그러므로 이제 그분의 피로 의롭게 된 우리가 그분을 통하여 하느님의 진노에서 구원을 받게 되리라는 것은 더욱 분명합니다. 우리가 하느님의 원수였을 때에 그분 아드님의 죽음으로 그분과 화해하게 되었다면, 화해가 이루어진 지금 그 아드님의 생명으로 구원을 받게 되리라는 것은 더욱 분명합니다. 그뿐 아니라 우리는 또한 우리 주 예수 그리스도를 통하여 하느님을 자랑합니다. 이 그리스도를 통하여 이제 화해가 이루어진 것입니다.

**3 위의 말씀이 나 자신에게 주는 의미를 잘 깨닫고 깊이 묵상한다.**

**4 성녀 파우스티나 수녀의 일기 중 예수님 말씀**
"오, 하느님의 자비를 비는 5단 기도를 바치는 영혼들에게 나는 크나큰 은총들을 베풀 것이다. 나의 자비의 깊은 심연이 이 5단 기도를 바치는 사람들을 위해 움직이고 있다. 내 딸아, 이 말을 기록하여라. 온 세상에 내 자비를 이야기 해 주어라. 모든 인류가 한없이 깊은 나의 자비를 알아볼 수 있게 해 주어라. 이것은 시간의 끝이 되었다는 표지이다. 그 다음에는 정의의 날이 올 것이다. 아직 시간이 남아 있는 동안에 사람들이 내 자비의 샘으로 올 수 있게 해 주어라. 사람들로 하여금 자기들을 위해서 쏟아져 나온 물과 피로부터 도움을 받게 해 주어라."(848)

"하느님의 자비를 비는 5단 기도를 바치는 영혼들이 임종할 때, 나는 그 영혼들이 마치 나 자신의 영광인 양 보호한다. 또한 다른 사람이 임종하는 사람을 위해서 기도할 때에도 똑같은 은혜를 베푼다. 임종하는 사람 곁에서 이 자비의 기도를 바칠 때에, 내 자비의 깊은 심연은 내 아들의 슬픈 수난 때문에 감동되어 하느님의 분노는 사그라지고, 깊이를 측량할 수 없는 깊은 자비가 그 영혼을 감싸게 된다."(811)

"내가 너에게 이르니, 나의 딸아, 3시를 알리는 시계 소리를 들을 때마다 나의 자비를 경배하고 찬양하며 나의 자비 속으로 잠겨 들도록 하여라. 온 세상을 위해서 특히 불쌍한 죄인들을 위해서 자비의 전능하심에 호소하여라. 이 순간에 나의 자비는 모든 영혼들을 위해서 넓게 열려있기 때문이다. 이 시간에 너 자신을 위해 그리고 다른 이들을 위해 청하는 모든 것을 너는 얻을 수 있다. 이 시간은 온 세상을 위한 은총의 시간이 되었다. 자비가 정의를 이겨 낸 것이다."

"내 딸아, 너의 임무를 수행하는 데에 지장이 없다면 이 시간에 십자가의 길을 바치도록 힘써라. 만일 십자가의 길을 기도할 수 없으면 잠시라도 경당에 들어가 성체성사 안에 있는 나의 성심, 자비로 가득한 나의 성심을 경배하여라. 경당에 잠시 들르는 것도 불가능하다면, 네가 있는 바로 그 장소에서 아주 잠깐만이라도 기도에 잠기도록 하여라. 나는 모든 피조물이 나의 자비를 경배하기를 원한다. 그 가운데서도 네가 나의 자비를 경배하기를 원한다. 왜냐하면 이 신비를 가장 깊이 이해할 수 있는 은혜를 너에게 주었기 때문이다."(1572)

"걱정하는 영혼들의 유익을 위해서 이것을 기록하여라. 어느 영혼이 자신의 죄가 얼마나 끔찍한 것인지를 보고 깨달을 때에 그리고 자신의 비천함의 구렁텅이가 자신의 눈앞에 온전히 그 모습을 보일 때에 그는 실망에 빠지지 말고 마치 어린아이가 그 사랑하는 어머니의 품에 안기듯이 믿음을 갖고 나의 자비의 품속에 안겨야 한다. 이런 영혼들은 동정심으로 가득한 내 마음에 대한 우선권을 가지며 나의 자비로 제일 먼저 다가올 수 있다. 나의 자비를 부르는 영혼들 중에는 실망하거나 무안을 당할 이가 아무도 없다고 그들에게 말해 주어라. 나의 선함을 믿고 의지하는 영혼들을 나는 각별히 좋아한다."(1541)

"내가 가르쳐 준 하느님의 자비를 비는 5단 기도를 끊임없이 바쳐라. 그 기도를 바치는 사람은 누구나 임종할 때에 크나큰 자비를 받을 것이다. 사제들은 죄인들에게 자신들의 구원에 대한 마지막 희망으로 이 기도를 바치도록 권고할 것이다. 마음이 완고한 죄인이라도 이 기도를 한 번만 바치면, 그는 나의 무한한 자비로부터 은총을 받을 것이다. 나는 온 세상이 나의 무한한 자비를 알게 되기를 갈망한다. 나는 나의 자비에 의탁하는 영혼들에게 상상을 초월하는 은총을 주기를 갈망한다." (687)

## 5 성녀 파우스티나 수녀의 일기 중 묵상과 영적 대화

오, 모든 영혼들이 하느님의 자비가 얼마나 크고 우리가 모두 그분의 자비를 얼마나 절실히 필요로 하는지, 특히 이런 결정적인 순간에 그분의 자비를 얼마나 필요로 하는지를 깨달을 수만 있다면! (811)

오, 인간의 영혼들이여, 하느님께서 진노하시는 날에 너희는 어디로 가서 숨을 것이냐? 지금 서둘러 하느님의 자비의 샘에서 피난처를 구하여라. 오, 얼마나 많은 무리의 영혼들이 보이는지! 그들은 하느님의 자비를 경배했고, 영원토록 찬양의 노래를 부르게 될 것이다. (848)

경당에 잠깐 들렀을 때 주님께서 내게 말씀하셨다. "내 딸아, 죽어 가는 죄인 하나를 구원할 수 있도록 나를 도와다오. 내가 너에게 가르쳐 준 그 하느님의 자비를 비는 5단 기도를 그 사람을 위해서 바쳐 다오." 하느님의 자비를 비는 5단 기도를 시작했을 때 나는 끔찍한 고통과 투쟁 중에 죽어 가는 사람을 보았다. 수호천사가 그를 보호하고 있었지만 그 영혼이 너무나 비천한 상태에 있었기 때문에 힘을 쓸 수가 없었다. 엄청난 수의 마귀들이 그 영혼을 기다리고 있었는데, 내가 자비의 기도를 바치고 있는 동안 자비의 초상화에 그려진 것과 같은 모습으로 예수님께서 나타나셨다. 예수님의 심장에서 솟아 나온 빛줄기들이 그 병자를 감쌌고 어둠의 세력들은 겁에 질려 도망쳐 버리고 병자는 평화롭게 마지막 숨을 거두었다. 정신을 차렸을 때 나는 자비의 기도가 죽어 가는 사람들에게 얼마나 중요한 것인지 깨닫게 되었다. 자비의 기도는 하느님의 분노를 누그러뜨린다. (1565)

나는 모든 영혼들이 그 생애를 살아가는 동안에, 그리고 특히 임종할 때에 하느님의 자비를 절실히 필요로 한다는 것을 점점 더 절실하게 깨닫게 된다. 이 하느님의

자비를 비는 5단 기도는 하느님께서 친히 나에게 말씀하신 대로 그분의 분노를 누그러뜨린다. (1036)

커다란 폭풍우가 다가오고 있을 때 나는 하느님의 자비를 비는 5단 기도를 바치기 시작했다. 그 순간 갑자기 천사의 목소리가 들렸다. "저는 폭풍 속으로 가까이 다가갈 수가 없습니다. 그의 입에서 나오는 빛이 저와 폭풍을 쫓아 버리기 때문입니다." 천사가 하느님께 불평하였다. 나는 천사가 폭풍우를 통해 이 땅에 얼마나 큰 심판을 내려야 했는지를 알게 되었다. 또 하느님의 자비를 비는 이 5단 기도가 하느님을 얼마나 기쁘게 해 드리며, 이 기도의 힘이 얼마나 센지도 알게 되었다. (1791)

## 6 성모님과 곱비 신부님의 내적 담화

회개하여 하느님의 은총과 사랑의 길을 걸어라. 회개하여 고요하고 평화로운 나날을 이룩하여라. 회개하여 하느님 '자비'의 계획에 협력하여라. (301,6) 너희는 내가 몹시 괴로운 심려에 싸여 있는 (시대에) 살고 있으니, 너희가 아직도 죄의 희생물 (상태로) 있는 것이 보이기 때문이다. 죄가 만연한데다, 사회 홍보 매체들이 어찌나 도처에서 하느님의 거룩한 법에 위배되는 인생 체험들을 내 가련한 자녀들에게 제시하고 있는지, 너희가 날마다 악의 독극물이 들어 있는 빵을 먹고 불순결로 오염된 샘물을 마시고 있는 형국이다. 악이 선으로, 죄가 가치(있는 무엇으)로, 하느님의 법을 위반하는 것이 너희의 자율성과 개인적 자유를 행사하는 방법으로 가르쳐지고 있으니 말이다. (301,10) 그래서 너희는 마침내 죄를 악으로 간주하는 의식마저 사라지기에 이르렀으니, 불의와 증오와 사악이 지상을 뒤덮어 지구를 하나의 거대한 사막, 생명도 사랑도 없는 사막으로 만들고 있다. 하느님을 배척하고 하느님께 돌아오기를 거부하는 완고함, 참신앙의 상실, (온갖) 부정不正의 만연이 초래하는 죄악의 확산, 이런 것이 바로 너희가 살고 있는 악한 시대의 표징들이다. (301,11) 하지만 너희를 회개와 선과 신앙의 길로 인도하려고 내가 얼마나 숱한 모양으로 중재하고 있는지도 살펴보아라. 세상 곳곳에서 주고 있는 특별한 표적들과 내 메시지로, 그리고 매우 빈번한 나의 발현을 통해, 주님의 위대한 날이 가까워졌음을 만민에게 알리고 있는 것이다. (301,12) 그러나 '티 없는 내 성심'은 참으로 큰 슬픔을 느낀다. 나의 호소가 경청되고 있지 않을 뿐더러, 공공연한 거부와 반대를 당하는 때도 잦기 때문이다. 마땅히 가장 먼저 받아들여야 할 이들에게서마저! 나는 오늘날 오직 작은 이들, 가난한 이들, 단순한 이들, 아직도 내 말을 귀담아듣고 나를 따를 줄 아는 내 모든 아기들에게만 나의 모습을 드러낸다. (301,13)

작은 이들의 마음 안에 나의 즐거움을 두는 또 다른 이유는, 내가 엄마로서 해야 할 일을 온전히 다할 수 있기 때문이다. (작으니까) 이들을 먹이고 옷 입히며 양육할 수 있고, 부드럽게 순결과 사랑과 성덕의 길로 인도할 수도 있는 것이다. (504,4)

### 7 자비의 5단 기도

### 8 묵주 기도 (영광의 신비)

### 9 마침 기도

사도들의 모후께 드리는 기도문

# 17 자비의 축일

예수님께서는 부활 후 첫 주일에 '자비의 성상'이 성대하게 축복되고 공식적으로 공경받기를 원하셨으며 사제들을 통해 모든 사람들이 이 축일을 알게 되기를 원하셨습니다. 또한 이날 자비의 샘으로 다가오는 사람은 누구든지 죄와 벌을 용서받을 것임을 약속하셨습니다. 이 은총의 선물을 온전히 받기 위해서는 자비의 9일 기도와 고해성사, 영성체로 자비의 예수님과 일치해야 하며 또한 하느님께 의탁하는 마음과 이웃에게 자비로운 행위를 실천해야 합니다.

+성부와 성자와 성령의 이름으로 아멘.
1 시작 기도 | 성령송가

2 독서
요한 14,1-14
"너희 마음이 산란해지는 일이 없도록 하여라. 하느님

을 믿고 또 나를 믿어라. 내 아버지의 집에는 거처할 곳이 많다. 그렇지 않으면 내가 너희를 위하여 자리를 마련하러 간다고 말하였겠느냐? 내가 가서 너희를 위하여 자리를 마련하면, 다시 와서 너희를 데려다가 내가 있는 곳에 너희도 같이 있게 하겠다. 너희는 내가 어디로 가는지 그 길을 알고 있다." 그러자 토마스가 예수님께 말하였다. "주님, 저희는 주님께서 어디로 가시는지 알지도 못하는데, 어떻게 그 길을 알 수 있겠습니까?" 예수님께서 그에게 말씀하셨다. "나는 길이요 진리요 생명이다. 나를 통하지 않고서는 아무도 아버지께 갈 수 없다. 너희가 나를 알게 되었으니 내 아버지도 알게 될 것이다. 이제부터 너희는 그분을 아는 것이고, 또 그분을 이미 뵌 것이다." 필립보가 예수님께, "주님, 저희가 아버지를 뵙게 해 주십시오. 저희에게는 그것으로 충분하겠습니다." 하자, 예수님께서 그에게 말씀하셨다. "필립보야, 내가 이토록 오랫동안 너희와 함께 지냈는데도, 너는 나를 모른다는 말이냐? 나를 본 사람은 곧 아버지를 뵌 것이다. 그런데 너는 어찌하여 '저희가 아버지를 뵙게 해 주십시오.' 하느냐? 내가 아버지 안에 있고 아버지께서 내 안에 계시다는 것을 너는 믿지 않느냐? 내가 너희에게 하는 말은 나 스스로 하는 말이 아니다. 내 안에 머무르시는 아버지께서 당신의 일을 하시는 것이다. 내가 아버지 안에 있고 아버지께서 내 안에 계시다고 한 말을 믿어라. 믿지 못하겠거든 이 일들을 보아서라도 믿어라. 내가 진실로 진실로 너희에게 말한다. 나를 믿는 사람은 내가 하는 일을 할 뿐만 아니라, 그보다 더 큰 일도 하게 될 것이다. 내가 아버지께 가기 때문이다. 너희가 내 이름으로 청하는 것은 무엇이든지 내가 다 이루어 주겠다. 그리하여 아버지께서 아들을 통하여 영광스럽게 되시도록 하겠다. 너희가 내 이름으로 청하면 내가 다 이루어 주겠다."

3 위의 말씀이 나 자신에게 주는 의미를 잘 깨닫고 깊이 묵상한다.

4 성녀 파우스티나 수녀의 일기 중 예수님 말씀
"구약 시대에는 내가 나의 백성에게 천둥 번개를 치면서 예언자들을 보냈다. 오늘은 온 세상 사람들에게 나의 자비와 함께 너를 보낸다. 나는 앓고 있는 인류를 벌하고 싶지 않다. 다만 나의 자비로운 성심으로 그들을 안아 치유해 주고 싶다. 그들이 나로 하여금 자신들을 벌하지 않을 수 없도록 할 때에만 나는 벌을 사용할 것이다. 나의 손은 정의의 칼을 들기를 원하지 않는다. 정의의 날에 앞서 나는 자비의 날을 먼저 보낼 것이다." (1588)

"네가 지금 보는 모습대로 초상화를 그려라. 그림에는 '예수님, 당신께 의탁합니다.'라는 말을 넣어라. 나는 이 초상화가 처음에는 너희 경당에서 공경받고, 나중에는 전 세계에서 공경받기를 원한다."(47)

"이 초상화를 공경하는 영혼들은 절대로 멸망하지 않을 것이라는 것을 나는 약속한다. 그리고 또한 벌써 지금 이 땅에서, 그리고 특히 죽음의 시간에 원수들과 싸워 승리하게 되리라고 나는 약속한다. 내가 친히 나의 영광을 (명예를) 걸고 이 약속을 지킬 것이다." (48)

"내 초상화는 이미 네 영혼 안에 새겨져 있다. 나는 자비의 축일이 제정되기를 바란다. 나는 네가 붓으로 그린 이 초상화가 부활 주일 후 첫 주일에 성대하게 축성되기를 바란다. 그 주일은 자비의 축일이 되어야 한다." (49)

"네가 이 지상에서 임명받은 의무는 전 세계를 위해서

자비를 청하는 것이다. 신뢰하는 마음으로 나의 자비에 의탁할 때까지는 어떤 영혼도 죄를 면제받을 수 없다. 그렇기 때문에, 부활 후의 첫 주일은 자비의 축일이 되어야 한다. 그날에 사제들은 모든 사람들에게 나의 끝없이 깊고도 큰 자비에 대해서 말해야 한다. 나는 너를 내 자비의 관리자로 세울 것이다. 그 성상화는 수도원의 봉쇄 구역 안에 있을 것이 아니라, 성당 안에 사람들이 볼 수 있는 곳에 있어야 한다고 고해 신부에게 말하라. 이 성상화를 통해서, 나는 영혼들에게 많은 은총을 줄 것이다. 그러니까, 모든 영혼이 이 성상화를 가까이 할 수 있도록 해 주어야 한다."(570)

"내 딸아, 상상도 할 수 없는 나의 자비에 대해서 온 세상에 이야기 하여라. 나는 자비의 축일이 모든 영혼들, 특히 불쌍한 영혼들의 피난처와 안식처가 되기를 원한다. 그날 내 부드러운 자비의 깊은 속이 열릴 것이다. 내 자비의 근원으로 찾아오는 영혼들에게 은총을 바다처럼 쏟아부어 주겠다. 고해성사를 보고 영성체를 하는 영혼들은 죄를 용서받고 벌도 완전히 면하게 될 것이다. 그날 은총이 흘러넘치도록 신성한 수문이 활짝 열릴 것이다.

어떤 영혼도 내게 오기를 두려워하지 않도록 해 주어라. 비록 '너희 죄가 진홍같이 붉어도 눈과 같이 희어지며, 너희 죄가 다홍같이 붉어도 양털같이 되리라.'는 이사야서의 말씀처럼, 진홍색 같은 죄인이라도 나에게 오기를 두려워하지 않도록 인도하여라. 나의 자비는 너무나 위대하기 때문에, 사람이거나 천사이거나 어느 누구의 정신도 영원토록 그 깊이를 헤아릴 수 없을 것이다. 존재하는 모든 것은 전부 다 나의 지극한 자비의 깊은 곳에서부터 나온 것이다. 나와의 관계 속에서 모든 영혼은 영원토록 나의 사랑과 자비를 관상하게 될 것이다. 자비의 축일은 바로 나의 깊은 부드러움에서부터 나온 것이다. 자비의 축일이 부활 후 첫 주일에 성대하게 거행되기를 바란다. 내 자비의 샘을 향하여 돌아설 때까지 인류는 평화를 얻지 못할 것이다." (699)

**5 성녀 파우스티나 수녀의 일기 중 묵상과 영적 대화**
주님은 저에게 이 자비의 축일에 대해서 말하라고 명하셨는데, 사람들이 그런 축일이 벌써 있다고 해서 놀랐습니다. 그렇다면 왜 또 제가 이 축일에 대해서 다시금 말해야 합니까? 예수님께서 내게 말씀하셨다. "누가 이 축일에 대해서 무엇을 안다는 말이냐? 아무도 모른다! 나의 자비를 선포하고 사람들에게 나의 자비에 대해서 가르쳐 주어야 할 사람들 자신들까지도 모르고 있다. 그렇기 때문에, 나는 그 성상화가 부활 후 첫 주일에 성대하게 축성되고, 공적으로 공경받기를 원하는 것이다. 그래서 모든 영혼들이 이 축일을 알게 되기를 바라는 것이다."(341)

하느님의 자비께 드리는 9일 기도

이 9일 기도는 예수님께서 나에게 기록하라고 지시하신 것이고, 자비의 축일 전에 바치라고 하신 기도다. 이 기도는 성금요일에 시작한다.

"나는 네가 이 9일 동안에 영혼들을 내 자비의 샘으로 데려오기를 원한다. 그리하여 그들이 이 자비의 샘에서 힘을 얻고, 원기를 회복하기를 바란다. 이 자비의 샘에서 그들이 세상살이의 어려움 때문에 필요한 은총들뿐만이 아니라, 특별히 죽을 때에 필요한 은총도 얻기를 바란다."

"너는 매일 다른 공동체의 영혼들을 내 성심으로 데리고 와서 그들을 내 자비의 바다에 잠겨 들게 할 것이다.

그러면 나는 그들을 내 아버지의 집으로 데려갈 것이다. 너는 이 일을 이승의 삶에서도 하고, 내세의 삶에서도 하게 될 것이다. 나는 네가 내 자비의 샘으로 데리고 오는 모든 영혼들에게 아무것도 거부하지 않을 것이다. 너는 이런 영혼들이 은총을 받을 수 있도록 매일같이 나의 쓰라린 수난의 힘으로 내 아버지께 간청하게 될 것이다." (1209)

오, 지극히 거룩하신 삼위일체시여! 제가 숨을 쉬는 그만큼, 제 심장이 고동을 치는 그만큼, 제 몸 안에서 피가 돌아가는 그만큼, 그 수천 배 저는 주님의 자비를 찬양하고 싶습니다.

오, 주님! 저는 완전히 주님의 자비가 되고 싶습니다. 그리고 주님의 살아있는 영상이 되고 싶습니다. 주님의 거룩한 모든 속성들 중에서 가장 위대한 것, 주님의 한없는 자비가 저의 마음과 영혼을 통해서 저의 이웃에게로 가게 해 주십시오.

오, 주님! 저를 도와주십시오. 제 눈을 자비롭게 만들어 주시어, 이웃을 겉모양으로 판단하거나 의심하는 일이 없게 해 주십시오. 이웃들의 영혼의 아름다움을 보게 해 주시고, 그들을 도울 수 있게 해 주십시오.

오, 주님! 저를 도와주십시오. 제 귀를 자비롭게 만들어 주시어서, 제 이웃들의 필요에 귀를 기울이게 해 주시고, 그들의 아픔과 슬픔을 모른 척하지 않게 해 주소서.

오, 주님! 저를 도와주십시오. 제 혀를 자비롭게 만들어 주시어서, 제가 절대로 제 이웃들에 대해서 나쁜 말을 하지 않게 해 주시고, 모든 이에게 위로와 용서의 말을 하게 해 주십시오.

오, 주님, 저를 도와주십시오. 제 손을 자비롭게 만들어 주시고, 제 손이 선행으로 가득 차게 해 주시어서, 제 이웃들에게 좋은 일만을 하게 해 주시고, 더 어렵고 힘든 일들은 제가 떠맡게 해 주십시오.

오, 주님! 저를 도와주십시오. 제 발을 자비롭게 만들어 주시어서, 저 자신의 피로와 권태를 극복하고 이웃을 도우려고 서두르게 해 주십시오. 이웃에게 봉사하는 것이 저의 진정한 휴식입니다.

오, 주님, 저를 도와주십시오. 제 마음을 자비롭게 만들어 주시어서, 제 이웃들의 모든 고통을 제가 느낄 수 있게 해 주십시오. 저는 어느 누구에게도 저의 마음을 거절하지 않겠습니다. 저의 친절을 악용하리라는 것을 제가 아는 경우에도, 그런 사람까지도 저는 성실하게 대하겠습니다. 그리고 저는 예수님의 가장 자비로운 성심 안에 저 자신을 가두어 두겠습니다. 저는 저의 고통을 침묵으로 견디어 내겠습니다. 오, 주님, 주님의 자비가 제게 머물게 해 주십시오.

주님께서는 친히 자비의 세 단계를 실천하도록 제게 명하십니다. 첫째, 자비로운 행동: 어떤 종류의 행동이든지 자비롭게 한다. 둘째, 자비로운 말: 만일 행동으로 할 수 없다면, 말로써 돕는다. 셋째, 기도: 만일 자비로운 말과 행동을 할 수 없다면 언제나 기도로써 도울 수 있다. 나의 기도는 내가 육체적으로 있을 수 없는 곳에까지 영향을 미치고 도와줄 수 있다.

오, 저의 예수님 저를 주님 자신으로 변화시켜 주십시오. 주님께서는 무엇이나 다 하실 수 있기 때문입니다. (163)


## 6 성모님과 곱비 신부님의 내적 담화

오늘은 '원죄 없이 잉태된 자'로 루르드에서 발현한, 너희

'천상 엄마'의 찬란한 성덕과 순결의 광채를 바라보아라. 그리고 병든 내 자녀들과 죄인인 내 자녀들은 '은총'과 '하느님 자비'의 샘으로 모두 어서 달려오너라. (538,1) 샘으로 와서 씻어라. 더러워진 자는 씻을 필요가 있다. 너희 영혼의 아름다움을 어둡게 만드는 것은 죄이다. 죄는 영혼에서 성화 은총을 앗아가고, 주 하느님과 나누는 생명의 친교로부터 너희를 떼어 놓는다. 죄는 너희로 하여금 사탄의 종살이로 돌아가게 하고, 그리하여 사탄이 그의 악한 지배력을 너희에게 행사하게 된다. (즉) 죄가 너희를 영원한 멸망의 길로 데려가는 것이다. (538,3) 샘으로 와서 씻어라. '하느님 자비'의 샘물 속에 잠겨라. 너희는 '화해의 성사'를 통해 (창에) 찔리신 '예수 성심'에서 쏟아져 내리는 이 샘물을 받게 된다. 예수께서는 당신 '구원(사업)'의 고귀한 열매로서 그 성사를 제정하셨으니, 너희의 극심한 나약함을 만나 주시려는 것이었다. 그분께서는 부활하신 후 사도들에게, "성령을 받아라 : 누구의 죄든지 너희가 용서해 주면 그들의 죄는 용서받을 것이다."(*요한 20,23) 하고 말씀하셨다. 너희 영혼이 죄로 흐려질 때마다 깨끗이 씻을 수 있는 가능성을 얻게 된 것은 바로 그 순간부터이다. (538,4) 샘으로 와서 씻어라. '천상 엄마'인 내가 오늘 간곡히, 또 열렬히 너희에게 요청하는 바는, 대환난기인 이 마지막 시대의 교회 안에서 '화해의 성사'가 다시 그 (본연의) 찬란함을 온전히 되찾도록 하라는 것이다. (538,7) 그것은 '하느님의 자비'가 온 인류에게 쏟아지게 하는 유일한 샘이니, 예수께서는 이 '성사'를 통해 새 마음을 기르시어 생활을 고칠 수 있게 해 주시기 때문이다. 이 고귀한 '성사'에 의해서만 그분의 자비로우신 사랑이 교회와 온 인류에게 전달될 수 있는 것이다. (538,8) 이런 까닭에 나는 오늘 너희에게, '하느님의 자비'에 잠겨 있으라고 또 너희 '천상 엄마'인 나를 바라보라고 당부하는 것이다. (하느님께서) 내게 '원죄 없는 잉태'(의 특은을) 주신 것은, 너희에게 '자비의 어머니'가 되게 하시려는 것이었다. (538,9)

## 7 자비의 5단 기도

## 8 묵주 기도 (환희의 신비)

# 9 마침 기도

사도들의 모후께 드리는 기도문

# 2장

# 성모님과 함께하는 회복 여정

 하느님께서는 죄와 악으로 기우는 인간의 본성을 회복시키기 위하여 우리의 존재뿐만 아니라 더 근원적인 부분까지 당신의 자비로 우리를 어루만져 주시며 그 자비가 우리 존재에 온전하게 스며들게 하십니다. 우리가 삶의 역경 속에 숨어 있는 하느님의 뜻을 깨닫고 지난날을 바라볼 때 우리는 한순간도 우리 곁을 떠나지 않으시고 우리를 보살피신 하느님의 섭리를 이해할 수 있습니다.

 하느님의 모상으로서의 우리는 거룩하고 흠 없는 본래의 모습으로 되돌아가야 합니다. 우리를 죄에서 구원하시려고 끊임없이 인내하시고 기다리시며 당신의 자비로 이끌어 주신 주님께 이제 우리는 합당한 응답을 드려야 합니다.

즉 하느님 자녀로서의 삶을 되찾고 그분처럼 자비로운 사람이 되기 위해 회복의 여정을 걸어가야 합니다. 자비는 회복으로 이어질 때 온전한 열매를 맺게 됩니다. 그 열매로 우리는 하느님의 기쁨을 다시 느끼게 되고 주님의 평화를 온전히 차지하는 그리스도의 삶을 살게 될 것입니다.

"하느님 백성의 믿음을 되살리고 사랑을 불붙여라."라고 하신 천주교 사도직 연합회를 창립한 빈센트 팔로티 성인의 말씀처럼 이 회복의 여정에서 우리의 믿음을 되살리고 사랑이 불붙는다면 더 이상 나의 눈이 아니라 예수님의 눈으로 나와 이웃을 바라볼 수 있을 것입니다.

우리는 그분과 하나 된 마음으로 그분의 수난에 참여하고 십자가에 함께 못 박히고 죽고 묻힘으로써 옛 인간에서 새 인간으로 다시 태어나야 합니다. 진정으로 우리가 하느님 앞에 설 때에는 창조 때의 모습으로 서야 합니다. 그러므로 우리는 이 광야의 삶에서 각자에서 주어진 분명한 삶의 목적을 찾아야 하며 그 목적을 이루어 낼 때 천상의 영원한 생명으로 건너갈 수 있는 것입니다. 이것은 하느님의 은총으로 이루어지며, 회복시키려는 주체는 우리가 아니라 하느님이십니다. 하느님의 방법과 우리의 방법은 다릅니다. 우리가 그분께 믿음을 고백하고 온전히 의탁할 때 하느님은 우리를 변화시켜 주실 것이며 회복시켜 주실 것입니다.

회복하기 위해서는 자비를 입어야 하며 또 회복되었다는 것은 그분의 자비를 입었다는 것입니다. 하느님의 자비를 입은 우리가 자비를 살고 자비를 전하는 것은 그분의 현존 안에 함께하는 것이며 우리가 하느님의 거룩한 거처가 되는 것입니다.

우리가 하느님의 자비를 입으면 입을수록 우리 자신은 비워지고 우리의 내면은 사랑으로 채워집니다. 그 사랑은 우리의 내면 안에서 조금씩 활동을 시작합니다. 배려하는 마음으로, 희생하는 마음으로 표현되고 또 세상적인 집착으로부터는 멀어지게 하며 하느님의 뜻만을 찾고 그분께 순종하는 종이 되게 합니다.

이런 영혼들은 그들이 겪는 시련과 고통도 기꺼이 감사하는 마음으로 봉헌하며 자신의 행복보다는 다른 이들의 행복에 더 큰 가치를 두고 하느님의 영광을 드러내기를 원합니다.

 이것이 바로 사랑의 존재로 변모된 모습이며 자비를 온전히 입은 회복된 삶입니다. 그 자비는 많은 영혼들에게 흘러 가 그들을 구원의 길로 이끌어 줍니다. 이러한 삶이 주님께서 진정으로 바라시는 것이며 거룩한 존재로 참그리스도인이 되는 것입니다. 그러므로 자비는 사람의 회복입니다.

 바오로 사도는 로마서 7장과 8장에서 이 세상이 신음하고 있으며 우리 안에 계신 성령께서도 신음하고 있다고 고백합니다. 그리고 그 사이에 있는 하느님의 자녀들이 다시 거듭 태어나기를 피조물들이 간절히 바랄 뿐만 아니라 우리 안에 있는 성령께서도 깊이 탄식하시며 우리를 대신해서 간구하고 계신다고 하셨습니다. "내가 자비로운 것처럼 너희도 자비로운 사람이 되어라."고 하신 주님의 말씀처럼 우리도 하느님의 피조물로서 또 하느님의 자녀로서의 품위를 반드시 회복하여야 합니다. 하느님께서는 20세기 한 수도자, 파우스티나 성녀를 통해서 당신의 자비가 온 세상 곳곳에 전파되기를 원하셨으며 정의의 때를 대비하여 하느님의 자비를 구하기를 끊임없이 호소하고 계십니다. 우리는 하느님의 자비와 은총의 근원인 십자가의 의미를 진정으로 깨달아야 합니다.

자비의 여정에서 십자가 아래 온 인류를 대신하여 자비를 구한 자비의 어머니와 함께 머물렀다면, 회복의 여정에서는 인류를 회복하기 위해 회복의 어머니로 오순절 다락방의 그 중심에 계셨던 성모님과 함께 한마음으로 기도해야 할 것입니다.

우리 안에서도 새로운 성령의 역사가 시작될 수 있도록 하느님께 우리 자신을 맡겨 드려야 합니다. 그리고 자비와 회복의 어머니이신 성모님과 일치하여 하느님의 자비를 드러내고 하느님의 자비를 증거하며 하느님 안에서 회복의 삶을 살아갑시다.

## 18 죄 앞에 무기력함

하느님의 사랑은 죄를 은총으로, 절망을 희망으로, 두려움을 믿음으로, 불순종을 순종으로, 비천함을 존귀함으로 변화시켜 주십니다. 하느님의 자비를 입는 것은 우리가 하느님의 사랑으로 변화되는 것이며 하느님의 현존을 드러내는 것입니다. 이것이 곧 우리의 회복입니다. 불가능한 것이 없으신 전지전능하신 하느님께 우리의 무기력함을 온전히 맡겨 드리고 우리가 사랑의 존재로 다시 회복될 수 있도록 하느님께 간절히 청해야겠습니다.

**+ 성부와 성자와 성령의 이름으로 아멘.**
**1 시작 기도** | 성령송가

## 2 독서

**에페 1,3-14**
우리 주 예수 그리스도의 아버지 하느님께서 찬미받으시기를 빕니다. 하느님께서는 그리스도 안에서 하늘의 온갖 영적인 복을 우리에게 내리셨습니다. 세상 창조 이전에 그리스도 안에서 우리를 선택하시어, 우리가 당신 앞에서 거룩하고 흠 없는 사람이 되게 해 주셨습니다. 사랑으로 예수 그리스도를 통하여 우리를 당신의 자녀로 삼으시기로 미리 정하셨습니다. 이는 하느님의 그 좋으신 뜻에 따라 이루어진 것입니다. 그리하여 사랑하시는 아드님 안에서 우리에게 베푸신 그 은총의 영광을 찬양하게 하셨습니다. 우리는 그리스도 안에서, 그리스도의 피를 통하여 속량을, 곧 죄의 용서를 받았습니다. 이는 하느님의 그 풍성한 은총에 따라 이루어진 것입니다. 하느님께서는 이 은총을 우리에게 넘치도록 베푸셨습니다. 당신의 지혜와 통찰력을 다하시어, 그리스도 안에서 미리 세우신 당신 선의에 따라 우리에게 당신 뜻의 신비를 알려 주셨습니다. 그것은 때가 차면 하늘과 땅에 있는 만물을 그리스도 안에서 그분을 머리로 하여 한데 모으는 계획입니다. 만물을 당신의 결정과 뜻대로 이루시는 분의 의향에 따라 미리 정해진 우리도 그리스도 안에서 한몫을 얻게 되었습니다. 그리하여 하느님께서는 이미 그리스도께 희망을 둔 우리가 당신의 영광을 찬양하는 사람이 되게 하셨습니다. 여러분도 그리스도 안에서 진리의 말씀, 곧 여러분을 위한 구원의 복음을 듣고 그리스도 안에서 믿게 되었을 때, 약속된 성령의 인장을 받았습니다. 우리가 하느님의 소유로서 속량될 때까지, 이 성령께서 우리가 받을 상속의 보증이 되어 주시어, 하느님의 영광을 찬양하게 하십니다.

**에페 4,17-24**

그러므로 나는 주님 안에서 분명하게 말합니다. 여러분은 더 이상 헛된 마음을 가지고 살아가는 다른 민족들처럼 살아가지 마십시오. 그들 안에 자리 잡은 무지와 완고한 마음 때문에, 그들은 정신이 어두워져 있고 하느님의 생명에서 멀어져 있습니다. 감각이 없어진 그들은 자신을 방탕에 내맡겨 온갖 더러운 일을 탐욕스럽게 해 댑니다. 그러나 여러분은 그리스도를 그렇게 배우지 않았습니다. 여러분은 예수님 안에 있는 진리대로, 그분에 관하여 듣고 또 가르침을 받았을 줄 압니다. 곧 지난날의 생활 방식에 젖어 사람을 속이는 욕망으로 멸망해 가는 옛 인간을 벗어 버리고, 여러분의 영과 마음이 새로워져, 진리의 의로움과 거룩함 속에서 하느님의 모습에 따라 창조된 새 인간을 입어야 한다는 것입니다.

**3** 위의 말씀이 나 자신에게 주는 의미를 잘 깨닫고 깊이 묵상한다.

## 4 성녀 파우스티나 수녀의 일기 중 예수님 말씀

"영혼들이 자신을 나에게 완전히 맡긴다면, 내가 직접 그들을 성화시켜 줄 것이고, 그들에게 더 큰 은총을 쏟아부어 줄 것이다. 나의 노력을 헛되게 하는 영혼들이 있지만 나는 개의치 않는다. 그들이 나에게로 향하는 만큼 나는 서둘러 그들을 도울 것이고, 나의 자비로 그들을 보호하고, 연민으로 가득한 내 마음의 첫 자리를 그들에게 내어 줄 것이다." (1682)

"자비가 하느님의 모든 속성 중에서 가장 위대한 것이라고 선포하여라. 내가 하는 일들은 모두 다 자비의 왕관을 쓰고 있다." (301)

"내 딸아, 너는 내 자비에 대해서 충분히 기록했다고 생각하느냐? 네가 기록한 것은 바다에 떨어지는 한 방울의 물과 같다. 나는 사랑과 자비 자체다. 어떤 비천함도 나의 자비보다 클 수는 없고, 나의 자비를 고갈시킬 수 없다. 왜냐하면 나의 자비는 항상 베풀어지고 있고, 항상 늘어나고 있기 때문이다. 나의 자비에 의탁하는 영혼은 가장 행복하다. 왜냐하면 내가 직접 그를 돌보기 때문이다." (1273)

"이것을 기록하여라. 내가 정의의 재판관으로 오기 전

에, 나는 먼저 자비의 왕으로 올 것이다. 심판의 날이 오기 전에, 다음과 같은 징표가 하늘에 나타나서 사람들에게 알려 줄 것이다. 하늘의 모든 빛은 사라지고, 크나큰 암흑이 온 세상을 덮을 것이다. 그런 후에 하늘에는 십자가의 표지가 나타날 것이다. 그리고 구세주의 못 박히신 손과 발의 상처로부터 거대한 빛들이 나타나서 세상을 얼마 동안 밝혀줄 것이다. 마지막 날이 오기 전에 이런 일이 일어날 것이다." (83)

**5 성녀 파우스티나 수녀의 일기 중 묵상과 영적 대화**

저의 예수님, 주님의 은총에도 불구하고, 저는 저 자신의 모든 비천함을 보고 느낍니다. 나는 나의 하루를 전투로 시작하고 전투로 끝낸다. 내가 한 가지 장애물을 해결하면, 곧바로 그 자리에 열 개의 장애물들이 더 나타난다. 그러나 나는 걱정하지 않는다. 지금은 평화의 때가 아니고 투쟁의 시간이라는 것을 알기 때문이다. 전투라는 짐이 내게 너무 무거워질 때, 나는 어린아이처럼 하느님 아버지의 팔 안으로 나를 던진다. 그리고 나는 내가 멸망하지 않을 것이라고 믿는다. 오, 저의 예수님, 제가 얼마나 쉽게 악으로 기우는지요. 그래서 저는 항상 깨어 있기 위해서 있는 힘을 다합니다. 그러나 저는 실망하지 않습니다. 저는 하느님의 은총에 의탁합니다. 하느님의 은총은 가장 비천한 곳에서 풍성해지는 법이라는 것을 압니다. (606)

나는 한 영혼이 큰 고뇌 중에 육체를 떠나는 것을 보았다. 오, 예수님, 저는 이것을 쓰려고 하는 지금 이 순간에도, 그 영혼에게 불리한 증거가 되는 끔찍한 모습 때문에 무서워서 떱니다. 나는 진흙탕 구렁과 같은 것에서부터 올라오는 어린아이들의 영혼들과 아홉 살 가량의 좀 더 큰 아이들의 영혼들을 보았다. 그 영혼들은 혐오스럽고 구역질이 나는 흉한 모습들을 하고 있었는데, 흉측스런 괴물 같기도 하고 썩어 가는 시체 같기도 했다. 그러나 그 시체들은 살아 있었고, 그 임종하는 영혼에 대항해서 큰 소리로 증언했다. 그런데 그 임종하는 영혼은 이 세상에서 큰 명예와 칭찬을 받던 영혼이었다. 그런 명예와 칭찬의 끝은 허무와 죄일 뿐이다. 마침내 한 여인이 앞치마에 눈물과 같은 것을 싸들고 나타나서, 그 사람에 대항해서 아주 강력한 증언을 했다. (425)

오, 혹독하고 무서운 시간이여! 모든 영혼들이 자신의

모든 행동들을 발가벗긴 비천한 상태에서 하나도 빼놓지 않고 적나라하게 보아야만 하는 끔찍한 시간이여! 우리가 한 행동들은 한 가지도 빠짐없이 모두 하느님의 심판 앞에 나서는 그 순간까지 우리와 함께할 것이다. 나는 이런 끔찍한 것을 표현할 말을 찾아낼 수도 없고, 그 무엇과도 비교할 수 없다. 비록 이 영혼이 지옥으로 가는 벌을 받은 것 같지는 않았지만 그 영혼이 당하는 고문은 지옥의 그것과 조금도 다를 것이 없어 보였다. 단지 한 가지 다른 점이 있다면, 언젠가는 끝이 난다는 것이다. (426)

## 6 성모님과 곱비 신부님의 내적 담화

오늘 이 엄마는 유난히 흐뭇한 눈길로 너희를 보면서 모두를 부드럽게 끌어당겨, 너희를 보호해 주는 내 티 없는 망토 아래로 들어오게 한다. (194,3) 나는 너희에게서 죄 및 죄가 너희 안에 남긴 결과들을 치유해 주고 싶다 : (죄의 결과로 나타나는) 나약함과 항구하지 못함에 대한 자각으로 말미암아, 너희가 자주 의기소침해지고 실망에 빠지는 것이다. (194,7) 너희는 그토록 약함과 안전하지 못함을 느낀다. 그토록 확신이 없는데다, 다시 주변의 악에 희생될까 봐 두려움마저 느낀다. (194,8) (그러나) 너희가 늘 천상 엄마의 티 없는 망토 아래서 산다면 다시는 죄에 떨어지지 않으리라. (194,9) 여기서 나는 너희가 다친 데를 치유하고, 쓰라린 상처에는 향유를 부어 주며, 원기를 돋울 음식을 주고, 지극히 아름다운 내 옷을 입혀 준다. 엄마의 굳셈으로 너희를 양성하면서 성덕으로 이끈다. (194,10) 너희를 통해 나는 오늘, 모든 자녀들이 내 망토 아래로 피난해 오도록 부른다. 특히 예수님과 나를 멀리해 온 이들, 이 시대의 폭풍에 휩싸려 지금 큰 위험에 처해 있는 이들, 그래서 이 엄마의 도움이 누구보다 필요한 이들을 부른다. (194,11) 그러기에 아무도 실망하면 안 된다. 누구든지 내게서 버림받았다고 여겨선 안 된다. (194,12)

이 시대에, 악인들이 너희가 걸어야 할 길에 갖은 방해와 어려움과 교활한 반대를 흩뿌리며 너희를 넘어뜨리려 드는 위험들에 대해, '천국의 성인들'은 그들의 힘 있는 도움과 전구로 응수한다. (413,4) 천국 성인들과의 삶의 통공이야말로 검은 짐승(*묵시 13,1 참조)인 프리메이슨이 오늘날 획책하는 간교하면서도 매우 음흉한 위험들에 대

해, 내가 너희에게 주는 치유제이다. (413,5)

성인들은 너희를 위해 전구하고, 너희의 길을 밝히고, 그들의 지극히 순수한 사랑으로 너희를 도와주고, 내 '원수'의 간교한 올가미로부터 너희를 보호하고, 너희와 만날 순간을 간절히 기다리고 있다. (481,6) 연옥 영혼들도 너희를 위해 기도하며, 너희의 선익을 위해 그들의 고통을 봉헌한다. 또한 그들은 너희의 기도를 통해, 그들로 하여금 (아직은) 천국의 영원한 기쁨을 누리지 못하게 하는 인간적 불완전함에서 해방될 도움을 얻는다. (481,7) 지상에 있는 동안 내 군대에 속해 있었던 연옥 영혼들은 지금 나와의 특별한 일치를 누리고 있으며, 그들의 쓰디쓴 고통을 감미롭게 하고 정화기간을 줄여 주는 내 현존을 특별한 모양으로 실감하고 있다. 그리하여 (때가 차면) 내가 몸소 (내려)가서 이 영혼들을 팔에 받아 (안고), 비할 데 없이 찬란한 '천국의 빛' 속으로 데려오는 것이다. (481,9) 이와 같이 티 없는 내 성심에 자신을 봉헌한, 내 사랑하는 자녀들인 너희가 고통스러운 지상 순례를 하는 동안, 너희 모두 곁에는 언제나 내가 있다. 하지만 내가 가장 특별히 너희 곁에 있는 것은 너희가 죽을 때이다. (481,10) 너희가 죽을 때에 나는 영광을 입은 내 '몸'의 광채와 더불어 너희 곁에 있으며, 나의 엄마다운 팔에 너희 영혼을 받아 안고 개별 심판을 받도록 내 성자 예수께로 데려간다. (481,12) 예수께서 바로 당신 자신의 어머니가 바쳐 드리는 영혼들을 만나시게 되니, 얼마나 기뻐하시겠는지 생각해 보아라! 왜냐하면, 내가 이 영혼들을 나의 아름다움으로 감싸고, 그들에게 내 성덕의 향기와 내 순결의 무구無垢함과 내 애덕의 흰옷을 (입혀) 주며, 어딘가 흠이 남아 있는 부분은 나의 엄마다운 손길로 서둘러 닦아 줌으로써 천국의 영원한 지복 속으로 들어갈 수 있도록 찬란한 빛을 주기 때문이다. (481,13) 복되어라, 너희 천상 엄마 곁에서 죽는 사람들은! 그렇다. 그들은 주님 안에서 죽는 것이기에 노고로부터 (벗어나) 안식을 얻고, 그들의 선행이 그들을 따라다니게 된다. (481,14) 티 없는 내 성심에 봉헌한, 사랑하는 자녀들아, 너희가 죽을 때에 내 모성적 팔에 너희 영혼을 받아 안으려고 곁에 있는 나를 보는 큰 기쁨을 체험하고자 한다면, 이 삶을 사는 동안 나와의 깊은 일치 안으로 들어오너라. – 이것이 오늘의 내 당부이다. (481,15)

7 자비의 5단 기도

8 묵주 기도 (빛의 신비)

9 마침 기도
  사도들의 모후께 드리는 기도문

## 19 인간의 비천함과 무능함

하느님의 은총은 우리로 하여금 우리의 무능함과 비천함을 깨닫게 합니다. 세상의 모든 것을 다 가졌다 하더라도 육신의 죽음 앞에서 그리고 우리 구원의 문제에 있어서 우리는 아무것도 할 수 없는 무능하고 비천한 존재입니다. 우리의 존재가 하느님 앞에서 보잘것없음을 깨닫고 우리 자신을 하느님께 의탁해야 할 것입니다.

+성부와 성자와 성령의 이름으로 아멘.

1 시작 기도 | 성령송가

2 독서

**시편** 90,2-17

산들이 생기기 전에 땅이며 누리가 나기 전에 영원에서 영원까지 당신은 하느님이십니다. 당신께서는 인간을 먼지로 돌아가게 하시며 말씀하십니다. "사람들아, 돌아가라." 정녕 천 년도 당신 눈에는 지나간 어제 같고 야경의 한때와도 같습니다. 당신께서 그들을 쓸어 내시면 그들은 아침잠과도 같고 사라져 가는 풀과도 같습니다. 아침에 돋아났다 사라져 갑니다. 저녁에 시들어 말라 버립니다. 정녕 저희는 당신의 진노로 스러져 가고 당신의 분노로 소스라칩니다. 당신께서는 저희의 잘못을 당신 앞에, 저희의 감추어진 죄를 당신 얼굴의 빛 앞에 드러내십니다. 정녕 저희의 모든 날이 당신의 노여움으로 없어져 가니 저희의 세월을 한숨처럼 보냅니다. 저희의 햇수는 칠십 년 근력이 좋으면 팔십 년. 그 가운데 자랑거리라 해도 고생과 고통이며 어느새 지나쳐 버리니, 저희는 나는 듯 사라집니다. 누가 당신 진노의 위력을, 누가 당신 노여윰의 위세를 알겠습니까? 저희의 날수를 셀 줄 알도록 가르치소서. 저희가 슬기로운 마음을 얻으리이다. 돌아오소서, 주님, 언제까지리이까? 당신 종들에게 자비를 베푸소서. 아침에 당신의 자애로 저희를 배불리소서. 저희의 모든 날에 기뻐하고 즐거워 하리이다. 저희를 내리누르신 그 날수만큼, 저희가 불행을 겪었던 그 햇수만큼 저희를 기쁘게 하소서. 당신께서 하신 일이 당신 종들에게, 당신의 영광이 그 자손들 위에 드러나게 하소서. 주 저희 하느님의 어지심을 저희 위에 내리소서. 저희 손이 하는 일이 저희에게 잘되게 하소서. 저희 손이 하는 일이 잘되게 하소서.

3 위의 말씀이 나 자신에게 주는 의미를 잘 깨닫고 깊이 묵상한다.

4 성녀 파우스티나 수녀의 일기 중 예수님 말씀
"너를 위하여 나는 자비 자체다. 그러므로 바라건대, 너의 비천함과 무능함을 나에게 바쳐 다오. 그것으로 너는 내 마음을 기쁘게 해 주는 것이다." (1775)

"내 딸아, 나의 성심은 자비 그 자체니라. 이 자비의 바다로부터, 은총이 온 세상 위로 흘러 나간다. 나에게 다가왔던 영혼 중에 위로를 받지 못하고 떠난 영혼은 하나도 없다. 모든 비천함은 내 자비 속에 묻혀 버리고, 모든 구원과 성화聖化의 은총이 이 샘으로부터 흘러나온다. 내 딸아, 나는 너의 마음이 내 자비가 머무는 곳이 되기를 원한다. 나는 이 자비가 너의 마음을 통해서 온 세상 위로 흘러나가기를 원한다. 너에게 다가오는 모든 사람이 나의 자비에 의탁하지 않은 채 떠나게 하지 마라. 나는 그들이 의탁하길 간절히 바라고 있다."(1777)

"나의 재림을 위해서 네가 이 세상을 준비시켜야 한다."

"너는 경당을 떠나려고 한다. 그러나 너는 나를 피할 수 없을 것이다. 나는 어디에나 있기 때문이다. 너는 네 힘으로는 아무것도 할 수 없지만 나와 함께라면 무엇이나 다할 수 있다. (429)

"너는 너 자신이 무엇인지를 보고 있다. 그러나 그 때문에 두려워하지는 말아라. 만일 내가 너의 본 모습, 너의 비천함을 다 보여 준다면, 너는 무서워 죽을 것이다. 그렇지만 네가 무엇인지는 의식하고 있어야 한다. 네가 그렇게 비참하기 때문에, 네게 내 자비의 바다를 전부 다 보여 준 것이다. 나는 너와 같은 영혼들을 원하고 찾는다. 그러나 너와 같은 영혼들은 드물다. 네가 그처럼 크나큰 신뢰를 가지고 나에게 의탁하고 있기 때문에, 나는 너에게 지속적으로 은총을 줄 수밖에 없다. 너는 아버지에게 완전히 의탁하는 딸이기 때문에, 내 성심에 대해서 상상도 할 수 없는 큰 권리를 가지고 있다. 만일 내가 여기 이 세상에서 내가 너를 얼마나 많이 사랑하고 있는지를 전부 다 보여 준다면 너는 그것을 견디어 내지 못할 것이다. 나는 가끔 그것을 어렴풋이 너에게 보여 주고 있다. 그러니까 이것은 오직 나의 예외적인 은총이라는 것을 너는 알아야 한다. 나의 사랑과 자비는 한이 없다." (718)

**5 성녀 파우스티나 수녀의 일기 중 묵상과 영적 대화**

오, 저의 예수님, 주님의 헤아릴 수 없는 은총에 감사드리며, 저는 저의 몸과 영혼, 이성과 의지, 제 마음의 모든 느낌까지 전부 주님께 바칩니다. 저는 서원을 통해 저 자신을 모두 주님께 드렸습니다. 그러므로 저에게는 주님께 더 드릴 것이 아무것도 없습니다. 예수님께서 내게 말씀하셨다. "내 딸아, 너는 진짜 너의 것은 아직 나에게 주지 않았다." 나는 자신을 깊이 살펴보았다. 나는 내 영혼의 모든 능력을 다해서 주님을 사랑한다는 것을 깨달았고, 내가 주님께 드리지 않은 것은 아무것도 찾을 수가 없었다. 그래서 나는 청했다. "예수님, 제가 주님께 드리지 않은 것이 무엇인지 말씀해 주십시오. 그러면 저는 그것을 아낌없는 마음으로 즉시 주님께 드리겠습니다." 예수님께서는 친절하게 내게 말씀하셨다. "내 딸아, 너의 비천함을 나에게 다오. 너의 비천함이야말로 전적으로 너의 것이다." 그 순간 빛줄기 하나가 나의 영혼을 밝혀 주었고, 나는 내 비천함의 깊은 구렁 전체를 한 눈에 볼 수 있었다. 바로 그 순간, 나는 아주 깊은 믿음으로 예수님의 지극히 거룩하신 성심께 안겼다. 비록 내가 모든 죄를 다 범하고, 그래서 나의 양심이 짓눌린다 하더라도 나는 하느님의 자비를 조금도 의심하지 않을 것이다. 저는 먼지처럼 겸허한 마음으로, 주님 자비의 심연 속으로 저 자신을 던져 넣겠습니다. 오, 예수님, 저는 주님께서 저를 거절하지 않으시고, 주님 대리자의 손을 통해 저를 용서해 주실 것이라 믿습니다. (1318)

오, 지극히 자비로우시고 한없이 선하신 하느님, 오늘 온 인류가 자신들의 그 비천함의 심연에서 주님의 자비를, 오, 하느님, 주님의 연민을 소리쳐 부릅니다. 온 힘을 다해 그 비천한 목소리로 울부짖습니다. 인자하신 하느님, 이 세상에서 귀양살이를 하고 있는 이들의 기도를 저버리지 말아 주십시오! 오, 주님, 한없는 선이시여, 주님은 저희의 비천함을 속속들이 아시고 저희의 힘만으로는 저희가 주님께로 올라갈 수 없다는 것을 잘 아십니다. 그러므로 주님께 간절히 청하오니 주님의 은총으로 저희를 미리 보살펴 주시고 저희 안에 계속 주님의 자비를 더하시어 저희의 모든 삶을 통해서 그리고 저희가 죽을 때에도 주님의 거룩한 뜻을 충실히 행할 수 있게 해 주십시오. 주님 자비의 전능하심이 저희의 구원을 방해하는 원수들의 포탄으로부터 저희를 보호하시어 주님만이 알고 계시는 주님의 마지막 강림을 저희가 주님의 자녀로서 확신을 가지고 기다리게 해 주십시오. 저희의 모든 비천함에도 불구하고 저희는 예수님께서 저희에게 약속하신 것들을 모두 얻을 수 있기를 기대합니다. 예수님은 저희의 믿음이시기 때문입니다. 그분의 자비로운 성심을

통해 마치 열려진 성문으로 들어가듯이 저희는 천국으로 들어갑니다. (1570)

## 6 성모님과 곱비 신부님의 내적 담화

아들들아, 내가 너희에게 요구하는 것은 다만, 너희 자신의 완전한 봉헌이다. 한계가 있고, 약하고, 무능한 그대로의 너희 자신이다. (84,6)

주님께서는 오로지 작음과 약함을 통해서만 역사하신다. 그분은 가난한 자들을 먼지에서 일으켜 세우시고, 작은 자들을 당신 영광의 길로 이끌어 가신다. (361,2) 주님의 '자비'는 가난과 비참을 통해서만 드러난다. 그분은 굶주린 사람을 좋은 것으로 배불리시고(*루카 1,53), 병든 사람에게는 건강을 주시고, 길 잃은 자에게 구원을, 절망한 자에게는 신뢰를, 죄인에게는 은총을 베푸신다. (361,3) 주님의 '권능'은 겸손과 유순함을 통해서만 역사하신다. 그분은 미천한 이를 들어 높이시고(*루카 1,52), 약한 이에게는 힘을 주시고, 억압받고 짓밟히는 이는 당신 사랑의 길로 이끌어 주시며, 소외된 이와 박해받는 이를 특히 사랑 어린 눈길로 굽어보신다. (361,4)

나는 너희 어머니이니, 너희 고통 역시 다 나의 고통이다. (81,6) 따라서 세상의 모든 쓰라림, 모든 비참, 모든 고통이 고스란히 내 성심에 메아리친다. (81,7)

고통이 있는 곳이라면 어디에나 나의 사랑도 함께 있는 것이다. (82,3) 엄마가 된다는 것이 무엇을 뜻하는지를 네가 안다면 참 좋겠구나! (82,4) 너희가 그 의미를 깨닫게 되면, 더는 아무것도 무섭지 않으리라. 나의 모성애로 너희를 구원할 테니까. (82,5) 성부의 정의는 성자의 수난과 죽음으로 너희를 구원하는 대가를 치르도록 결정하셨고 성자 성심의 사랑은 당신 어머니로 하여금 너희를 구원으로 인도하도록 결정하셨던 것이다. (82,6) 사랑하는 사제들아, 그래서 너희에게 말한다 : 두려워하지 말아라. 이 엄마가 너희를 위해 모든 것을 안배한다. 걱정하지 말아라. 너희 근심거리를 모두 내 성심에 맡겨라. (82,7)

**7 자비의 5단 기도**

**8 묵주 기도** (고통의 신비)

**9 마침 기도**
사도들의 모후께 드리는 기도문


## 20 하느님 안에서의 회심

하느님 안에서의 회심은 우리가 하느님께 다시 돌아가는 것입니다. 하느님께로 돌아가는 변화의 과정에서 우리의 의지와 노력, 주님께 대한 사랑이 우리를 새 인간으로 다시 창조할 것입니다. 참된 회심은 하느님께 대한 사랑과 이웃에 대한 사랑의 행위로 드러납니다. "우리는 하느님의 작품입니다."(에페 2,10) 우리는 주님의 자비로 끊임없이 변화해야 하며 우리가 다시 돌아오기를 애타게 기다리시는 하느님께 우리의 첫 사랑을 다시 드려야 합니다.

✚ 성부와 성자와 성령의 이름으로 아멘.
**1 시작 기도** | 성령송가

## 2 독서

**루카 19,1-10**

예수님께서 예리코에 들어가시어 거리를 지나가고 계셨다. 마침 거기에 자캐오라는 사람이 있었는데, 그는 세관장이고 또 부자였다. 그는 예수님께서 어떠한 분이신지 보려고 애썼지만 군중에 가려 볼 수가 없었다. 키가 작았기 때문이다. 그래서 앞질러 달려가 돌무화과나무로 올라갔다. 그곳을 지나시는 예수님을 보려는 것이었다. 예수님께서 거기에 이르러 위를 쳐다보시며 그에게 이르셨다. "자캐오야, 얼른 내려오너라. 오늘은 내가 네 집에 머물러야 하겠다." 자캐오는 얼른 내려와 예수님을 기쁘게 맞아들였다. 그것을 보고 사람들은 모두 "저이가 죄인의 집에 들어가 묵는군." 하고 투덜거렸다. 그러나 자캐오는 일어서서 주님께 말하였다. "보십시오, 주님! 제 재산의 반을 가난한 이들에게 주겠습니다. 그리고 제가 다른 사람 것을 횡령하였다면 네 곱절로 갚겠습니다." 그러자 예수님께서 그에게 이르셨다. "오늘 이 집에 구원이 내렸다. 이 사람도 아브라함의 자손이기 때문이다. 사람의 아들은 잃은 이들을 찾아 구원하러 왔다."

3 위의 말씀이 나 자신에게 주는 의미를 잘 깨닫고 깊이 묵상한다.

4 성녀 파우스티나 수녀의 일기 중 예수님 말씀

"나의 딸아, 너와 나 사이에는 창조주와 피조물 사이를 가르는 바닥조차 없는 깊은 심연이 가로 놓여 있지만 그 심연은 나의 자비로 메워진다는 것을 기억하여라. 너를 내게로 끌어올리는 것은 내가 너를 필요로 하기 때문이 아니라 다만 자비심으로 나와 일치할 수 있는 은총을 네게 주기 위함이다." (1576)

"비록 나의 위대함은 이해를 초월하는 것이지만, 나는 작은 이들하고만 사귄다. 나는 네가 아이와 같은 영을 가지기를 바란다." (332)

"네가 항상 작은 어린아이로 남아 있고, 아무것도 두려워하지 않으면, 나는 언제나 너와 함께 있을 것이다. 내가 여기에서 너의 시작이었던 것처럼, 나는 너의 끝도 되어 줄 것이다. 비록 아주 작은 일에 있어서도 피조물에게 의지하지 마라. 나는 네가 피조물에게 의지하는 것을 싫어하기 때문이다. 나 자신이 네 영혼 안에 머물고 싶다.

나는 네 영혼에게 빛과 힘을 줄 것이고, 너는 나의 대리자를 통해 내가 네 안에 있다는 것을 알게 될 것이다. 너의 불안함은 햇살 앞의 안개처럼 사라질 것이다."(295)

"나는 사제들이 나의 이 큰 자비를 죄인들의 영혼에게 선포하기를 바란다. 죄인들이 나에게 다가오기를 두려워하지 않게 해 다오. 자비의 불길이 베풀어지기를 갈망하면서 나를 불태우고 있다. 나는 이 영혼들에게 자비를 쏟아 주고 싶다."

"나를 신뢰하지 않는 영혼들은 내 속을 갈기갈기 찢고 있다. 선택된 영혼의 불신은 내게 더욱 큰 아픔을 안겨 준다. 그들에 대한 나의 이 흘러넘치는 사랑에도 불구하고, 그들은 나에게 의탁하지 않는다. 나의 죽음까지도 그들에게는 충분하지 않다. 은총을 낭비하는 자는 탄식하게 되리라."(50)

"너는 나와 일치할 때 왜 무서워하고 떠느냐? 나는 영혼이 쓸데없는 두려움으로 떠는 것을 싫어한다. 네가 나와 함께 있는데, 누가 감히 너를 건드리겠느냐? 나의 선함을 든든히 믿고, 나에게 온전히 의탁하는 영혼이 나에게는 가장 사랑스럽다. 나는 이런 영혼에게 내 믿음을 주

고, 그가 청하는 것은 무엇이나 다 들어준다."(453)

**5 성녀 파우스티나 수녀의 일기 중 묵상과 영적 대화**

오늘 갑자기 예수님의 눈길이 번갯불처럼 나를 꿰뚫어 보았다. 나는 곧 내 영혼 안에 아주 작은 얼룩들을 알아보았다. 내가 얼마나 비천한 존재인지를 잘 아는 나는 즉시 주님 앞에 무릎을 꿇고 용서를 청했다. 그리고 크나큰 신뢰로 주님의 한량없으신 자비 속에 나 자신을 던졌다. 이런 지식은 나를 우울하게 만들거나 주님께로부터 멀리 도망가게 하는 것이 아니라 오히려 내 영혼 안에 끝없는 신뢰와 크나큰 사랑이 일어나게 한다. 내 마음의 통회는 사랑과 연결되어 있다. 주님께로부터 나오는 이 비상한 불꽃은 내 영혼을 양성한다. 오, 하느님의 다정한 빛줄기들이시여, 제게 빛을 주시어 가장 깊은 비밀을 알게 해 주십시오. 제 마음과 영혼을 가능한 한 가장 순결하게 만들고 싶기 때문입니다. (852)

위대한 자비의 하느님, 주님의 측량할 수 없는 사랑과 자비에 대한 위대한 증표로 주님의 외아들까지 이 세상으로 보내 주신 하느님, 주님은 죄인들을 거절하지 않으시고, 오히려 주님의 한없는 자비로 그들에게 주님의 보물 창고까지 열어 주셨습니다. 그 보물 창고에서 그들은 자신들이 죄를 용서받아 의인이 되기 위해서 필요한 것뿐만 아니라 성인聖人이 되기 위해서 필요한 것들까지 모든 것을 풍성하게 얻어 낼 수 있습니다. 위대한 자비의 하느님, 저는 모든 사람들이 믿음을 가지고 주님의 한없는 자비에 의탁하기를 간절히 열망합니다. 주님의 측량할 수 없는 자비에 의탁하지 않고는 아무도 주님 앞에서 죄를 용서받을 수는 없습니다. 주님께서 주님 자비의 신비를 우리들에게 열어 보여 주실 때, 우리가 이 은혜에 합당하게 감사하기 위해서는 영원조차도 부족합니다. (1122)

  오 자비로우신 예수님, 십자가에 못 박히신 예수님, 우리들의 죽음의 시간을 잊지 말아 주십시오. 오, 지극히 자비로우신 예수 성심이시여, 창에 찔려서 열리신 예수 성심이시여, 제 생애의 마지막 순간에 저를 품어 주십시오. 저희를 위한 한없는 자비의 샘이신 예수님의 성심으로부터 쏟아져 나온 피와 물이시여, 자비의 담보이신 임종하시는 예수님이시여, 제가 죽을 때 하느님의 분노를 막아 주십시오. (813)

오늘 밤, 하느님의 현존이 나를 파고들어, 한순간에 나는 하느님의 한없는 거룩하심을 깨닫는다. 오, 하느님의 거룩하심이 나를 얼마나 압도하는지! 그리고 나는 내가 정말로 아무것도 아니라는 것을 깊이 깨닫는다. 이것은 하나의 위대한 고문이다. 왜냐하면 이런 깨달음 다음엔 사랑이 뒤따르기 때문이다. 영혼은 맹렬하게 하느님을 향하여 달려가고 창조주와 피조물이 서로에게 사랑의 모습이 되어 만난다. 이것은 마치 물방울 하나가 큰 바다와 겨루는 것과 같다. 처음에는 작은 물방울이 그 한량없는 바다를 자기 속에 가두려고 한다. 그러나 동시에 물방울은 자기가 단지 작은 물방울에 불과하다는 것을 깨닫는다. 그래서 물방울이 바다 속으로 잠겨 들어가듯이, 자신을 완전히 하느님께 맡기게 된다. 이것은 처음에는 큰 고문이지만, 동시에 아주 감미롭다. 이런 체험을 통해서 영혼은 행복해진다. (702)

## 6 성모님과 곱비 신부님의 내적 담화

그분의 '사랑'에 사로잡혀라. (515,10) 너희의 비참을 보지 말아라. 너희의 나약함 때문에 실망하지 말아라. 너희의 죄를 헤아리지도 말고, 과거의 불충실을 되씹지도 말아라. 오히려 그분의 '사랑'에 사로잡혀라. '예수 성심'의 신적 '사랑'은 인간의 모든 배은背恩을 무한히 초월하는 사랑이다. (515,11) 사랑하는 아들들아, 비록 베드로처럼 예수님을 (모른다고) 부인하거나 유다처럼 그분을 배반하거나 사도들처럼 그분을 버리고 도망치는 행위가 거듭되고 있다 하더라도, 너희는 오늘 희망에 마음을 열어라. 예수께서 너희를 사랑하시니 말이다. 그분의 사랑은 너희의 모든 인간적인 나약을 능가한다. (515,13)

내 전투에서 너희가 들고 싸워야 하는 무기는 기도와 회개라는 무기이다. 오늘 나는 너희 각자가 걸어야 할 회개의 길을 알려 주고자 한다. (260,2) 첫째 단계는 자기를 버리고 부정否定하는 것이다. (260,3) 둘째 단계는 자기 자신의 십자가를 잘 지는 일이다. (260,7) 이 십자가는 오로지 하느님의 '뜻'만을 이루고자 할 때 마주치게 되는 어려움들이니, 자기 신분에 따른 의무 수행에 날마다 충실해야 한다는 과제가 이 안에 포함되기 때문이다. 지극히 사소한 일까지도 완벽하게 해야 충실하다고 할 수 있다. 모든 것을 완전한 사랑으로 해야 하고, 하루의 모든 순간을 하느님의 '뜻'을 이루며 살아야 한다. (260,8) 셋째 단계는 '갈바리아'를 향해 내 아들 예수님을 따라가는 것이다. (260,13) 사랑하는 아들들아, 이와 같은 길을 걸을 때라야 비로소 너희가 진정한 회개를 체험할 수 있다. (260,21)

  나는 '전구와 보상의 어머니'이다. (396,2) 나의 모성적 임무는 내 성자 예수님 대전에서 너희를 위해 날마다 (바치는) 전구의 임무이다. 주의 깊고 근심 깊은 엄마로서, 너희가 선과 사랑과 성덕의 길을 걷는 데 필요한 모든 은총을 청하는 것이다. (396,3) 죄 중에 있는 내 자녀들을 위해서는 회개로 마음이 변화되어 주님께로 돌아오게 하는 은총을 얻어 주고, 내 병든 자녀들을 위해서는 모든 고통의 의미를 깨닫고 그것을 유순히 받아들이며, 사랑으로 봉헌하고, '주님의 뜻'에 대한 자녀다운 신뢰와 순종으로 스스로의 '십자가'를 지게 하는 은총을 주고, 내 선량한 자녀들을 위해서는 선에 항구하게 하는 선물을 얻어 준다. 사제인 내 아들들을 위해서는 그들이 예수님과 그분의 '복음'에 충실한, 거룩한 성직자가 되도록 전구해 준다. (396,4)

7 자비의 5단 기도

8 묵주 기도 (영광의 신비)

9 마침 기도
   사도들의 모후께 드리는 기도문

## 21 회복시켜 주시는 하느님을 믿음

겸손하고 진실한 마음에서 우러나오는 회개는 우리를 변화시키고 우리의 뜻이 아닌 하느님의 뜻을 따라 모든 것을 행하도록 우리를 이끌어 줍니다. 우리가 회개를 통해 죄를 지을 수밖에 없는 우리의 비천한 존재적 진실을 깨달았다면 죄에서 회복시켜 주시고 변화시켜 주시는 분이 하느님이심을 믿어야 합니다. 우리는 영원한 생명을 누리도록 하느님의 초대를 받은 존재입니다. 영원한 생명의 주인이시며 우리의 구원자이신 하느님의 은총을 희망하며 그 자비하신 하느님께서 우리를 온전히 회복시켜 주시기를 간구합시다.

**+ 성부와 성자와 성령의 이름으로 아멘.**
**1 시작 기도** | 성령송가

**2 독서**
**시편** 28,7-8
주님은 나의 힘, 나의 방패. 내 마음 그분께 의지하여 도움을 받았으니 내 마음 기뻐 뛰놀며 나의 노래로 그분을 찬송하리라. 주님은 당신 백성에게 힘이시며 당신의 기름부음받은이에게 구원의 요새이시다.

**로마** 8,31-39
그렇다면 우리가 이와 관련하여 무엇이라고 말해야 합니까? 하느님께서 우리 편이신데 누가 우리를 대적하겠습니까? 당신의 친아드님마저 아끼지 않으시고 우리 모두를 위하여 내어 주신 분께서, 어찌 그 아드님과 함께 모든 것을 우리에게 베풀어 주지 않으시겠습니까? 하느님께 선택된 이들을 누가 고발할 수 있겠습니까? 그들을 의롭게 해 주시는 분은 하느님이십니다. 누가 그들을 단죄할 수 있겠습니까? 돌아가셨다가 참으로 되살아나신 분, 또 하느님의 오른쪽에 앉아 계신 분, 그리고 우리를 위하여 간구해 주시는 분이 바로 그리스도 예수님이십니다. 무엇이 우리를 그리스도의 사랑에서 갈라놓을 수 있겠습니까? 환난입니까? 역경입니까? 박해입니까? 굶주림입니까? 헐벗음입니까? 위험입니까? 칼입니까? 이는 성경에 기록된 그대로입니다. "저희는 온종일 당신 때문에 살해되며 도살될 양처럼 여겨집니다." 그러나 우리는 우리를 사랑해 주신 분의 도움에 힘입어 이 모든 것을 이겨 내고도 남습니다. 나는 확신합니다. 죽음도, 삶도, 천사도, 권세도, 현재의 것도, 미래의 것도, 권능도, 저 높은 곳도, 저 깊은 곳도, 그 밖의 어떠한 피조물도 우리 주 그리스도 예수님에게서 드러난 하느님의 사랑에서 우리를 떼어 놓을 수 없습니다.

**3** 위의 말씀이 나 자신에게 주는 의미를 잘 깨닫고 깊이 묵상한다.

## 4 성녀 파우스티나 수녀의 일기 중 예수님 말씀

"나의 시종이여, 내가 의인들보다는 죄인들에게 더욱 관대하다는 것을 기록하여라. 나는 그들을 위해서 하늘에서 내려왔고, 그들을 위해서 피를 흘렸다. 그들이 두려움 없이 내게로 가까이 오도록 인도하여라. 그들은 나의 자비를 가장 절실하게 필요로 하고 있다." (1275)

"대죄인들이 나의 자비에 의탁하도록 인도하여라. 그들은 어느 누구보다도 더 내 자비의 심연에 의탁할 권리를 가지고 있다. 나의 딸아, 고통받는 영혼들을 위해 나의 자비에 대해 기록하여라. 나의 자비에 호소하는 영혼들은 나를 기쁘게 한다. 그런 영혼들에게 나는 그들이 요구하는 것보다 더 많은 은총을 내릴 것이다. 아무리 큰 죄인이라도 나의 자비에 호소하면, 나는 그를 벌할 수가 없다. 오히려 반대로 나는 측량할 수 없고, 상상을 초월하는 나의 자비로 그를 용서해 줄 것이다. 내가 정의로운 심판자로 오기 전에 나는 먼저 내 자비의 문을 넓게 연다는 것을 기록하여라. 내 자비의 문을 지나가기를 거부하는 사람들은 내 정의의 문을 지나가야만 할 것이다." (1146)

## 5 성녀 파우스티나 수녀의 일기 중 묵상과 영적 대화

다시는 그러지 않겠다고 굳은 결심을 했었음에도 불구하고 나는 또 다시 실수를 저질렀다. 그 실수가 비록 사소한 잘못이고, 또 의도적인 것은 아니었다고 해도 나는 내 영혼 안에서 아주 예리한 아픔을 느꼈다. 나는 하던 일을 중단하고, 잠시 동안 경당으로 갔다. 사랑과 크나큰 아픔을 동시에 느끼면서 예수님의 발 앞에 엎드렸다. 바로 오늘 아침에 영성체를 하고 나서 주님과 대화를 하는 중에 그분께 충실하겠다고 약속했었기 때문에, 나는 더욱더 큰 수치심을 가지고 주님께 용서를 청했다. 그리고 이런 말씀을 들었다. "네가 이런 작은 불완전한 실수를 저지르지 않았더라면 너는 내게로 오지 않았을 것이다. 네가 자신을 낮추고, 나의 용서를 청하면서 내게 자주 오면 올수록, 나는 그만큼 더 풍부한 은총을 네 영혼에게 쏟아부어 준다. 그러면 너의 불완전함은 내 눈앞에서 사라지고, 나는 다만 너의 사랑과 겸손만을 본다는 것을 알아 두어라. 너는 아무것도 잃는 것이 없고 오히려 더 많은 것을 얻는다." (1293)

저의 예수님, 제가 영혼들의 삶을 볼 때에, 저는 많은 사람들이 약간의 의심을 가지고 주님을 섬기는 것을 봅니다. 어떤 때에는, 특히 하느님께 대한 그들의 사랑을 보여줄 기회가 오면, 오히려 그들이 이 전쟁터에서 등을 돌리고 도망치는 것을 봅니다. 예수님께서 즉시 내게 말씀하셨다. "내 아이야, 너도 그들처럼 행동하고 싶으냐?" 나는 주님께 대답했다. "오, 아니오, 저의 예수님, 비록 제 이마에 죽도록 진땀이 흐르더라도 저는 전쟁터에서 물러서지는 않을 것입니다. 제가 거룩하신 성삼위의 발치에서 쉬게 될 때까지는 절대로 제 손에서 칼을 놓지 않겠습니다! 제가 무엇을 하든지, 저는 저 자신의 힘에 의존하지 않고, 다만 하느님의 은총에 의지할 것입니다. 하느님의 은총과 함께라면, 영혼은 아무리 큰 어려움이라도 극복할 수 있습니다." (287)

피정이 시작될 때, 예수님께서 내게 말씀하셨다, "이 피정 동안에는 내가 직접 너의 영혼을 지도할 것이다. 나는 평화와 사랑으로 너에게 확신을 주겠다." 이렇게 해서 며칠이 지났다. 나흘째 되는 날, '나의 이 잔잔함은 잘못된 것이 아닌가?' 하는 의혹이 나를 괴롭히기 시작했다. 그때 나는 이런 말씀을 들었다. "내 딸아, 네가 이 세상 전체의 주권자이고, 모든 것을 네가 원하는 대로 처리할 권능을 가지고 있다고 상상해 보아라. 네가 원하는 대로 모든 선한 일을 다할 수 있는 능력을 네가 가지고 있는데, 그 순간에 작은 어린아이 하나가 너의 문을 두드린다. 그 아이는 눈물로 범벅이 된 채 벌벌 떨면서 너의 친절함에 완전히 의탁하면서 빵 한 조각을 달라고 청한다. 그렇지 않으면 굶어 죽기 때문이다. 너는 이 어린아이에게 어떻게 하겠느냐? 내 딸아 대답해 보아라." 나는 대답하였다. "예수님, 저는 이 어린아이가 달라는 것은 물론이고, 그 천 배를 더 주겠습니다." 그때 주님은 나에게 말씀하셨다. "나도 바로 그렇게 네 영혼을 대할 것이다. 이 피정에서 나는 너에게 평화를 줄 뿐만 아니라, 네가 불안을 체험해 보려고 원한다고 해도 그렇게 되지 않을 만큼, 네 영혼을 튼튼하게 해 줄 것이다. 내 사랑이 너의 영혼을 차지했으니, 나는 네가 이것을 확실히 믿기를 바란다. 너의 귀를 나의 심장에 가까이 바짝 대고, 다른 모든 것을 잊어버리고, 나의 경이로운 자비를 묵상하여라. 나의 사랑이 이런 문제들에 있어 네가 필요로 하고 있는 모든 힘과 용기를 네게 줄 것이다."(229)

## 6 성모님과 곱비 신부님의 내적 담화

오늘 '천국' (주민들)은 너희 천상 엄마의 영광을 입은 몸을 바라보면서 크게 기뻐하고 있다. 내 안에 지극히 거룩하신 삼위일체의 광채가 반사되기 때문이다. (228,1) 너희도 나를 바라보아라. 그러면 내 빛을 너희에게 쏟아 주리라. 너희가 유혹, 투쟁, 실망의 순간에 나를 바라보면 격려와 도움을 받을 것이다. (228,2) 어쩌다 패배에 떨어지거나 그것의 무게를 느낄 때, (혹은) 죄악에 짓눌릴 때, 내게로 오너라. 내가 너희를 부축해 주겠다. (228,3) 오늘 나는 죄에 빠져 있는 내 자녀들을 자비로운 눈길로 바라보면서 이렇게 말한다 : "나는 너희 천상 엄마이니, 너희 모두가 티 없이 순결한 내 망토 아래 함께 모이도록 초대한다. 너희를 보호하고, 너희의 '구세주' 예수께로 인도해 주려는 것이다." (228,4) 나는 죄인들의 피난처이다. (228,5) 나와 함께 너희 자신이, 죄인들, 가난한 이들, 병자들, 절망한 이들, 작은 이들, 버림받은 이들의 피난처가 되어라. 나는 영광을 입은 나의 몸에서 솟는 빛을 너희의 죽어야 할 몸에 비추어 주고, 티 없는 내 성심에서 솟는 사랑을 너희의 병든 마음에 부어 주고, 지복에 넘치는 내 영혼에 가득한 은총이 너희의 상처 입은 영혼에 내려가게 한다. 그렇게 지금 너희를 변모시키고 있다. 내가 너희를 통해서도 죄인인 내 불쌍한 자녀들의 피난처가 되고 싶기 때문이다. (228,7) 그러니 내게로 오너라. 내가 너희를 위로해 주고, 너희를 저 높이, 천국으로 데려갈 안전한 길로 인도해 주마. 천국에서 너희는 하느님의 빛과 환희에 싸여, 지상 생활 전체의 목표에 도달하게 되리라. (228,8)

**7 자비의 5단 기도**

**8 묵주 기도** (환희의 신비)

**9 마침 기도**

사도들의 모후께 드리는 기도문

## 22 예수 그리스도와 함께 죽음

우리는 자비하신 하느님의 사랑을 마음 깊이 새기며 참회의 여정을 걸어야 합니다. 십자가에 못 박히신 예수님을 바라볼 때 우리의 악행을 바라보고 예수님의 상처가 나로 인한 상처임을 깨닫고 예수님과 일치하여 우리의 육의 행실을 십자가에 못 박아야 합니다. 그리고 십자가에서 예수님과 함께 죽어야 합니다. 예수님과 함께 죽는다는 것은 예수님과 함께 다시 산다는 것을 믿는 것입니다. 우리의 회복은 하느님의 자비로 회복되는 것입니다. 당신 아들 예수님의 희생의 길을 함께 걸어가는 길이 우리 회복의 길입니다. 예수 그리스도와 함께 죽음으로 옛 인간의 모든 행실을 벗어 버리고 새 생명의 삶, 생명의 파스카를 살아야 할 것입니다.

✝ 성부와 성자와 성령의 이름으로 아멘.
1 시작 기도 | 성령송가

## 2 독서

요한 12,24-26

"내가 진실로 진실로 너희에게 말한다. 밀알 하나가 땅에 떨어져 죽지 않으면 한 알 그대로 남고, 죽으면 많은 열매를 맺는다. 자기 목숨을 사랑하는 사람은 목숨을 잃을 것이고, 이 세상에서 자기 목숨을 미워하는 사람은 영원한 생명에 이르도록 목숨을 간직할 것이다. 누구든지 나를 섬기려면 나를 따라야 한다. 내가 있는 곳에 나를 섬기는 사람도 함께 있을 것이다. 누구든지 나를 섬기면 아버지께서 그를 존중해 주실 것이다."

로마 6,6-14

우리는 압니다. 우리의 옛 인간이 그분과 함께 십자가에 못 박힘으로써 죄의 지배를 받는 몸이 소멸하여, 우리가 더 이상 죄의 종노릇을 하지 않게 되었습니다. 죽은 사람은 죄에서 벗어나기 때문입니다. 그래서 우리가 그리스도와 함께 죽었으니 그분과 함께 살리라고 우리는 믿습니다. 우리는 그리스도께서 죽은 이들 가운데에서 되살아나시어 다시는 돌아가시지 않으리라는 것을 압니다.

죽음은 더 이상 그분 위에 군림하지 못합니다. 그분께서 돌아가신 것은 죄와 관련하여 단 한 번 돌아가신 것이고, 그분께서 사시는 것은 하느님을 위하여 사시는 것입니다. 이와 같이 여러분 자신도 죄에서는 죽었지만 그리스도 예수님 안에서 하느님을 위하여 살고 있다고 생각하십시오. 그러므로 죄가 여러분의 죽을 몸을 지배하여 여러분이 그 욕망에 순종하는 일이 없도록 하십시오. 그리고 여러분의 지체를 불의의 도구로 죄에 넘기지 마십시오. 오히려 죽은 이들 가운데에서 살아난 사람으로서 자신을 하느님께 바치고, 자기 지체를 의로움의 도구로 하느님께 바치십시오. 죄가 여러분 위에 군림할 수는 없습니다. 여러분은 율법 아래 있지 않고 은총 아래 있습니다.

**3 위의 말씀이 나 자신에게 주는 의미를 잘 깨닫고 깊이 묵상한다.**

**4 성녀 파우스티나 수녀의 일기 중 예수님 말씀**
"내 딸아, 내가 너를 위해서 어떤 고통을 받았는지를 자주 묵상하여라. 그러면 네가 나를 위해서 당하는 그 어떤 고통도 그렇게까지 크게 보이지는 않을 것이다. 네가 나의 슬픈 수난을 묵상할 때 너는 나를 가장 기쁘게 해 준다. 너의 작은 고통들을 나의 슬픈 수난에 합치시켜라. 그러면 그 작은 고통들은 나의 엄위로움 앞에서 한없는 가치를 가지게 될 것이다." (1512)

"너는 자주 나를 너의 스승이라고 부른다. 그것이 무척 내 마음에 든다. 그러나 나의 제자야, 너는 십자가에 못 박힌 네 스승의 제자라는 것을 잊지 말아라. 그 말 한마디가 너에게는 충분하다. 너는 십자가의 의미를 잘 알고 있다." (1513)

"나는 내 고통을 너와 함께 나누려고 너를 기다리고 있었다. 누가 내 정배보다 내 고통을 더 잘 이해할 수 있겠느냐?" (348)

"너는 오직 나의 수난에서만 빛과 힘을 찾아야 한다." (654)

"오, 만일에 죄인들이 나의 자비를 알기만 한다면, 그렇게 많은 무리가 멸망하지는 않을 것이다. 나에게 가까이 오기를 두려워하지 말라고 죄 많은 영혼들에게 말해 다오. 그들에게 나의 크나큰 자비를 이야기해 다오." (1396)

"나의 기쁨, 나의 즐거움인 내 딸아, 내가 너에게 은총을 내리는 것을 아무것도 막지는 못할 것이다. 너의 비천함이 나의 자비를 방해하지는 못한다. 내 딸아, 영혼이 비천하면 비천할수록 그만큼 더 나의 자비를 받을 권리를 가지고 있다는 것을 기록하여라. 깊이를 알 수 없는 내 자비의 심연에 의탁하라고 모든 영혼들을 격려하여라. 내가 그들 모두를 구원하고자 하기 때문이다. 나의 자비의 샘은 십자가 위에서 창에 찔려 모든 영혼들을 위해서 넓게 열렸다. 나는 아무도 제외시키지 않았다."(1182)

## 5 성녀 파우스티나 수녀의 일기 중 묵상과 영적 대화

카니발 축제가 끝날 즈음의 어느 날, 성시간을 하고 있을 때에, 나는 주 예수께서 채찍질을 당하실 때, 얼마나 심한 고통을 겪으셨는지를 보았다. 오, 상상도 할 수 없을 정도의 그 고통! 채찍질을 당하시는 동안, 얼마나 무서운 고통을 겪으셨는지! 오, 불쌍한 죄인들이여, 마지막 심판의 날에 당신들이 지금 이렇게 잔인하게 고문하고 있는 예수님을 어떻게 대면할 작정인가? 그분의 피가 땅위로 쏟아졌고, 여기저기 그분의 살점이 떨어져 나오기 시작했다. 나는 그분의 등에서 몇 군데에 뼈가 드러난 것을 보았다. 온유하신 예수님께서는 조용히 신음하시고 탄식하셨다. (188)

내가 성체조배를 하러 갔을 때, 나는 곧바로 내적 명상에 빠졌고, 기둥에 묶여 계신 주 예수님을 보았다. 그분의 옷은 벗겨져 있었고, 곧 채찍질이 시작되었다. 나는 번갈아 가면서 주님을 채찍질하는 네 명의 남자들을 보았다. 이 고문 광경을 보고, 내 심장은 멎는 것 같았다. 주님께서 내게 말씀하셨다. "나는 지금 네가 보고 있는 것보다도 더 큰 고통을 받는다." 그리고 예수님께서는 어떤 죄에 대하여 당신이 대신 채찍질의 고통을 받으시는지 내게 알려 주셨다. 그것은 순결하지 못함으로써 저지르는 죄들이었다. 채찍질을 당하시는 동안 예수님께서는 얼마나 혹독하게 정신적 고통을 당하셨던가! 그리고 예수님께서 내게 말씀하셨다. "인간들이 지금 어떤 상태에 있는지 잘 보아라." 그리고 한순간에, 나는 끔찍한 장면을 보았다. 사형 집행인들이 예수님을 두고 떠나고, 대신 다른 사람들이 예수님을 채찍질했다. 그들은 채찍을 집어 들고 무자비하게 예수님을 때렸다. 그들은 바로 사제들과 남녀 수도자들, 그리고 교회의 고위 성직자들이었고, 그래서 나는 무척 놀랐다. 그밖에 나이와 신분이 다양한 평신도들이 있었다. 모두 죄 없으신 예수님께 자신들의 증오를 터뜨리고 퍼부었다. 이것을 보면서, 나의 마음은 정신적 고뇌의 나락 속으로 떨어졌다. 사형 집행인들이 예수님을 채찍질할 때에, 예수님은 침묵하시면서 먼 곳을 보셨다. 아까 내가 열거한 영혼들이 예수님을 채찍질할 때에는, 예수님은 눈을 감으셨고, 예수님의 심장에서는 조용히 그러나 가장 고통스러운 신음소리가 새어 나왔다. 그리고 예수님께서는 이런 배은망덕한 영혼들의 죄가 얼마나 중한지 내게 자세히 알려 주셨다. "보아라, 이런 것들이 내게는 죽음보다도 더 고통스러운 고문이다." 그 다음에는 내 입술도 다물어졌고, 나는 죽음의 고뇌를 체험하기 시작했다. 나는 아무도 나를 위로할 수는 없을 것이고, 나를 고뇌 속으로 밀어 넣은 분 이외에는 아무도 나를 그런 상태에서 빼내어 주지도 못한다는 것을 느꼈다. 그때 주님께서 내게 말씀하셨다. "나는 내 마음에 헤아릴 수 없는 위로를 가져다준 네 마음의 진정한 고통을 본다. 보아라, 그것으로 위안을 삼아라." (445)

그 후 나는 십자가 위에 못 박히신 주 예수님을 보았다. 그분이 거기 매달려 계시는 동안에, 나는 그분처럼 십자가에 못 박힌 한 무리의 영혼들을 보았다. 그리고 둘째와 셋째 무리의 영혼들도 보았다. 둘째 무리는 자기들의 십자가에 못 박히지는 않고, 십자가를 [자기들의] 손에 꽉 움켜잡고 있었다. 셋째 무리는 자신들의 십자가에 못 박히지도 않았고, 십자가를 손에 잡고 있는 것도 아니었다. 그들은 십자가를 뒤로 끌고 있었으며 불만에 차 있었다. 예수님께서 내게 말씀하셨다. "보아라, 나와 같은 고통과 멸시를 받고 있는 영혼들은 나와 함께 영광을 받을 것이다. 그리고 나보다 고통과 멸시를 덜 받는 영혼들은 영광을 받는 데에서도 덜하게 될 것이다."

십자가에 못 박힌 영혼들 가운데는, 성직자들이 제일 많았다. 나는 또한 십자가에 못 박힌 사람들 중에 내가 아는 사람들도 보았다. 그 때문에 나는 몹시 기뻤다. 그때 예수님께서 내게 말씀하셨다. "내일 묵상을 할 때, 네가 오늘 본 것에 대해서 생각하여라." 그러고는 예수님께서는 곧 사라지셨다. (446)

## 6 성모님과 곱비 신부님의 내적 담화

사랑하는 아들들아, 오늘 너희는 내 성자 예수께서 '십자가' 위에서 숨을 거두시기 전에 너희에게 주신 이 마지막 선물을 받아들여라 : (378,1) "이분이 네 어머니시다."(* 요한 19,27) 이 순간 나는 비탄의 칼에 찔린 채 십자가 아래에 있었다. (378,2) 나는 들었다 : 그분의 손발을 꿰뚫는 못질 소리를. 그분(의 몸)이 고통 때문에 경련을 일으킬 정도로 십자가를 땅에 박아대는 소리를, 처참하게 임종 고통을 겪으시는 그 마지막 시간 동안, 못 박히신 그분의 몸에서 나오는 신음 소리를. 이제 나는 '십자가' 아래에서, 그분의 처형을 보고 있는 자들의 모독과 증오와 잔인한 악의에 찬 고함의 무게에 짓눌린다. (378,4) (그러나) 내 '티 없는 성심'의 모성적 성작에 나는 받아 모은다. 방울져 (흘러내리는) 그분의 모든 고통을, 그 크신 목마름을, 뉘우치는 강도에게 베푸신 용서를, 당신 자신을 못 박는 자들을 위한 기도를, 하느님께로부터도 버림받으신 (순간의) 그 쓰라림을, '성부의 뜻'에 자신을 맡기시는 그 아들다우신 행위를. 그럼에도 그분의 '성심'은 지상 생활을 마치시기 몇 분 전에 이 마지막 선물을 주시려고

열린 것이다 : "이분이 네 어머니시다." (378,5) 나는 그리하여 내 성자께서 속량하신 온 '인류의 어머니'가 되었다. (그렇다.) 나는 너희 모두의 참'어머니'이다. 이미 돌아가신 그분을 맞아들인 새 무덤(*루카 23,53; 요한 19,41)이 너희 모두를 (영원한) 생명에 태어나게 하는 요람으로 바뀐 것이다. (378,6) 너희의 삶 안에 나를 받아들여 다오. 그러면 내가 너희를 도와 예수께서 앞장서 가신 길을 따라 걷게 해 줄 수 있다. (378,7) 나날이 나와 함께 살아가 다오. 너희가 너희의 십자가를 지고 '갈바리아'까지 예수님을 따라갈(*마태 16,24 참조) 힘을 얻게 될 것이다. (378,9) 그리고 이 마지막 선물을 너희에게 주신 예수님께 항상 감사를 드리며 살아가거라. (378,12)

**7 자비의 5단 기도**

**8 묵주 기도** (빛의 신비)

**9 마침 기도**
사도들의 모후께 드리는 기도문

## 23 예수 그리스도와 함께 묻혀라

구원은 옛 인간이 그리스도와 함께 십자가에 죽고 묻힘으로 이루어지는 새 생명의 새로운 창조입니다. 예수 그리스도와 함께 죽었다면 예수 그리스도와 함께 묻혀야 합니다. 묻힌다는 것은 나의 존재를 하느님께 온전히 맡긴 상태에서 우리 존재가 구원받기에 합당한 자로 변화하는 과정입니다. 묻힘의 시간은 우리 스스로는 아무것도 할 수 없음을 고백하고 의탁하면서 마음에 수술을 받는 시간으로(예레 4,4 참조) 이를 통하여 치유되고 변화되어 구원받기에 합당한 자가 됩니다. 우리가 인간적인 모든 욕구와 욕망들을 땅에 묻어 버리고 하느님의 영으로 다시 되살아나 세례성사의 서약을 하느님 앞에서 다시 갱신해야 할 것입니다.

✝ 성부와 성자와 성령의 이름으로 아멘.
**1 시작 기도** | 성령송가

## 2 독서

**로마 6,3-5**

그리스도 예수님과 하나 되는 세례를 받은 우리가 모두 그분의 죽음과 하나 되는 세례를 받았다는 사실을 여러분은 모릅니까? 과연 우리는 그분의 죽음과 하나 되는 세례를 통하여 그분과 함께 묻혔습니다. 그리하여 그리스도께서 아버지의 영광을 통하여 죽은 이들 가운데에서 되살아나신 것처럼, 우리도 새로운 삶을 살아가게 되었습니다. 사실 우리가 그분처럼 죽어 그분과 결합되었다면, 부활 때에도 분명히 그리될 것입니다.

**로마 12,1-8**

그러므로 형제 여러분, 내가 하느님의 자비에 힘입어 여러분에게 권고합니다. 여러분의 몸을 하느님 마음에 드는 거룩한 산 제물로 바치십시오. 이것이 바로 여러분이 드려야 하는 합당한 예배입니다. 여러분은 현세에 동화되지 말고 정신을 새롭게 하여 여러분 자신이 변화되게 하십시오. 그리하여 무엇이 하느님의 뜻인지, 무엇이 선하고 무엇이 하느님 마음에 들며 무엇이 완전한 것인지

분별할 수 있게 하십시오. 하느님께서 나에게 베푸신 은총에 힘입어 여러분 모두에게 말합니다. 자신에 관하여 마땅히 생각해야 하는 것 이상으로 분수에 넘치는 생각을 하지 마십시오. 저마다 하느님께서 나누어 주신 믿음의 정도에 따라 건전하게 생각하십시오. 우리가 한 몸 안에 많은 지체를 가지고 있지만 그 지체가 모두 같은 기능을 하고 있지 않듯이, 우리도 수가 많지만 그리스도 안에 한 몸을 이루면서 서로서로 지체가 됩니다. 우리는 저마다 하느님께서 베푸신 은총에 따라 서로 다른 은사를 가지고 있습니다. 그것이 예언이면 믿음에 맞게 예언하고, 봉사면 봉사하는 데에 써야 합니다. 그리고 가르치는 사람이면 가르치는 일에, 권면하는 사람이면 권면하는 일에 힘쓰고, 나누어 주는 사람이면 순수한 마음으로, 지도하는 사람이면 열성으로, 자비를 베푸는 사람이면 기쁜 마음으로 해야 합니다.

**3** 위의 말씀이 나 자신에게 주는 의미를 잘 깨닫고 깊이 묵상한다.

## 4 성녀 파우스티나 수녀의 일기 중 예수님 말씀

"진정으로 감정을 가지고 내 수난을 관상하는 영혼들은 아주 소수에 불과하다. 내 수난을 성실하게 묵상하는 영혼들에게 나는 크나큰 은총을 준다. (737)

"일 년 동안 내내 피가 나도록 채찍질을 하는 것보다 한 시간 동안 나의 슬픈 수난을 묵상하는 것이 더 큰 공로가 된다. 나의 아픈 상처들을 관상하는 것이 너에게는 더 유익하고, 나에게는 더욱 큰 기쁨을 준다." (369)

"너희들의 삶은 구유에서부터 십자가의 죽음에 이르기까지의 내 삶을 모델로 해야 한다. 나의 신비 속으로 뚫고 들어와라. 그러면 피조물들을 향한 내 자비의 심연과 측량할 수 없는 내 선량함의 심연도 알게 될 것이다. 그리고 이 사실을 세상에 알려 주어라. 너는 기도를 통해서 하늘과 땅 사이를 중재하게 될 것이다." (438)

"내 딸아, 나를 향한 너의 살아있는 사랑과 연민이 올리브 동산에서 나에게 큰 위안이 되었다는 것을 알아 두어라."(1664)

"나는 네가 죄인들을 위해서, 그리고 특히 하느님의 자비에 대한 희망을 잃어버린 영혼들을 위해서 너 자신을

봉헌하기를 원한다." (308)

"영혼들을 구원하기 위해서 나는 너의 고통이 필요하다. (1612)

"내 작은 아이야, 두려워하지 마라. 너는 혼자가 아니다. 내 팔이 너를 버티어 주고 있으니 용감하게 싸워라. 영혼들에게 나에게 의탁하라고 권하면서 영혼들의 구원을 위해서 싸워라. 그것이 네가 이 세상에서 그리고 내세에서도 수행해야 할 너의 임무다." (1452)

"내 딸아, 내가 영혼들에게 나의 자비를 방패로 준다고 말해 주어라. 내가 직접 그들을 위해 싸우고 있고 하느님 아버지의 정의의 분노를 막고 있다." (1516)

**5 성녀 파우스티나 수녀의 일기 중 묵상과 영적 대화**

내가 거룩한 수난 속으로 잠겨 들기 시작했을 때, 인간 영혼의 크나큰 가치와 죄의 해악이 모두 내 앞에 드러나고, 나는 자신이 어떻게 고통을 받아야 하는지를 알지 못했음을 깨달았다. 나의 고통이 공로가 되기 위해서는 하느님의 자비가 중요한 순간에 죽어 가는 영혼들을 감싸 주시도록 은총을 청하면서, 고통 중에 주 예수님의 수난

에 나 자신을 깊이 일치시켜야 할 것이다. (1762)

하느님의 한마디 말씀으로 세상을 몇 천 번이라도 구원하실 수 있으며, 예수님의 한숨 소리 하나로도 당신의 정의를 실현시킬 수 있었습니다. 그러나 예수님, 주님께서는 온전히 저희에 대한 사랑 때문에 그런 무서운 수난을 당하셨습니다. 주님 아버지의 정의는 주님의 한숨 소리 하나로도 얻어 낼 수 있었습니다만, 오로지 주님의 자비와 한없는 사랑이 주님 자신을 이렇게까지 희생하게 만드셨습니다. 오, 주님, 이 세상을 떠나실 때에도 주님은 저희와 함께 계시기를 원하셨기에, 제대 위에 성사聖事로 주님 자신을 남기시고, 주님의 자비를 저희에게 넓게 열어 주셨습니다. 주님을 고갈시킬 만한 불행은 없습니다. 주님께서는 저희 모두를 이 사랑의 샘으로, 하느님 사랑의 샘으로 불러 주셨습니다. 여기 주님 자비의 거처가 있습니다. 여기에 저희 병의 치료제가 있습니다. 살아 있는 자비의 샘이시여, 주님께로 모든 영혼이 이끌려 갑니다. 어떤 이들은 주님의 사랑을 목말라하는 사슴처럼 자기들의 죄의 상처를 씻으려고, 또 어떤 이들은 삶에 지쳐서 힘을 얻기 위해서 주님께로 이끌려 갑니다. 주님께서는 십자가 위에서 돌아가시는 순간에 저희에게 영원한 생명을 내려 주셨습니다. 주님의 거룩하신 옆구리가 찔려 열리게 하심으로써 저희에게 마르지 않는 자비의 샘을 여시고, 주님의 가장 소중한 피와 물을 주님의 성심으로부터 저희에게 주셨습니다. 이것이 바로 주님 자비의 전능입니다. 주님의 자비로부터 모든 은총이 저희에게로 흘러옵니다. (1747)

오, 그리스도님, 주님을 위해서 고통을 받는 것은 제 마음과 제 영혼의 즐거움입니다. 제가 주님을 향한 제 사랑을 증명해 드릴 수 있도록, 저의 고통을 끝없이 연장시켜 주십시오. 저는 주님 손이 제게 주시는 것이라면 무엇이나 다 받아들입니다. 예수님, 제게는 주님 사랑이면 충분합니다. 버림받고 어둠 속에 있을 때에도, 고뇌와 두려움 속에서도, 고통과 쓰라림 속에서도, 영혼이 괴롭고 마음이 슬플 때에도, 저는 주님께 영광을 드리겠습니다. 어떤 경우라도 주님은 찬미받으소서. 저의 마음은 이 세상을 떠났기 때문에, 제게는 주님만으로 충분합니다. 이미 제 삶에는 저 자신에 대해 신경 쓸 시간이 남아 있지 않습니다. (1662)

예수님, 생명의 원천이시여, 저를 거룩하게 만들어 주십시오. 오, 저의 힘이시여, 저를 강하게 만들어 주십시오. 저의 지휘관이시여, 저를 위해서 싸워 주십시오. 제 영혼의 유일한 빛이시여, 저를 비추어 주십시오. 저의 스승이시여, 저를 인도해 주십시오. 갓난아이가 자기 어머니의 사랑에 모든 것을 맡기듯이, 저는 주님께 저 자신을 의탁합니다. 모든 것이 제게 대항해서 작당을 하고 땅까지 제 발밑에서 꺼져 버린다 해도 저는 주님의 성심에 기대어서 평안을 누릴 것입니다. 주님은 언제나 저에게 세심하신 어머니시고 모든 어머니들보다 더 훌륭하십니다. 저는 침묵으로 저의 아픔을 주님께 노래해 드릴 것입니다. 그러면 주님께서는 그 어떤 말을 하는 것보다도 저를 잘 이해해 주실 것입니다. (1490)

## 6 성모님과 곱비 신부님의 내적 담화

성토요일이다. 내 크나큰 고통의 날, 끊임없는 기도의 날이다. (379,1) 내게 봉헌된 이 '마리아의 성년'의 성토요일은 바로 이달 첫 토요일이기도 하다. 내가 하늘에서 내려와 너희에게 다섯 달의 첫 토요일을 내게 바치라고 요청한 것은 1925년 12월 10일, 그 당시 폰테베드라 수도원에 있었던 내 딸 루치아 수녀를 (통해서)였다. 너희 '천상 엄마'인 내게 (자행되는) 모욕을 보속하는 마음으로 이날을 지내라고 했던 것이다. (379,2) 그런데 주간의 다른 날을 다 두고 어째서 하필 토요일을 바치라고 했겠느냐? 그것은, (성토요일이) 내 '아들' 없이 내가 홀로 남아 있었던 유일한 날이기에 고통스럽게 지낸 그 시간을 기념하기 위해서이다. 예수님의 '시신'이 그분의 새 무덤(* 마태 28,60; 요한 19,41)에 안장되어 계시던 (그날), 나는 내 티 없는 고통 속에서 '하늘에 계신 아버지'께 대한 깊은 믿음과 사랑과 희망 안에 마음을 모으며 줄곧 깨어 있었던 것이다. 그러자 아버지께서는 형언할 수 없도록 애절한 내 기다림의 상처를 굽어보시어 당신의 거룩하신 입맞춤으로 기운을 돋우어 주셨다. (379,3) 오늘 나는 너희 모두가 이 '고통의 어머니' 곁에 있어 주기 바란다. 내가 너희의 위로를 받으면서 너희에게 신뢰를 가지고 기도하는 법, 양순하게 고통을 참아 받는 법, 순결한 마음으로 사랑하는 법, 흔들림 없는 확신을 가지고 믿는 법, 일이 반대로 돌아가고 있음이 분명해 보일 때도 영웅적으로

(꿋꿋이) 희망하는 법을 가르쳐 주기 위함이다. (379,4) 이날은 비탄에 잠긴 내 고통 안으로 너희를 맞아들이는 날이니, 너희 모두가 내 영적 모성의 안전한 거처로 들어올 수 있도록 내가 문을 여는 날이다. 이는 (또한) 한 송이 꽃과도 같이, 내 사랑과 고통과 믿음과 굳건한 희망의 영웅적 (용기)에서 피어난 날이요, 너희에게는 새로운 안식일이 되는 날이다. (379,5) 그러기에 당부하는 것이니 거룩한 '묵주 기도'와 그 신비에 대한 (별도의) 묵상, 고해성사, 보상의 영성체, 그리고 내 티 없는 성심에의 봉헌을 새로이 함으로써 이날을 내게 바쳐 다오. 이와 같이 하면 내 '마음'을 너무나 아프게 하며 저질러지는 모욕들을 너희가 기워 갚을 수 있다. (379,6)

**7 자비의 5단 기도**

**8 묵주 기도** (고통의 신비)

**9 마침 기도**
사도들의 모후께 드리는 기도문

## 24 예수 그리스도와 함께 부활함

"바람은 불고 싶은 데로 분다. 너는 그 소리를 들어도 어디에서 와 어디로 가는지 모른다. 영에서 태어난 이도 다 이와 같다."(요한 3,8) 이처럼 부활하신 예수님의 '영'과 일치하여 그분께 순종함으로써 우리의 뜻이 아닌 '영'이 이끄는 대로 따르는 삶을 살 때 우리는 예수 그리스도와 함께 부활할 수 있습니다. 예수님의 죽으심과 묻히심, 부활하심에 함께 참여함으로써 우리는 새 생명의 숨을 받아 새로워지고 변화합니다. 따라서 예수님을 일으키신 부활의 '영'이 우리 안에서 사시도록 우리를 온전히 비워 내고 주님께 의탁해야겠습니다.

+ 성부와 성자와 성령의 이름으로 아멘.
1 **시작 기도** | 성령송가

2 **독서**
에제 36,26-28

"'너희에게 새 마음을 주고 너희 안에 새 영을 넣어 주겠다. 너희 몸에서 돌로 된 마음을 치우고, 살로 된 마음을 넣어 주겠다. 나는 또 너희 안에 내 영을 넣어 주어, 너희가 나의 규정들을 따르고 나의 법규들을 준수하여 지키게 하겠다. 그리하여 너희는 내가 너희 조상들에게 준 땅에서 살게 될 것이다. 너희는 나의 백성이 되고 나는 너희의 하느님이 될 것이다.'"

에제 37,5-6
"'주 하느님이 뼈들에게 이렇게 말한다. 나 이제 너희에게 숨을 불어넣어 너희가 살아나게 하겠다. 너희에게 힘줄을 놓고 살이 오르게 하며 너희를 살갗으로 씌운 다음, 너희에게 영을 넣어 주어 너희를 살게 하겠다. 그제야 너희는 내가 주님임을 알게 될 것이다.'"

**3 위의 말씀이 나 자신에게 주는 의미를 잘 깨닫고 깊이 묵상한다.**

### 4 성녀 파우스티나 수녀의 일기 중 예수님 말씀

"내 자녀들아, 너희에게 평화가 있기를."

"너는 내 수난에서 큰 몫을 차지했다. 그러므로 이제 나는 내 영광과 기쁨의 큰 몫을 네게 주겠다."(205)

"내 딸아, 내 자비의 심연을 들여다보아라. 그리고 나의 자비에 영광과 찬양을 바쳐라. 그것은 이런 방법으로 하면 된다.: 온 세상의 모든 죄인들을 모아서, 그들을 내 자비의 심연 안에 잠기게 하여라. 나는 영혼들에게 나 자신을 주고 싶다. 내 딸아, 나는 영혼들을 갈망한다. 나의 축제인 자비의 축일에, 너는 온 세상을 다니며, 쓰러져 버린 영혼들을 내 자비의 샘으로 데려올 것이다. 나는 그들을 치유해 주고, 그들에게 힘을 줄 것이다."(206)

"내가 영혼들의 구원을 얼마나 원하는지! 가장 친애하는 나의 수행인아, 사람들이 나의 은총을 받아들이려고 원하기만 하면, 나는 그들의 영혼 안에 당장 나의 거룩한 생명을 쏟아붓고, 그들을 성화시켜 주고 싶어 한다고 써라. 가장 큰 죄인들이라도, 만일 그들이 내 자비에 의탁하려고만 한다면 크나큰 성덕에 도달할 수 있을 것이다. 자비가 내 깊은 곳에 가득 차 있고 내가 창조한 모든 것들 위로 쏟아져 내리고 있다. 나의 기쁨은 인간의 영혼 안에서 활동하는 것이고, 인간의 영혼을 나의 자비로 가득 채우는 것이며, 영혼들을 의롭게 하는 것이다. 지상에 있는 나의 왕국은 사람들의 영혼 안에 있는 나의 삶이다. 나의 대리인이여, 직접적으로는 나 자신이 영혼들의 영적인 지도자이며, 간접적으로는 사제들을 통해 그들을 이끌며, 나만이 아는 길을 따라 각 사람을 성덕으로 인도한다고 써라." (1784)

"나의 딸아, 내 자비로운 마음을 들여다보아라. 그리고 내 마음의 연민을 너 자신의 마음과 행동에 반영하여, 나의 자비를 온 세상에 선포하는 너 자신이 그 연민으로 타오르도록 하여라." (1688)

## 5 성녀 파우스티나 수녀의 일기 중 묵상과 영적 대화

내 영혼아, 모든 것들을 위하여 주님을 찬미하여라. 그리고 그분의 선하심은 끝이 없으니, 그분의 자비께 영광을 드려라. 모든 것은 지나가고 말지만, 그분의 자비는 한도 없고, 끝도 없다. 악은 한계가 있지만 자비는 헤아릴 수 없는 법이다. (423)

부활절[1938년 4월 17일]. 미사 중에, 나는 우리를 구원해 주신 것에 대하여, 그리고 우리에게 모든 선물 중에서도 가장 위대한 선물, 곧 영성체로써 당신의 사랑, 바로 당신 자신을 우리에게 주시는 것에 대하여 주 예수님께 감사드렸다. 그 순간 나는 가장 거룩하신 삼위일체의 가슴 깊은 곳으로 이끌려 들어가서 성부와 성자와 성령의 사랑 속에 잠겼다. 이런 순간들은 묘사하기가 어렵다. (1670)

오, 저의 예수님, 저의 스승이시며 지도자이신 예수님, 제 생애의 이 어려운 시기에 저를 비추어 주시고 제게 힘을 주십시오. 저는 사람들에게서는 아무런 도움도 바라지 않습니다. 저의 모든 희망은 주님 안에 있습니다. 오, 주님, 주님께서 요구하시는 것들 앞에서 저는 혼자라고 느낍니다. 불안해하고 두려워하는 것이 제 본성이지만, 그래도 저는 지금 주님의 거룩한 뜻을 수행하고 있습니다. 저의 일생을 통해서, 그리고 저의 죽음을 통해서 가능한 한 충실하게 주님의 거룩한 뜻을 완수하기를 갈망합니다. 예수님, 주님과 함께라면, 저는 무엇이나 다할 수 있습니다. 주님께서 원하시는 대로 저를 사용하시고, 저에게는 다만 주님의 자비로운 마음을 주십시오. 제게는 그것으로 충분합니다.

오, 저의 주님이신 예수님, 저를 도와주십시오. 주님께서 태초부터 계획하신 것들이 저에게 일어나게 해 주십시오. 저는 주님의 거룩한 뜻이 부르시는 대로 할 준비가 되어 있습니다. 저의 정신을 비추어 주셔서, 제가 주님의 뜻을 알 수 있게 해 주십시오. 오, 제 영혼을 꿰뚫으시는 하느님, 주님은 제가 주님의 영광밖에는 다른 아무것도 원하지 않는다는 것을 아십니다.

오, 하느님의 뜻이여, 주님은 제 마음의 기쁨이요, 제 영혼의 양식이며, 제 이성의 빛이시고, 제 의지의 전능한 힘입니다. 오, 주님, 그렇기 때문에, 제가 저 자신을 주님의 뜻에 일치시키면, 주님의 능력이 저를 통해서 일하시고 저의 연약한 의지를 대신해 주십니다. 매일 저는 하느님께서 원하시는 것들을 수행하려고 노력합니다. (650)

## 6 성모님과 곱비 신부님의 내적 담화

사랑하는 자녀들아, 이 '파스카 축일'에 나와 함께 기뻐하여라. '영광스럽게 되신 몸'의 신적 광채에 싸여 (오신) 내 성자 예수님을, 아직은 온통 눈물이 흥건한 눈으로 뵈었을 때 내 티 없는 마음이 느낀, 그 형언할 수 없는 기쁨을 너희도 나누어 가져라. (380,7) 그 순간 온 인류의 슬픔은 기쁨으로 바뀌었다. 어둠은 빛으로, 악함은 선함으로, 죄는 은총으로, 증오는 사랑으로, 죽음은 생명으로, (하느님의) 정의는 당신 자비의 승리로 바뀌었다. (380,8)

하느님 자비의 승리는, 우리의 첫 조상이 범하여 모든 후손이 단죄를 받게 된 죄, (곧) '하느님 정의'에 지게 된 빚을 갚음으로써 성취된다. 오늘 부활하신 그리스도 안에서 온 인류가 하느님 아버지의 품으로 돌아오는 놀라운 일이 일어나거니와, 예수께서 속죄의 희생 제물로 당신 자신을 바치심(*1베드 3,18 참조)으로써, (이를 통해) 빚에서 풀려나 구원을 얻게 된 인류가 하느님 아버지와 생명의 친교를 나누며 그분의 자비로우신 사랑을 받을 수 있게 된 것이다. (544,3) 하느님 자비의 승리는, 선이 악을 이기고, '은총'이 죄를, 사랑이 미움을, 생명이 죽음을 이김으로써, 성취된다. 무덤을 이기신 그리스도 안에 모든 인류를 위한 빛의 길이 열렸으니, 그리하여 인류는 그분께로부터 받은 그 위대한 선물에 화답할 수 있게 되었다. 그것은 (다름 아닌) 사랑의 길이다. 이제는 사랑이 이

기심과 증오, 폭력과 전쟁, 몰이해와 분열을 이길 수 있
게 되었다. (544,4)

7 자비의 5단 기도

8 묵주 기도 (영광의 신비)

9 마침 기도
  사도들의 모후께 드리는 기도

## 25 새 인간의 삶

하느님께서는 당신의 자비와 사랑으로 회복된 우리를 옛 인간에서 새 인간으로 새롭게 태어나게 해 주십니다. 우리가 하느님의 새 생명을 받아 새 인간이 되었다면 우리의 삶을 통하여 받은 은총을 드러내야 합니다. 은총을 드러내기 위해서는 예수님께서 당신 목숨까지 내어 주셨듯

이 우리도 우리 삶의 모든 것을 내어 주어야 하며 내어 준 그 빈자리를 성령께서 온전히 차지하시게 해야 합니다. 우리 모두는 성령의 보호와 도움이 필요하며 성령께서 주시는 빛으로 세상을 바라보며 성령을 따르는 삶을 살아야 합니다. 우리가 성령의 역사하심을 확신하며 따르는 '새로운 길'에 하느님께서는 풍요로운 열매를 맺게 해 주실 것입니다.

**+ 성부와 성자와 성령의 이름으로 아멘.**
**1 시작 기도** | 성령송가


**2 독서**
**콜로** 3,9-17
서로 거짓말을 하지 마십시오. 여러분은 옛 인간을 그 행실과 함께 벗어 버리고, 새 인간을 입은 사람입니다. 새 인간은 자기를 창조하신 분의 모상에 따라 끊임없이 새로워지면서 참지식에 이르게 됩니다. 여기에는 그리스인도 유다인도, 할례 받은 이도 할례 받지 않은 이도, 야만인도, 스키티아인도, 종도, 자유인도 없습니다. 그리스도만이 모든 것이며 모든 것 안에 계십니다. 그러므로 하느님께 선택된 사람, 거룩한 사람, 사랑받는 사람답게 마음에서 우러나오는 동정과 호의와 겸손과 온유와 인내를 입으십시오. 누가 누구에게 불평할 일이 있더라도 서로 참아 주고 서로 용서해 주십시오. 주님께서 여러분을 용서하신 것처럼 여러분도 서로 용서하십시오. 이 모든 것 위에 사랑을 입으십시오. 사랑은 완전하게 묶어 주는 끈입니다. 그리스도의 평화가 여러분의 마음을 다스리게 하십시오. 여러분은 또한 한 몸 안에서 이 평화를 누리도록 부르심을 받았습니다. 감사하는 사람이 되십시오. 그리스도의 말씀이 여러분 가운데에 풍성히 머무르게 하십시오. 지혜를 다하여 서로 가르치고 타이르십시오. 감사하는 마음으로 하느님께 시편과 찬미가와 영가를 불러 드리십시오. 말이든 행동이든 무엇이나 주 예수님의 이름으로 하면서, 그분을 통하여 하느님 아버지께 감사를 드리십시오.

**3** 위의 말씀이 나 자신에게 주는 의미를 잘 깨닫고 깊이 묵상한다.

## 4 성녀 파우스티나 수녀의 일기 중 예수님 말씀

"내 딸아, 내가 네게 해 주는 말들을 충실히 지켜라. 비록 네게 매우 소중하게 보일지라도, 외적인 것들은 어떤 것도 너무 높이 평가하지 마라. 너 자신을 버리고 항상 내 곁에 있어라. 모든 것을 나에게 맡기고, 아무것도 네 뜻대로 하지 마라. 그러면 너는 언제나 크나큰 영적 자유를 누릴 것이고, 어떤 상황이나 사건도 너를 혼란스럽게 하지 못할 것이다. 사람들의 말에 너무 신경 쓰지 말고, 자신들이 원하는 대로 너를 판단하게 내버려 두어라. 너에게 아무런 피해도 되지 않을 것이니, 너를 위해 아무런 변명도 하지 마라. 너에게 몹시 필요한 것일지라도, 그것을 원하는 기미가 있으면 모두 내 주어라. 나와 의논하지 않고서는 아무것도 구하지 마라. 너에 대한 사람들의 평판이나 인정 같은 것조차도, 그들이 원한다면 빼앗아가게 놔두어라. 이 모든 것들을 너의 영으로 하여금 초월하게 하여라. 그렇게 모든 것들에서 자유로워진 상태에서 내 마음 곁에서 쉬면서, 아무것도 너의 평화를 깨뜨리지 못하게 하여라. 나의 제자야, 내가 네게 해 준 말들을 묵상하여라." (1685)

"내 딸아, 네게 영적 투쟁에 대해서 가르쳐 주고 싶다. 절대로 너 자신을 믿지 말고, 전적으로 너 자신을 나의 뜻에 맡겨라. 버림받았다고 느끼거나, 어둠과 여러 가지 의혹에 싸여 있을 때는 나를, 그리고 너의 영적 지도자를 찾아라. 너의 영적 지도자는 언제나 나의 이름으로 너에게 대답할 것이다. 그 어떤 유혹과도 타협하지 말고, 곧바로 내 마음속으로 들어와 문을 잠그고, 기회가 생기는 대로 바로 고해 신부에게 그것을 보여 주어라. 너의 자기애自己愛는 맨 마지막 자리에 두어 너의 행동에 어떤 영향도 미치지 못하도록 하여라. 너 자신을 커다란 인내심으로 견디어라. 내적인 고행을 게을리하지 마라. 언제나 장상들과 고해 신부의 의견이 옳다고 생각하여라. 불평하는 이들은 전염병을 피하듯이 피하도록 하여라. 다른 사람들은 자기들 좋을 대로 행동하게 내버려 두고, 너는 내가 원하는 대로 행동해야 한다."

"규칙들을 최대한 충실히 지켜라. 힘든 일을 겪게 되면, 너에게 고통을 주는 그 사람을 위해 네가 어떤 좋은 일을 할 수 있는지 생각해 보아라. 너의 감정을 쏟아 내지 마라. 질책을 받을 때에는 침묵을 지켜라. 모든 사람에게서 충고를 구하지 말고 너의 고해 신부의 의견만을 듣도록 하여라. 고해 신부에게는 어린아이처럼 솔직하고 단순해져라. 배은망덕 때문에 실망하지 마라. 내가 인도해 주는 길을 의구심을 가지고 살펴보지 마라. 권태와 좌절이 네 마음을 짓누를 때는 너 자신으로부터 도망쳐 내 마음속으로 들어와 숨어라. 투쟁을 두려워하지 마라. 용기 자체만으로도 종종 유혹이 퇴치되며, 감히 우리를 공격하지 못하게 만든다."

"언제나 내가 너와 함께 있다는 깊은 확신을 가지고 싸움에 임해라. 감정에 따라 행동하지 마라. 왜냐하면 감정은 네가 언제나 통제할 수 있는 것이 아니기 때문이다. 반면 모든 공덕은 의지에서 나온다. 아주 작은 일에서도 언제나 장상에게 의존하도록 하여라. 나는 네가 평화와 위로 같은 것들을 헛되이 기대하게 버려두지 않을 터이니, 너는 크나큰 싸움에 대비해야 한다. 지금 너는 하늘도 땅도 모두 너를 지켜보는 아주 중요한 단계에 와 있다는 것을 알아야 한다. 내가 너에게 상을 줄 수 있도록 기사처럼 싸워라. 너무 두려워하지 마라. 너는 혼자가 아니기 때문이다." (1760)

**5 성녀 파우스티나 수녀의 일기 중 묵상과 영적 대화**

예수님, 저를 주님 아버님의 면전에 순수하고 유쾌한 제물로 만들어 주십시오. 예수님, 주님은 무엇이나 다 하실 수 있으시니, 비천하고 죄 많은 저를 주님 자신으로 변화시켜 주십시오. 그래서 영원을 초월하시는 주님께서 아버지께 봉헌하여 주십시오. 저는 주님 앞에서는 희생의 성체가 되고 싶고, 사람들 앞에서는 보통 제병祭餅이 되고 싶습니다. 저는 주님만이 제 희생의 향기를 아시기를 원합니다. 오, 영원하신 하느님, 제 안에는 주님의 자비를 간청하는 꺼지지 않는 불길이 타고 있습니다. 저는 이것이 지금 이 세상에서도 그리고 또 영원한 하늘나라에서도 제가 수행해야 할 사명임을 알고 있습니다. 주님 친히 저에게 주님의 위대하신 자비와 선하심을 이야기하라고 명령하셨습니다. (483)

주님의 자비는 이미 그 무한한 자비를 체험한 하늘에 있는 거룩한 영혼들에게서 찬미를 받고 있다. 하늘에 있는 영혼들이 하는 것을 나는 벌써 이 지상에서 시작할 것이다. 나는 그분의 한없는 선하심 때문에 그분을 찬양할 것이고, 표현할 수도 없고 이해할 수도 없는 하느님의 자비를 다른 영혼들도 알고 그분께 영광을 드릴 수 있도록 하기 위해서 있는 힘을 다해 노력할 것이다. (753)

기도. 영혼은 온갖 종류의 전투를 위해서 기도로 무장해야 한다. 영혼이 어떤 상태에 있든지, 영혼은 언제나 기도해야 한다. 아름답고 순수한 영혼도 기도해야 한다. 기도하지 않으면 그 아름다움을 잃게 될 것이다. 순결함을 추구하는 영혼도 기도해야 한다. 기도하지 않으면 절대로 순결해질 수가 없다. 새로 회개한 영혼도 기도해야 한다. 그렇지 않으면 다시 죄에 빠질 것이다. 죄에 빠져 있는 영혼도 기도해야 한다. 그래야만 다시 일어날 수 있다. 기도하지 않아도 되는 영혼은 하나도 없다. 어떤 은총이든지 모두 다 기도를 통해서 영혼에게로 오기 때문이다. (146)

## 6 성모님과 곱비 신부님의 내적 담화

누구든지 가장 큰사람이 되고자 한다면, 참으로 가장 작은 자가 되어라. (108,8) 누구보다 많이 사랑하고 봉사하고 내 말을 귀여겨듣는 사람, 내 티 없는 성심 안에 사라져 버릴 정도로 점점 작아지는 사람만은 내가 몸소 더욱더 큰사람이 되게 하겠다. (108,9)

하느님의 '진리'를 이해하려면 반드시 작은 사람이 되어야 한다. 올바른 빛 안에서 진리를 보려면 가난해져야 하고, 진리를 온전하게 보존하려면 단순해져야 하며, 진리를 본연의 광채대로 다른 이들에게 (전해) 주려면 겸손한 사람이 되어야 한다. 이 때문에 나는 '나의 말'로 너희를 겸손하고 단순하고 작은 사람이 되도록 기르고 있다. (곧) 아기같이 되도록 너희를 이끌어 주고 싶은 것이다. 너희가 그렇게 되어야 비로소 내가 말을 건넬 수 있기 때문이다. (304,6) 내 말이 지혜의 꽃이라고 하는 것은, '지혜'(이신 분이) 성부와 성자께서 너희에게 주신 성령을 통해 너희를 양육하시며, 너희가 '복음'을 한층 더 완전하고 깊게 이해하도록 인도하시기 때문이다. 어디에나 어둠이 내려 쌓인 오늘날, '지혜'(이신 분의 말씀인) 나의 말은 극히 순수한 빛줄기가 되어, 너희가 따라가야 할 길 – 항상 '진리' 안에 머물기 위해 걸어야 할 길을 가리켜 준다. (304,7)

예수께서 엄마를 앞세우시고 당신은 숨어 계시는 것처럼 보이는 이유는, 엄마가 네 안에서 당신을 사랑하기를 원하시기 때문이다. (111,7) 네 앞에 늘 엄마만 보이는 것 같은 때도, 너를 그렇게 내게 이끄시는 분이 예수님임을 나는 안다. 그리하여 네가 다른 누구도 드릴 수 없는 기쁨을 그분 성심께 드리게 된다. (111,8)

모두가 겸손하고 작고 온전히 맡기고 신뢰하는 사람들이 되어 나의 인도를 받다 보면, 어느 날인가는 그들의 작은 소리가 폭풍소리 같이 커지고, 천사들의 승리의 함성과 어울려 온 세상에 우렁차게 울려 퍼지리라 : "누가 하느님과 같으랴? 그 누가 하느님과 같으랴?" (53,7)

그들이 나만을 찾고 내 말에만 귀를 기울이고 내게만 의탁하기를 지금부터 해 버릇하지 않는다면, 드센 폭풍이 몰아쳐 일체가 암흑 속에 파묻힐 때, 어떻게 나를 찾아 만날 수 있겠느냐? 그러니 무슨 일을 할 때나 나를 '빛'으로 알아보는 습관을 지금부터 기르지 않으면 안 된다! (37,7)

## 7 자비의 5단 기도

## 8 묵주 기도 (환희의 신비)

**9 마침 기도**

사도들의 모후께 드리는 기도문

## 26 사도임을 자각

"이제는 내가 사는 것이 아니라 그리스도께서 내 안에 사시는 것입니다."(갈라 2,20) 이처럼 새 인간이 된 사도의 삶은 죄의 육신이 죽고 부활의 '영'인 그리스도께서 우리 안에 사시게 함으로써 우리의 모든 행동과 삶이 처음 받은 사명, 즉 그리스도를 이 세상에 증언하는 것입니다. 참된 사도의 삶은 그리스도 안에서 그리스도의 말씀과 영으로 사는 삶입니다. 이를 위해 우리를 파견하신 분이 하느님이심을 깨닫고 우리가 하느님 나라의 완성을 위해 파견된 사도임을 자각해야 할 것입니다.

✝ **성부와 성자와 성령의 이름으로 아멘.**
**1 시작 기도** | 성령송가

## 2 독서

요한 15,5-17

"나는 포도나무요 너희는 가지다. 내 안에 머무르고 나도 그 안에 머무르는 사람은 많은 열매를 맺는다. 너희는 나 없이 아무것도 하지 못한다. 내 안에 머무르지 않으면 잘린 가지처럼 밖에 던져져 말라 버린다. 그러면 사람들이 그런 가지들을 모아 불에 던져 태워 버린다. 너희가 내 안에 머무르고 내 말이 너희 안에 머무르면, 너희가 원하는 것은 무엇이든지 청하여라. 너희에게 그대로 이루어질 것이다. 너희가 많은 열매를 맺고 내 제자가 되면, 그것으로 내 아버지께서 영광스럽게 되실 것이다. 아버지께서 나를 사랑하신 것처럼 나도 너희를 사랑하였다. 너희는 내 사랑 안에 머물러라. 내가 내 아버지의 계명을 지켜 그분의 사랑 안에 머무르는 것처럼, 너희도 내 계명을 지키면 내 사랑 안에 머무를 것이다. 내가 너희에게 이 말을 한 이유는, 내 기쁨이 너희 안에 있고 또 너희 기쁨이 충만하게 하려는 것이다. 이것이 나의 계명이다. 내가 너희를 사랑한 것처럼 너희도 서로 사랑하여라. 친구들을 위하여 목숨을 내놓는 것보다 더 큰 사랑은 없다. 내가 너희에게 명령하는 것을 실천하면 너희는 나의 친구가 된다. 나는 너희를 더 이상 종이라고 부르지 않는다. 종은 주인이 하는 일을 모르기 때문이다. 나는 너희를 친구라고 불렀다. 내가 내 아버지에게서 들은 것을 너희에게 모두 알려 주었기 때문이다. 너희가 나를 뽑은 것이 아니라 내가 너희를 뽑아 세웠다. 너희가 가서 열매를 맺어 너희의 그 열매가 언제나 남아 있게 하려는 것이다. 그리하여 너희가 내 이름으로 아버지께 청하는 것을 그분께서 너희에게 주시게 하려는 것이다. 내가 너희에게 명령하는 것은 이것이다. 서로 사랑하여라."

3 위의 말씀이 나 자신에게 주는 의미를 잘 깨닫고 깊이 묵상한다.

4 성녀 파우스티나 수녀의 일기 중 예수님 말씀
"내 자비의 사도야, 나의 측량할 수 없는 자비를 온 세상에 선포하여라. 내 자비를 선포하면서 겪게 되는 고난 때문에 좌절하지 마라. 너에게 그렇게 큰 고통을 주는 이 난관은 네 성화聖化를 위해서, 또 이 일이 나의 사업이라는 것을 증명하기 위해서 꼭 필요한 것이다. 내 딸아, 내 자비에 관해서 내가 하는 모든 말들을 일일이 부지런히 잘 기록하여라. 많은 영혼들이 이 글을 읽고, 은혜를 입게 될 것이기 때문이다." (1142)

"내 딸아, 이 말을 기록하여라. 다른 사람들에게 나의 자비에 의탁하라고 격려하면서 나의 자비를 찬양하고 나의 자비를 공경할 것을 전파하는 영혼들은 모두 다 임종할 때에 무서운 공포를 체험하지 않을 것이다. 나의 자비가 그들의 마지막 투쟁에서 방패가 되어 줄 것이다." (1540)

"너는 내 자비의 증인이다. 너는 내 자비의 살아있는 증인으로 영원히 나의 왕좌 앞에 서 있을 것이다." (417)

"아직도 내 뜻이 네 안에서 완전히 성취되지 않았다. 너는 아직도 이 세상에 남아 있어야 한다. 그러나 오래 걸리지는 않을 것이다. 너의 의탁은 나를 기쁘게 하지만, 너의 사랑은 아직도 더 열렬해져야 한다. 순수한 사랑은 죽는 순간에 영혼에게 힘을 준다. 내가 십자가 위에서 죽을 때, 나는 나 자신을 생각하지 않고, 불쌍한 죄인들을 생각했고, 그들을 위해서 나의 아버지께 기도했다. 나는 너의 마지막 순간이 십자가 위에서의 나의 마지막 순간과 완전히 똑같기를 바란다. 영혼들을 위해서 치르는 값은 단지 하나뿐이다. 그것은 십자가 위에서 내가 받은 고통과 일치하는 고통이다. 순수한 사랑은 이런 말들을 이해한다. 속세의 사랑은 절대로 이런 말들을 이해하지 못한다."(324)

"모든 영혼들, 특히 모든 수도자들은 나의 자비를 자신 안에 반영해야 한다. 내 마음은 모든 이들을 위한 자비와 연민으로 넘쳐흐른다. 내 정배의 마음은 내 마음을 닮아야 하며, 그 마음에서 영혼들을 위한 내 자비의 샘이 솟아 흘러야만 한다. 그렇지 않으면 나는 그 영혼이 나의 것이라고 인정하지 않을 것이다." (1148)

"너는 선택된 포도송이 가운데 하나의 포도알이다. 나는 네 안에서 흐르고 있는 즙을 다른 사람들도 나누어 받기를 원한다." (393)

## 5 성녀 파우스티나 수녀의 일기 중 묵상과 영적 대화

내 마음의 즐거움이신 저의 예수님, 저의 영혼이 주님의 신성으로 채워질 때, 저는 단 것이나 쓴 것이나 다 똑같이 받아들입니다. 단 것도 쓴 것도 다 지나갈 것입니다.

제 영혼 안에 제가 간직하는 것은 다만 하느님의 사랑입니다. 저는 하느님의 사랑을 추구합니다. 다른 것들은 다 이차적인 것들입니다. (1245)

오, 저의 하느님, 제 안에 있는 모든 것이 저의 주님이시고, 저의 창조주이신 주님을 찬양하게 하소서. 저는 제 심장이 뛸 때마다 주님의 그 깊이를 측량할 수 없는 자비를 찬양하고 싶습니다. 저는 영혼들에게 주님의 선하심을 이야기해 주고, 그들이 주님의 자비에 의탁하도록 용기를 주고 싶습니다. 오, 주님, 현세에서나 후세에서나 이것이 주님께서 친히 저에게 맡겨 주신 저의 사명입니다. (1325)

기도. 오, 십자가 위에 양팔을 벌리고 못 박혀 계신 예수님, 제가 주님께 간절히 애원하오니, 언제나 어디에서나, 모든 일에 있어서 주님 아버지의 가장 거룩한 뜻을 충실하게 수행하는 은총을 저에게 내려 주십시오. 하느님의 뜻을 완수하는 것이 제게 무척 힘들고 어려운 것이라고 보일 때에는, 예수님, 제가 주님께 간절히 청하오니, 주님의 상처로부터 힘과 능력이 제게 흘러들어 오게 해 주시고, 제 입술이 "오, 주님, 주님의 뜻이 이루어지게 해 주소서."라는 기도를 계속 반복하게 해 주십시오.

그처럼 무서운 고뇌와 고통 중에도 영혼들의 구원만을 위해서 주님 자신을 잊어버리신, 오, 이 세상의 구원자시여, 인간의 구원을 사랑하시는 분이시여, 오, 지극히 자애로우신 예수님, 제가 주님 아버지의 지극히 거룩하신 뜻을 따라 주님의 구원사업을 도와 드리면서, 저 자신을 완전히 잊어버리고, 오직 영혼들만을 위해서 살게 해 주십시오. (1265)

## 6 성모님과 곱비 신부님의 내적 담화

너희는 이 시대의 사도들이 되도록 나의 양성을 받고 있다. 따라서 너희는 암흑이 만상을 휩싸고 있는 시대의 빛의 사도들이다. (161,3) 빛 안에서 걸어라. 티 없는 내 성심에서 나오는 빛이 (사방으로) 퍼져 가게 하여라. (161,5)

내가 너희에게 맡기는 사명은 오류라는 암흑이 곳곳에 퍼져 있는 이 시대에 진리의 빛을 펼치려 어디든지 가는 일이다. 보아라, 신앙 결핍의 물결이 얼마나 홍수같이 퍼져 가고 있는지, 날마다 배교자가 얼마나 늘어 가고 있는지를! (498,4) 너희는 어둠속에서 빛나는 등불이 되어야 한다. '복음'에 충실한 사도들이 되어, 복음을 너희 삶에 옮기며 곧이곧대로 선포해야 한다. 오늘날에는 거짓 교사들(*2베드 2,1)이 허다한즉, 그들의 그릇된 가르침에 넘어가지 말아라. 새로운 교리들이 일반적인 신봉을 받고 있더라도 너희는 그런 것들에 현옥되면 안 된다. 왜냐하면, 그리스도와 마찬가지로 그분의 '진리'도, 과거나 현재나 또 언제나 영구 불변적인 것이기 때문이다. (498,5) 그러니 이 시기에는 너희의 빛이 사람들 앞에서 빛나도록 하여, 그들이 너희 천상 아버지께 영광을 돌려 드리게 해야 한다. 이렇듯 새로운 복음화 (사업으로) 그들이 가야 할 길을 가리켜 준다면, 너희가 이 마지막 시대의 사도들이 될 것이다. (498,6)

 너희에게 나 자신의 정신을 준다. 그러면 성부와 성자의 (영이신) 성령께서 내게 내리셨던 것과 마찬가지로 너희에게도 어김없이 내리신다. 그분은 너희를 완전히 변화시켜 주시리라. 그리하여 너희는 사랑, 덕행, 희생, 용기에 있어서 큰사람들이 된다. (148,10) 또한 거룩한 묵주 기도를 절대로 소홀히 하지 말아라. 나는 이 기도를 너무나 소중히 여기기에, 너희에게 청하려고 하늘에서 내려왔을 정도이다. (루르드의) 마싸비엘 동굴의 발현에서 나는 손가락으로 묵주 알을 돌리면서 이 기도를 잘 드리는 방법을 가르쳐 주는 한편, (그 발현을 본) 내 조그만 딸의 기도에 일치해 있었던 것이다. (148,15) 너희가 묵주 기도를 바칠 때면, 함께 기도해 달라고 나를 초대하는 셈이 된다. 너희가 이 기도를 바칠 때마다, 그래서 내가 정녕 너희의 기도에 일치한다. 이럴 때 너희는 '하늘의 엄마'와 함께 기도하는, 조그만 아이들이 되는 것이다. 따라서 사탄과 그의 악한 군대와 맞서 싸우도록 너희가 부름받고 있는, 이 무시무시한 전투에서 쓰일 가장 강력한 무기가 바로 묵주 화관이다. (148,16)

**7 자비의 5단 기도**

**8 묵주 기도** (빛의 신비)

**9 마침 기도**

사도들의 모후께 드리는 기도문

## 27 겸손

겸손은 하느님의 은총을 받기 위한 가장 기본적인 덕이며 완덕에 이르는 길로 자신이 비천한 존재임을 인식하고 자기 자신을 드러내려 하지 않습니다. 하느님이 창조하신 피조물 중에 가장 겸손하신 성모님의 겸손은 하느님의 어머니가 되는 특은과 가장 높은 곳까지 들어 올림을 받으시는 동기가 되었습니다. 그럼에도 불구하고 성모님은 자신을 주님의 비천한 여종으로 여기며 늘 겸손한 삶을 사셨습니다. 자비의 어머니이시며 은총의 중재자이신 성모님께 참된 겸손을 배우고 우리도 성모님을 따라 이 세상에 하느님의 뜻이 이루어지기를 기도해야 하겠습니다.

✛ 성부와 성자와 성령의 이름으로 아멘.

1 시작 기도 | 성령송가

2 독서

**루카 18,9-14**

예수님께서는 또 스스로 의롭다고 자신하며 다른 사람들을 업신여기는 자들에게 이 비유를 말씀하셨다. "두 사람이 기도하러 성전에 올라갔다. 한 사람은 바리사이였고 다른 사람은 세리였다. 바리사이는 꼿꼿이 서서 혼잣말로 이렇게 기도하였다. '오, 하느님! 제가 다른 사람들, 강도짓을 하는 자나 불의를 저지르는 자나 간음을 하는 자와 같지 않고 저 세리와도 같지 않으니, 하느님께 감사드립니다. 저는 일주일에 두 번 단식하고 모든 소득의 십일조를 바칩니다.' 그러나 세리는 멀찍이 서서 하늘을 향하여 눈을 들 엄두도 내지 못하고 가슴을 치며 말하였다. '오, 하느님! 이 죄인을 불쌍히 여겨 주십시오.' 내가 너희에게 말한다. 그 바리사이가 아니라 이 세리가 의롭게 되어 집으로 돌아갔다. 누구든지 자신을 높이는 이는 낮아지고 자신을 낮추는 이는 높아질 것이다."

**3 위의 말씀이 나 자신에게 주는 의미를 잘 깨닫고 깊이 묵상한다.**

## 4 성녀 파우스티나 수녀의 일기 중 예수님 말씀

"오늘은 온유하고 겸손한 영혼들과 작은 어린이들의 영혼들을 내게로 데리고 와서 그들이 나의 자비 속으로 잠겨 들게 하여라. 이런 영혼들은 나의 성심을 가장 많이 닮았다. 그들은 내가 쓰라린 고뇌 속에 잠겨 있을 때, 나에게 힘을 주었다. 나는 그들이 내 제대를 지킬 지상의 천사들이라는 것을 보았다. 나는 그들에게 은총을 억수같이 퍼부어 준다. 겸손한 영혼들만이 나의 은총을 받을 수 있다. 나는 겸손한 영혼들에게 나의 믿음을 준다." (1220)

"나의 신부야, 너는 언제나 겸손으로 나를 기쁘게 해 준다. 영혼이 아무리 비천하다고 해도 그 비천함이 나와 그 영혼의 결합을 방해하지 않는다. 그러나 교만이 있는 곳에는 내가 없다." (1563)

"나는 여러 번 이 수도회를 칭찬해 주고 싶었지만 수도회의 교만을 우려하여 그렇게 할 수가 없었다. 내 딸아, 교만한 영혼들에게는 내가 은총을 주지 않는다는 것을 알아 두어라. 아니 주지 않을 뿐만 아니라, 주었던 은총까지도 빼앗아 버린다." (1170)

"내 가장 사랑하는 아이야, 너의 죄를 회개하면서 당했던 그 크나큰 고통 때문에 네가 조각조각 찢겨진 것을 보았을 때, 너를 향한 큰 자비가 내 마음을 움직였다. 네 사랑이 그토록 순결하고 진실하다는 것을 알기 때문에, 동정녀들 중에서 첫째가는 자리를 너에게 준다. 너는 내 수난의 명예요 영광이다. 나는 네가 당하는 굴욕을 모두 지켜보고 있다. 내가 놓치고 못 보는 것은 하나도 없다. 나는 겸손한 영혼을 바로 나의 옥좌가 있는 곳까지 높이 올려 준다. 내가 그렇게 원하기 때문이다." (282)

**5 성녀 파우스티나 수녀의 일기 중 묵상과 영적 대화**

원죄 없이 잉태되신 복되신 동정 마리아 대축일. 영성체 전에 나는 말할 수 없이 아름다우신 성모님을 뵈었다. 그분은 나에게 미소를 지으시면서 이렇게 말씀하셨다. "내 딸아, 나는 하느님의 명령으로 너에게만 특별한 의미의 어머니가 되어 준다. 그러니까 너도 나의 특별한 아이가 되어 주기를 바란다." (1414)

"내 사랑하는 딸아, 나는 네가 하느님께서 가장 기뻐하시고, 또 나에게는 가장 귀한 세 가지 덕을 실천하기를 원한다. 첫째는 겸손, 겸손, 그리고 다시 한 번 겸손이다. 둘째 덕은 순결이고, 셋째 덕은 하느님을 사랑하는 것이다. 내 딸로서, 너는 특별히 이 세 가지 덕으로 빛을 발해야 한다." 이런 대화가 끝났을 때 성모님은 나를 당신 가슴에 꼭 안아 주시고는 사라지셨다. 내가 다시 감각을 되찾았을 때 내 마음은 이 세 가지 덕에 대해서 이상할 만큼 강하게 끌려들었다. 그리고 나는 이 덕성들을 충실히 실천한다. 이 세 가지 덕목들은 마치 내 마음에 깊이 새겨진 것만 같았다. (1415)

오늘 하느님의 엄위하심이 나를 완전히 휩싸는 순간, 주님 자신은 그렇게도 위대하시지만, 겸손한 영혼들을 더욱 좋아하신다는 것을 깨달았다. 영혼이 자신을 낮추면 낮출수록, 주님께서는 더욱더 다정하게 그 영혼에게 다가오신다. 주님께서는 당신 자신을 이 겸손한 영혼에게 친밀하게 일치시켜 주시고, 그 영혼을 바로 당신의 어좌에까지 높이 들어 올려 주신다. 주님께서 친히 보호해 주시는 영혼은 행복하다. 나는 다만 사랑만이 가치를 지닌다는 것을 알게 되었다. 사랑은 위대하다. 그 무엇도, 그 어떤 일도, 하느님께 대한 순수한 사랑으로 행한 행위와는 비교될 수 없다. (1092)

예수님께서는 당신의 온유하심과 겸손의 깊이를 내가 알게 해 주셨고, 또한 당신께서 나도 당신과 똑같이 되기를 요구하신다는 것도 알게 해 주셨다. 나는 내 영혼 안에서 나를 응시하시는 하느님의 눈길을 느꼈다. 이것이 나를 말할 수 없는 사랑으로 가득 채웠다. 그런데 나는 주님께서 나의 덕행들과 나의 초인적인 노력들을 사랑으로 바라보고 계심을 알았고, 이것이 하느님을 내 마음속으로 끌어들인다는 것도 알게 되었다. 나는 이런 체험을 통해서 일반적인 덕행을 하려고 노력하는 것만으로는 충분하지 못하고, 초인적인 덕행을 실천해야만 한다는 것도 알게 되었다. 겉으로 보기에는 평범한 것처럼 보이지만 하느님의 눈만이 보실 수 있는 특별한 방법인 것이다. (758)

예수님께서는 내가 당신의 슬픈 수난을 묵상하는 것을 가장 기쁘게 생각하시고, 이 묵상을 통해서 내 영혼이 많은 빛을 받는다고 내게 말씀하셨다. 진정한 겸손을 배우고 싶은 사람은 예수님의 수난을 묵상해야 할 것이다. 예수님의 수난을 묵상할 때, 나는 전에는 알아듣지 못하던 많은 것들에 대해서 분명히 이해하게 된다. 오, 예수님, 저는 주님을 - 십자가에 못 박히시고, 고문을 받으시고,

굴욕을 당하신 주님을 닮고 싶습니다. 예수님, 저의 마음과 영혼에 주님의 겸손을 깊이 새겨 주십시오. (267)

## 6 성모님과 곱비 신부님의 내적 담화

잉태된 첫 순간부터 어떤 죄에도 물들지 않을 특전을 입은 내게는 그 면제의 은혜가 참으로 나의 작음을 (깊이 깨닫게 하는) 척도가 되어 주었다. (109,2) 나의 작음은 하느님의 피조물인 내가 '말씀의 어머니'가 되도록 택함을 받았다는 데 있다. (109,3) 따라서 나의 풍성함은 오직 작고 가난한 이들의 풍성함이니, 곧 겸손, 신뢰, 의탁, 희망이다. (109,6) 작은 사람이 되어야 내 계획을 이룰 유순한 도구가 될 수 있고 또 내 아들 예수님께서 흐뭇해하시는 사람들이 될 수 있다. (109,10) 너희가 겸손 안에 머물면 사탄은 절대로 너희를 유혹할 수도 기만할 수도 없음을 깨닫지 못했느냐? (109,13) 너희는 갈수록 작아져야 한다. 이 엄마가 너희를 온전히 원하기 때문이니, 너희를 먹여 기르고 옷을 입혀 주며 팔에 안고 다니려는 것이다. (109,14) 작은 사람이 되어야 하느님의 뜻에 항상 "예"라고 답할 수 있다. (109,15) 나와 함께 "예"

라고 말씀드려라. 그렇게 해야 하느님 뜻에 완전히 순종한 나의 "예"가 너희 안에서 언제나 재현된다. (109,16)

말을 (많이) 하지 말아라. 누구와든 더욱 침묵을 지켜라. 절대로 네 결점 때문에 실망하지 말아라. 너를 무척이나 사랑한다, 아들아. 내가 보는 것은 네 마음이지 성질이 아니다. 그래서 네가 충동적으로 실수한 후 즉각 겸손하게 용서를 청하면, 내게 아주 큰 기쁨을 주는 것이 된다. 네 상처를 내게 봉헌하여라. 언제나 내게 "예"라고 대답하고, 더는 너 자신에 대해 아무것도 생각하지 말아라. 무엇이나 생각은 내가 하고 싶다. (111,9)

**7 자비의 5단 기도**

**8 묵주 기도** (고통의 신비)

**9 마침 기도**

사도들의 모후께 드리는 기도문

## 28 완덕의 길

완덕에 이르는 삶은 "하늘의 너희 아버지께서 완전하신 것처럼 너희도 완전한 사람이 되어야 한다."(마태 5,48)라는 예수님의 가르침을 따르는 삶으로 거룩하고 흠 없는 분으로 하느님 뜻에 온전히 순종하신 예수님의 길을 따르는 삶입니다. 따라서 우리는 하느님 아버지의 거룩한 뜻이 우리 안에서 이루어지기를 갈망해야 하며 이를 위해 우리의 전존재를 삼위일체이신 하느님께 온전히 봉헌해야 합니다.

✛ 성부와 성자와 성령의 이름으로 아멘.

**1 시작 기도** | 성령송가

**2 독서**

**마태 5,13-16**

"너희는 세상의 소금이다. 그러나 소금이 제 맛을 잃으면 무엇으로 다시 짜게 할 수 있겠느냐? 아무 쓸모가 없으니 밖에 버려져 사람들에게 짓밟힐 따름이다. 너희는 세상의 빛이다. 산 위에 자리 잡은 고을은 감추어질 수 없다. 등불은 켜서 함지 속이 아니라 등경 위에 놓는다. 그렇게 하여 집 안에 있는 모든 사람을 비춘다. 이와 같이 너희의 빛이 사람들 앞을 비추어, 그들이 너희의 착한 행실을 보고 하늘에 계신 너희 아버지를 찬양하게 하여라."

**마태 5,38-48**

"'눈은 눈으로, 이는 이로.' 하고 이르신 말씀을 너희는 들었다. 그러나 나는 너희에게 말한다. 악인에게 맞서지 마라. 오히려 누가 네 오른뺨을 치거든 다른 뺨마저 돌려 대어라. 또 너를 재판에 걸어 네 속옷을 가지려는 자에게는 겉옷까지 내주어라. 누가 너에게 천 걸음을 가자고 강요하거든, 그와 함께 이천 걸음을 가 주어라. 달라는 자에게 주고 꾸려는 자를 물리치지 마라."

"'네 이웃을 사랑해야 한다. 그리고 네 원수는 미워해야 한다.'고 이르신 말씀을 너희는 들었다. 그러나 나는 너희에게 말한다. 너희는 원수를 사랑하여라. 그리고 너희를 박해하는 자들을 위하여 기도하여라. 그래야 너희가 하늘에 계신 너희 아버지의 자녀가 될 수 있다. 그분께서는 악인에게나 선인에게나 당신의 해가 떠오르게 하시고, 의로운 이에게나 불의한 이에게나 비를 내려 주신다. 사실 너희가 자기를 사랑하는 이들만 사랑한다면 무슨 상을 받겠느냐? 그것은 세리들도 하지 않느냐? 그리고 너희가 자기 형제들에게만 인사한다면, 너희가 남보다 잘하는 것이 무엇이겠느냐? 그런 것은 다른 민족 사람들도 하지 않느냐? 그러므로 하늘의 너희 아버지께서 완전하신 것처럼 너희도 완전한 사람이 되어야 한다."

**3** 위의 말씀이 나 자신에게 주는 의미를 잘 깨닫고 깊이 묵상한다.

**4** 성녀 파우스티나 수녀의 일기 중 예수님 말씀
"내 아이야, 성덕에 가장 방해가 되는 것은 실망과 근거 없는 걱정, 근심이다. 이런 것들은 너에게서 덕을 실천할 기회를 빼앗아가 버린다. 모든 유혹들이 함께 힘을 합쳐 덤빈다 해도, 너의 내적인 평화를 잠시라도 어지럽혀서는 안 된다. 불안함과 실망은 자기 사랑自己愛의 결과

다. 너는 실망하지 말아야 하고 너 자신을 사랑하는 대신에 나를 사랑하도록 노력해야 한다. 내 아이야, 자신감을 가져라. 용서를 받으러 올 용기를 잃지 말아야 한다. 나는 언제나 용서할 준비가 되어 있는데 네가 용서를 받으러 올 용기를 잃어서는 안 된다. 용서를 청할 때마다 너는 나의 자비에 영광을 돌리는 것이다." (1488)

"나는 네 영혼의 눈이 항상 나의 거룩한 뜻에 맞추어지기를 원한다. 이런 방법으로 네가 나를 가장 기쁘게 해 줄 것이기 때문이다. 그 어떤 희생도 이것과는 비교할 수 없을 것이다." (1327)

"성녀가 되겠다는 너의 굳은 결심은 나를 무척 기쁘게 해 준다. 나는 너의 노력을 축복해 주고, 너 자신을 성화할 수 있는 기회를 네게 줄 것이다. 너의 성화를 위해서 나의 섭리가 마련해 주는 기회를 하나도 놓치지 않도록 주의하여라. 만일 네가 한 번 유익한 기회를 잡는 데에 실패하더라도, 마음의 평화를 잃지 말고, 다만 내 앞에서 깊은 겸손을 가지도록 하여라. 그리고 커다란 믿음으로 너 자신을 나의 자비 속으로 완전히 잠겨 들게 하여라. 이렇게 하여 너는 네가 잃은 것보다 더 많은 것을 얻을 것이다. 겸손한 영혼에게는 그 영혼이 청하는 것보다도 더 많은 은혜를 베풀 것이기 때문이다."(1361)

"내 손에 있는 선택받은 영혼들은 내가 이 세상의 어둠 속으로 보내어 세상을 비출 빛이다. 밤을 비추는 별처럼, 선택받은 영혼들은 세상을 밝힌다. 영혼이 더 완전해질수록, 그만큼 그 영혼의 빛은 강렬해지고 더욱 먼 곳까지 비추게 된다. 이런 성덕은 가장 가까운 사람들에게조차 숨겨지고 드러나지 않을 수도 있지만, 그 성스러움은 세상의 끝, 가장 멀리 있는 영혼들에게까지도 반영되는 것이다."(1601)

"내 딸아, 알아 두어라. 만일 네가 완덕을 추구한다면, 너는 많은 영혼들을 성화시킬 것이다. 그리고 만일 네가 성덕을 추구하지 않는다면, 그로 인해 많은 영혼들이 불완전한 상태로 남아 있을 것이다. 그들의 완덕은 너의 완덕에 의존한다는 것을 알아야 한다. 이 영혼들에 대한 책임의 대부분은 네가 지게 될 것이다."(1165)

"두려워하지 마라, 내 아이야. 내 은총에만 충실하여라."(1166)

**5 성녀 파우스티나 수녀의 일기 중 묵상과 영적 대화**

은총도, 계시도, 황홀경도, 은사도 영혼을 완전하게 해 주지는 못한다. 그보다는 하느님과의 깊은 일치가 영혼을 완전하게 해 준다. 은사들은 단순히 영혼을 단장하는 장식일 뿐 영혼의 핵심도 아니고, 영혼의 완성도 아니다. 나의 성성聖性과 나의 완성은 나의 뜻과 하느님의 뜻의 긴밀한 합치에 있다. 하느님께서는 우리의 자유 의지를 절대적으로 존중하신다. 하느님의 은총을 받아들이거나 거부하는 것은 완전히 우리 자신들에게 달려 있다. 하느님의 은총에 협력하거나, 은총을 낭비하는 것은 온전히 우리에게 달려 있는 것이다. (1107)

나는 모든 완덕의 추구와 모든 성덕은 하느님의 뜻을 수행하는 데에 있다는 것을 깨달았다. 하느님의 뜻을 완전히 성취하는 것이 성덕 안의 성장을 의미하는 것이다. 여기에는 한 점의 의혹도 없다. 하느님의 빛을 받고, 하느님께서 우리에게 무엇을 원하시는지도 알고, 그러면서도 하느님의 뜻을 수행하지 않는 것은 하느님의 엄위하심에 반항하는 크나큰 범죄이다. 그런 영혼은 하느님께로부터 완전히 버림을 받아야 마땅하다. 그런 영혼은 크나큰 빛을 가지고 있으면서도, 하느님의 뜻을 행하지 않은 사탄을 닮는 것이다. 많은 역경에도 불구하고, 하느님의 뜻을 올바로 이해하면서 그 뜻에 언제나 충실하게 따랐음을 성찰할 때, 아주 신비스런 평화가 내 영혼 안으로 들어왔다. 오, 예수님, 제가 주님의 뜻을 알게 되면, 그것을 실천하는 은총도 함께 제게 내려 주십시오, 오 하느님. (666)

진정한 덕이 있는 곳에는 언제나 희생도 있어야 한다. 생애 전체가 하나의 희생 제물이 되어야 하는 것이다. 영혼들은 희생을 통해서만 유용하게 될 수 있다. 나와 이웃과의 관계에서 하느님께 영광을 드리려면 나 자신의 희생을 통해서 가능하다. 그리고 이 희생을 통해서 하느님의 사랑이 흘러나와야 한다. 왜냐하면 모든 것이 이 하느님의 사랑 안으로 집중되고, 거기에서 참된 가치를 부여받기 때문이다. (1358)

나는 성덕을 추구한다. 그래야만 내가 교회의 유용한 일꾼이 될 수 있기 때문이다. 나는 덕을 실천하기 위해서 계속 노력하며 예수님을 충실하게 본받기 위해 노력한다. 나는 침묵으로 숨어서 실천하여 사람들이 거의 알아볼 수 없지만 크나큰 사랑으로 매일 내가 실천하는 일련의 덕행들을 모든 영혼들의 공동 유익을 위해서 하느님 교회의 보고寶庫에 맡겨 놓는다. 나는 내적으로 마치 내가 모든 영혼들에 대해서 책임이 있는 것처럼 느낀다. 나는 내가 자신만을 위해서 사는 것이 아니라 교회 전체를 위해서 산다는 것을 잘 알고 있다. (1505)

사탄은 내가 자신의 증오의 대상이라는 것을 인정했다. 사탄이 말했다. "네가 지극히 전능하신 분에 대해서 이야기할 때, 천 명의 영혼들이 나를 해치는 것보다 더욱 치명적으로 내게 해를 끼치게 된다. 가장 지독한 죄인들까지도 확신을 가지고 하느님께로 돌아가고, 나는 모든 것을 잃어버린다. 그뿐만이 아니라 너는 전능하신 분의 측량할 수 없는 자비를 가지고 나를 박해하고 있다." 나는 사탄이 하느님의 자비를 얼마나 증오하는지 알게 되었다. 사탄은 하느님이 선하신 분이라는 것을 인정하려 하지 않는다. (1167)

## 6 성모님과 곱비 신부님의 내적 담화

사랑하는 아들들아, 너희 '천상 엄마'를 우러러보며 즐겨 용약하는 '천국'의 기쁨에 너희도 오늘 참여하여라. 그토록 주님께서 이 엄마 — (언제나) 자기를 주님의 가장 작은 여종으로 느끼는 엄마 — 를 여러 특전과 은총과 완전한 성덕으로 가득 채워 주신 것이다. (299,1) 죄의 얼룩이 전혀 없는데다 원죄에서도 면제되었으므로, 나의 삶은 하느님 생명의 순수한 반영이었다. 내 영혼은 은총으로 가득했고, 그 힘은 항상 하느님의 계획을 완전하게 실현하는 데로 향하고 있었으니, 정신은 '하느님의 뜻'을 찾고 사랑하는 것으로 열려 있었고, 마음은 기쁨과 온전한 맡김으로 오로지 하느님의 뜻만을 행하고 있었다. (299,2) 이것이 내가 너희에게도 가리켜 보이고 싶은 길이다. 티 없는 순결과 성화의 계획 안에서 (살고 있었던) 천상 엄마를 따르고자 한다면, 너희 역시 오늘날 걸어가야 하는 길이기 때문이다. (299,3) 하느님의 뜻은 (내게 있어서와 마찬가지로) 너희에게도 너희의 성화가 이루어지는 데에 있다! 너희가 삶을 통해, 갈수록 그분께 대한 완전한 인식에 도달하는 것이 하느님의 뜻이다. (그러니) '하느님의 말씀'을 너희 정신을 양육하는 매일의 양식으로 삼아야 한다. 이 말씀을 거룩한 책인 '성서'에서 찾아라. 내 아들 예수님의 '복음'에서 말씀의 온갖 아름다움을 음미하여라. 나는 너희에게 '지혜'를 주어, 너희가 '성서'의 비밀을 더 깊이 깨닫도록 이끌고 있다. 너희로 하여금 성서 (말씀을) 샅샅이 이해하고 즐기고 간직하며, 실천에 옮길 수 있게 하려는 것이다. (299,4) 너희가 불타는 도가니 속처럼 뜨거운 그분 신적 사랑의 깊은 신비 안으로 들어갈수록, 너희의 죄, 나약, 비참, 온갖 불순이 그만큼 더 정화 될 것이다. 예수님을 사랑하며 따른다면 너희 역시 (나처럼) 언제나 티 없는 순결과 위대한 성덕의 길을 가리니, 어쩌다 다시 죄에 떨어지더라도 그분의 자비가 너희를 (거기서) 해방시켜 주고, '화해의 성사'를 통해 그분과 깊이 일치하는 은총의 삶을 돌이켜 줄 것이다. (299,6)

**7 자비의 5단 기도**

**8 묵주 기도** (영광의 신비)

**9 마침 기도**
　사도들의 모후께 드리는 기도문

## 29 성체 안에서 일치

성체는 곧 그리스도이시며 빵의 형상 안에 살아 계시는 주님의 현존입니다. 매일 거행되는 미사의 성체성사를 통하여 주님께서 우리 안에 다시 태어나시는 기적이 반복되고 있다는 것은 우리 신앙의 핵심이며 우리에게 베푸시는 완전한 사랑입니다. 우리는 '화해'의 성사로 순결한 마음으로 그리스도의 살과 피를 모실 준비를 하고 성체성사로 우리의 존재가 그리스도로 변화되기를 간절히 원해야 합니다. 성체는 생명의 힘이며 우리를 영원한 생명의 길로 이끌어 주는 사랑이며 신비입니다. 우리도 예수님과 하나 되어 예수님처럼 모든 것을 내어 주는 참사랑의 빵이 되어야 할 것입니다.

✚ 성부와 성자와 성령의 이름으로 아멘.

1 시작 기도 | 성령송가

2 독서

요한 6,48-58

"나는 생명의 빵이다. 너희 조상들은 광야에서 만나를 먹고도 죽었다. 그러나 이 빵은 하늘에서 내려오는 것으로, 이 빵을 먹는 사람은 죽지 않는다. 나는 하늘에서 내려온 살아있는 빵이다. 누구든지 이 빵을 먹으면 영원히 살 것이다. 내가 줄 빵은 세상에 생명을 주는 나의 살이다." 그러자 "저 사람이 어떻게 자기 살을 우리에게 먹으라고 줄 수 있단 말인가?" 하며, 유다인들 사이에 말다툼이 벌어졌다. 예수님께서 그들에게 이르셨다. "내가 진실로 진실로 너희에게 말한다. 너희가 사람의 아들의 살을 먹지 않고 그의 피를 마시지 않으면, 너희는 생명을 얻지 못한다. 그러나 내 살을 먹고 내 피를 마시는 사람은 영원한 생명을 얻고, 나도 마지막 날에 그를 다시 살릴 것이다. 내 살은 참된 양식이고 내 피는 참된 음료다. 내 살을 먹고 내 피를 마시는 사람은 내 안에 머무르고, 나도 그 사람 안에 머무른다. 살아 계신 아버지께서 나를 보내셨고 내가 아버지로 말미암아 사는 것과 같이, 나를 먹는 사람도 나로 말미암아 살 것이다. 이것이 하늘에서 내려온 빵이다. 너희 조상들이 먹고도 죽은 것과는 달리, 이 빵을 먹는 사람은 영원히 살 것이다."

**3** 위의 말씀이 나 자신에게 주는 의미를 잘 깨닫고 깊이 묵상한다.

**4 성녀 파우스티나 수녀의 일기 중 예수님 말씀**
"보아라, 나는 너와 일치하기 위해서 하늘에 있는 나의 어좌를 떠났다. 네가 보는 것은 단지 작은 한 부분에 불과한데, 너의 영혼은 이미 사랑으로 정신을 잃는구나. 모든 영광을 누리고 있는 내 모습을 네가 본다면, 네 마음은 또 얼마나 놀라겠느냐?"(1810)

"그러나 나는 이 영원한 생명은 영성체를 통해서 이미 지상에서 시작되어야 한다는 것을 네게 말해 주고 싶다. 영성체를 할 때마다, 너는 영원토록 하느님과 친교를 나눌 수 있는 능력을 더 많이 갖게 된다."(1811)

"오, 영혼들이 나와 영성체를 통해 일치하는 순간이 매우 드물다는 사실이 나에게는 무척 고통스럽다. 나는 영혼들을 기다린다. 그러나 그들은 나에게는 관심이 없다. 나는 그들을 진정으로 다정하게 사랑하는데, 그들은 나를 믿지 않는다. 나는 그들에게 나의 은총을 풍성히 주고 싶은데 그들은 받아들이려 하지 않는다. 내 마음은 사랑과 자비로 가득 차 있는데, 그들은 나를 생명이 없는 물건처럼 취급한다. 나의 이 고통을 조금이라도 이해하기 위해서는 자기 아이들을 지극히 사랑하는 다정한 어머니와 그 사랑을 저버리는 아이들을 상상해 보아라. 그 어머니의 아픔을 생각해 보아라. 아무도 그에게 위안이 될 수 없다. 바로 이 어머니의 모습이 내 사랑의 아픔을 희미하게나마 보여 주고 있다." (1447)

"내 딸아, 이것을 알아 두어라. 네가 저지른 사소한 잘못보다는 네가 영성체로 나와 결합하지 않은 것 때문에 너는 나에게 더 큰 슬픔을 주었다." (612)

"내 딸아, 네가 심각한 잘못을 저질렀다고 알기 전까지는, 절대로 영성체를 빠뜨리지 말아야 한다. 대죄가 아니라면, 아무런 의심도 네가 내 사랑의 신비 안에서 너 자신을 나와 일치시키는 것을 막으면 안 된다. 너의 작은 잘못들은 큰 난로 속으로 던져진 지푸라기 조각처럼 내 사랑 안에서 녹아 없어질 것이다. 네가 영성체로 나를 받아들이지 않을 때, 나를 얼마나 슬프게 하는지를 알아야

한다."(156)

"내 아버지의 마음에 드는 성체인 내 딸아, 거룩하신 삼위일체께서 네 안에서 특별한 기쁨을 누리신다는 것을 알아라. 네가 전적으로 하느님의 뜻만을 따라서 살기 때문이다. 다른 어떤 희생도 이것과는 비교할 수 없다."(955)

**5 성녀 파우스티나 수녀의 일기 중 묵상과 영적 대화**

기도 속으로 깊이 빠져 들어갔을 때, 나는 영적으로 경당으로 옮겨졌고 거기에서 성광에 모셔져 있는 예수님을 뵈었다. 성광이 있는 자리에서 나는 주님의 영광스러운 얼굴을 볼 수 있었는데 주님께서 내게 말씀하셨다. "네가 지금 실제로 보고 있는 것을 이 영혼들은 신앙을 통해서 본다. 오, 그들의 위대한 신앙은 나를 얼마나 기쁘게 하는가! 겉으로 보기에는 내 안에 아무런 생명의 흔적이 드러나지 않지만 실제로는 모든 성체 하나하나 안에 생명이 완전하게 존재하고 있다. 내가 어느 영혼 안에서 활동할 수 있으려면 그 영혼이 신앙을 가지고 있어야만 한다. 살아있는 신앙이 나를 얼마나 기쁘게 하는가!"(1420)

미사 시간에 나는 성작 속에 계시는 아기 예수님을 뵈

었는데, 그분이 내게 말씀하셨다. "네가 지금 보고 있는 이 성작 속의 내 모습 그대로, 나는 네 마음속에서 살고 있다."(1820)

내 안에 있는 좋은 것이라면 모두 영성체 때문에 생긴 것이다. 이 모든 것이 영성체 덕분이다. 나는 이 거룩한 불이 나를 완전히 변화시켰다고 느낀다. 오, 제가 주님께서 거처하시는 장소라니, 저는 참으로 행복합니다! 오, 주님, 저의 마음은 주님께서 계속 머무르시는 성전입니다. (1392)

영성체로 예수님을 모셨을 때, 내 마음은 온 힘을 다해 부르짖었다. "예수님, 저를 또 다른 성체로 만들어 주십시오! 주님을 위해 살아있는 성체가 되고 싶습니다. 주님, 주님은 위대하시고, 전능하시니, 저의 소망을 들어주실 수 있으십니다." 그러자 주님께서 내게 대답하셨다. "너는 하늘에 계신 아버지께서 기뻐하시는 살아있는 성체다. 그렇지만 성체가 무엇인지 성찰하여라. 희생 제물이다. 그러므로…?"

오, 저의 예수님, 저는 성체의 의미와 희생 제물의 의미를 알고 있습니다. 저는 주님의 엄위하심 앞에서 살아

있는 성체, 주님의 영광을 위해 매일 불타오르는 살아있는 희생 제물이 되기를 간절히 바랍니다. (1826)

오늘 내가 영성체를 하고 있을 때, 나는 성작 안에 살아있는 성체가 하나 들어 있는 것을 보았는데, 사제는 바로 그 성체를 내게 주었다. 내 자리로 돌아왔을 때 나는 주님께 여쭈어 보았다. "주님, 주님께서는 모든 성체 안에 똑같이 살아계시지 않습니까? 어째서 그 성체 하나만이 살아있었습니까?" 주님께서 내게 대답하셨다. "그렇다. 나는 성체가 어떤 모양을 하고 있든지 그 안에서 똑같이 살아 있다. 그러나 모든 영혼들이 너처럼 살아있는 신앙으로 영성체를 하는 것은 아니다. 내 딸아, 그렇기 때문에 나는 다른 영혼들 안에서는 네 영혼 안에 임하는 것처럼 그렇게 할 수가 없다." (1407)

영성체를 한 후, 나는 이런 말씀을 들었다. "너는 우리가 거처하는 곳이다." 그 순간, 나는 내 영혼 안에 삼위일체, 성부와 성자와 성령의 현존을 느꼈다. 나는 내가 하느님의 성전이요, 성부의 자녀라는 것을 느꼈다. 이 모든 것을 내가 설명할 수는 없지만, 나의 영은 이것을 다 잘 이해한다. 오, 무한하신 선이시여, 주님은 미천한 피

조물을 향해 이렇게까지 당신을 낮추십니다! (451)

　나는 기쁨이나 고통, 칭찬과 굴욕을 똑같은 마음으로 받아들인다. 나는 이 모든 것들이 그저 스쳐 지나가는 것임을 기억하고 있다. 사람들이 나에 관해 무슨 말을 하든지 그것이 나에게 무슨 상관이란 말인가? 나는 나 개인에 관계되는 모든 것을 이미 오래 전에 포기했다. 오, 저의 스승이신 선하신 예수님, 저의 이름은 성체, 곧 희생 제물이요, 말로서가 아니라 행동으로, 나 자신을 비우고 십자가 위의 주님처럼 되는 것입니다. (485)

　내 생애에서 가장 장엄한 순간은 내가 거룩한 성체를 받아 모시는 순간이다. 나는 매번 영성체를 열망하며, 그때마다 지극히 거룩하신 삼위일체께 감사드린다.

　만일 천사들이 부러워할 수 있다면, 두 가지 때문에 우리를 부러워할 것이다. 하나는 영성체이고, 또 다른 하나는 고통이다. (1804)

## 6 성모님과 곱비 신부님의 내적 담화

예수께서는 그러나 천국에 계시는 것과 똑같이, 당신의 몸과 피와 영혼과 신성을 그대로 지니신 채 지상의 성체 안에 참으로 현존하신다. (176,3) '성체 안에 계시는 예수님'께로 모든 사람을 데려오너라 : (그들이 성체를) 흠숭하고 받아 모시며 더욱 깊이 사랑하도록 인도하여라. (176,10) 모든 사람이 합당한 준비를 갖추어 '예수 성체'께 다가가도록 도와주어라. 이를 위해서 너희는 신자들에게 죄의식을 길러 주고, 그들이 은총 상태에서 '영성체'를 하러 나가도록 권고하고, 고해성사를 자주 받도록 가르쳐야 한다. 대죄 중에 있는 사람은 '성체'를 받아 모시기 전에 반드시 고해성사를 받아야 하는 것이다. (176,11) 사랑하는 아들들아, (성체께 대한) 독성죄의 물결을 막을 방벽을 쌓아올려라. 지금만큼 합당치 못하게 영성체를 (함부로) 하는 사람이 많은 시대는 일찍이 없었다. (176,12) '모령성체'의 급증으로 말미암아 교회가 내부적으로 큰 타격을 받고 있다. "(제발) 그만해라!" (보다 못해) 너희 천상 엄마가 이렇게 말하고 있는 때가 온 것이다! (176,13)

나는 또 너희가 '성체' 안에 계시는 예수님께 깊은 흠숭과 감사와 보상을 드리며 삶과 사랑의 친교를 나누는 습관을 붙이도록 인도한다. 너희가 너희를 비추는 신앙의 열정으로, 너희를 불태우는 사랑의 불길로, 깨어 경계하며 성실하게 사랑하는 자의 능력으로, 성체 안에 계시는 예수님의 현존을 영적으로 체험하려면, 반드시 (성체의) 외적 형상을 초월해야 한다. 축성된 모든 '제병祭餅'에는 그 흰 형상 안에 감추인 예수께서 참으로 너희 가운데 현존하시기 때문이다. (377,7) 너희는 (육안으로) 그분을 뵙지는 못한다. 마치, 닫힌 문을 (사이에 두고) 그분은 저쪽에 너희는 이쪽에 있는 것과 같으니 말이다. 그러니까 단지 그 칸막이 때문에 너희 눈으로 그분을 볼 수 없고 귀로 그분 말씀을 들을 수 없고 너희 몸의 외적 감관으로 그분과 통교할 수 없는 것이다. 하지만 너희가 (그러한) 외적 형상을 뛰어넘으면 영혼의 능력으로 그분과의 친교로 들어갈 수 있다. (377,8)

예수님을 바라보아라. 내 동정 모태에 내려오신 순간부터 십자가에 오르시어 영구적인 사제직을 수행하시기까지, 사랑하고 일하고 기도하고 고난받으시며 당신 자신을 희생 제물로 바치신 (그분을 바라보아라). 그러면 너희는 내가 특히, '사제이신 예수님의 어머니'임을 깨닫게 될 것이다. (330,6) 그래서 나는 어머니로서 항상 내

'아들' 곁에 있다. 내 몸도 '승천'의 특은을 입었으므로 지상에서나 '천국'에서나 마찬가지이다. 세상 어느 '감실'이든지 예수께서 현존하시는 곳이라면 어디나 나 역시 함께 있는 것이다. (330,12) 그분께는 '내 티 없는 성심'이 사랑과 흠숭과 감사와 끊임없는 보상으로 살아 고동치는 모성적 '감실'이다. (330,14)

**7 자비의 5단 기도**

**8 묵주 기도** (환희의 신비)

**9 마침 기도**
   사도들의 모후께 드리는 기도문

# 30 봉헌

봉헌은 세례 때의 서약을 새롭게 하는 것이며 우리의 생각과 말과 행동의 사소한 부분부터 시련과 고통 등 삶의 모든 것을 창조주이신 하느님의 뜻에 온전히 맡겨 드리는 행위로써 곧 참된 회개의 삶, 참된 순명의 삶을 살고자 하는 우리의 약속입니다. 성모님께서는 사랑하는 아들 예수님의 처참한 죽음까지도 하느님의 뜻에 맡겨 드리며 일생을 순명과 완전한 봉헌의 삶으로 사셨습니다. 이러한 성모님의 완전한 비움과 봉헌의 삶을 우리도 충실히 살아갈 수 있도록 성모님의 도움을 간절히 청해야 하겠습니다.

**+ 성부와 성자와 성령의 이름으로 아멘.**
**1 시작 기도** | 성령송가

## 2 독서

**로마 13,11-14**

또한 여러분은 지금이 어떤 때인지 알고 있습니다. 여러분이 잠에서 깨어날 시간이 이미 되었습니다. 이제 우리가 처음 믿을 때보다 우리의 구원이 더 가까워졌기 때문입니다. 밤이 물러가고 낮이 가까이 왔습니다. 그러니 어둠의 행실을 벗어 버리고 빛의 갑옷을 입읍시다. 대낮에 행동하듯이, 품위 있게 살아갑시다. 흥청대는 술잔치와 만취, 음탕과 방탕, 다툼과 시기 속에 살지 맙시다. 그 대신에 주 예수 그리스도를 입으십시오. 그리고 욕망을 채우려고 육신을 돌보는 일을 하지 마십시오.

**마태 19,21**
예수님께서 그에게 이르셨다. "네가 완전한 사람이 되려거든, 가서 너의 재산을 팔아 가난한 이들에게 주어라. 그러면 네가 하늘에서 보물을 차지하게 될 것이다. 그리고 와서 나를 따라라."

**3 위의 말씀이 나 자신에게 주는 의미를 잘 깨닫고 깊이 묵상한다.**

**4 성녀 파우스티나 수녀의 일기 중 예수님 말씀**
"나는 네가 자신을 완벽하고 온전한 번제燔祭의 희생 제물로 의지를 갖고 봉헌하기를 원한다. 다른 그 어떤 희생도 이러한 봉헌과는 비교할 수 없다. 내가 직접 네 생활을 지휘하고, 네가 나를 위하여 계속적인 희생을 행할 수 있도록, 그리고 네가 항상 내 뜻을 행하도록 모든 것을 안배하겠다. 이 봉헌을 완성하기 위해서 너는 너 자신을 십자가에 못 박힌 나와 일치시켜야 한다. 나는 네가 무엇을 할 수 있는지 알고 있다. 내가 친히 너에게 여러 가지 명령을 내릴 것이다. 그러나 또한 나는 그 일의 수행을 지체시키고, 다른 사람들에게 의존하도록 할 것이다. 그러나 장상들이 할 수 없는 것들은 내가 직접 네 영혼 안에서 완수하게 될 것이다. 그리고 네 영혼 안에 가장 깊이 감추어진 곳에서, 가장 완벽한 번제의 제사가 봉헌될 것이다. 이 완벽한 번제의 제사는 단지 일시적으로 바쳐지는 것이 아니다. 내 딸아, 네가 알아야 할 것은 이 완벽한 번제의 제사는 네가 죽을 때까지 계속될 것이라는 것이다. 그러나 아직 시간이 있다. 그러므로 주님인 내가 너의 모든 소원을 다 채워 줄 것이다. 나는 살아있는 제병 속에 현존하듯이 네 안에서 즐거워한다. 아무것도 두려워하지 마라. 내가 너와 함께 있다." (923)

**5 성녀 파우스티나 수녀의 일기 중 묵상과 영적 대화**

지금 이 순간에 저의 마음속에 모시고 있는 성체의 예수님, 저는 주님과의 이 결합을 통해서 저 자신을 희생의 성체로 하늘에 계신 아버지께 봉헌하여 드립니다. 저 자신을 가장 자비로우시고 거룩하신 하느님의 뜻에 온전히 맡겨 드리면서 자신을 봉헌합니다. 주님, 오늘부터는 주님의 뜻이 저의 음식입니다. 저의 모든 존재를 받아주시고, 주님 좋으실 대로 저를 처분하십시오. 아버지이신 주님의 손이 제게 주시는 것이라면 무엇이든지 안심하고, 기쁘게 순종하며 받아들이겠습니다. 주님께서 저를 어떤 방향으로 이끄시든지 저는 아무것도 두려워하지 않습니다. 저는 주님 은총의 도움으로 주님께서 제게 요구하시는 것을 무엇이나 다 해낼 것입니다. 저는 이제 주님께서 주시는 영감을 더는 두려워하지도 않고, 그 영감이 저를 어디로 인도하는지를 알기 위해 애쓰지도 않을 것입니다. 오, 하느님, 주님께서 원하시는 길로 저를 이끌어 주십시오. 제게는 사랑과 자비 자체이신 주님의 뜻에 저 자신을 완전히 의탁합니다.

저에게 이 수도회에 머물라고 명령하십시오. 그러면

머물겠습니다. 저에게 이 일을 수행하라고 명령하십시오. 그러면 이 일을 수행하겠습니다. 제가 죽을 때까지 이 일을 불확실하게 남겨 두려고 하신다면 그렇게 하십시오. 그래도 주님은 찬미를 받으소서. 인간들에게 있어 제가 특별히 필요하다고 생각될 때 저를 죽게 하셔도, 그래도 주님은 찬미를 받으소서. 주님께서 아직은 젊은 저를 데려가시더라도, 주님은 찬미받으소서. 주님께서 제가 아주 늙을 때까지 살게 해 주시더라도, 주님은 찬미받으소서. 주님께서 제게 건강과 힘을 주시더라도, 주님은 찬미받으소서. 주님께서 제가 평생 동안 고통스럽게 침대에 갇혀서 살게 하신다고 해도, 주님은 찬미받으소서. 주님께서 제게 일생 동안 실패와 좌절만을 주신다고 해도, 주님은 찬미받으소서. 주님께서 저의 가장 순수한 지향이 단죄를 받게 하신다고 해도, 주님은 찬미받으소서. 주님께서 저의 정신을 밝혀 주신다고 해도, 주님은 찬미받으소서. 주님께서 저를 어둠과 온갖 종류의 고뇌 속에 버려두신다고 해도, 주님은 찬미받으소서.

이 순간부터 나는 가장 깊은 평화 속에 산다. 왜냐하면 주님께서 친히 당신 손안에 나를 들고 다니시기 때문이다. 측량할 수 없이 자비로우신 주님이신 그분께서는 내가 모든 것 안에서, 그리고 언제나 어디에서나 당신만을 갈망한다는 것을 아신다. (1264)

오, 마리아님, 저의 어머니, 그리고 저의 주인님, 제 영혼, 저의 몸, 저의 생명, 저의 죽음 그리고 그에 딸린 모든 것을 어머니께 봉헌합니다. 저는 이 모든 것을 어머니 손에 놓아 드립니다. 오, 저의 어머니, 저의 영혼을 어머니의 순결한 옷자락으로 덮어 주십시오. 그리고 저에게 정결한 마음과 영혼과 몸의 은총을 내려 주십시오. 어머니의 권능으로 저를 모든 원수들한테서 보호해 주십시오. 그리고 특별히 자신들의 악함을 덕이라는 가면 뒤에 숨긴 이들에게서 저를 보호해 주십시오. 오, 사랑스런 백합이시여, 어머니께서는 저의 거울이십니다. 오, 저의 어머니! (79)

## 6 성모님과 곱비 신부님의 내적 담화

너희에게 봉헌을 요구하는 까닭이 무엇이겠느냐? (287,7) 어떤 물건이 봉헌되(어 축성을 받으)면 오직 성스러운 용도로만 쓰일 뿐 그렇지 않은 사용은 금지된다. 그것이 하느님을 예배하는 데(만) 쓰이도록 정해진 물건(의 특성)이다. (287,8) 사람도 완전한 예배를 드리도록 하느님의 부르심을 받는 경우, 이와 같다고 볼 수 있다. 그러나 너희의 진정한 봉헌 행위는 참으로 '세례'(를 방불케 하는) 행위임을 알아 두어라. (287,9) 봉헌 행위의 특징은 그것의 전체성이다. 너희가 일단 자기를 봉헌하고 나면, 그것은 전적이고 영구적인 봉헌이 되는 것이다. (287,12) 너희더러 티 없는 내 성심에 봉헌하라고 요구하는 것 (역시) 내가 너희를 하느님의 뜻대로 쓸 수 있도록 너희 자신을 온전히, 즉 전적이고 항구적인 봉헌으로 내게 맡겨야 한다는 점을 너희가 알아듣게 하기 위함이다. (287,13) 내게 모든 것을 봉헌하면서 너희 자신을 완전히 맡겨야 한다는 말이니, 어떤 것은 내게 주고 다른 것은 자기에게 남겨 두는 식이어서는 안 된다. 너희는 참으로 온전히 내 것이 되어야 한다. (287,14) 더욱이 어떤 날은 "예" 하고 다른 날은 "아니오" 한다든가 너희 마음대로 일정 기간 동안만 하는 봉헌이어서도 안 된다. 반드시 영구적인 것이어야 한다. (287,15)

나는 너희에게서 작은 이들의 양순한 의지를 원한다. 이것은 부드러운 진흙처럼 신뢰와 자아 포기로 자신을 내맡김으로써 (옹기장이의 뜻대로) 빚어질 각오가 되어 있는 의지이다. 선과 진리에 의해 조형造形됨으로써 착하고 아름다운 것을 향한 경향이 굳건해지는 의지이다. (258,14) 그래야 내가 내 조그만 '아기' 예수님처럼 너희를 안고 주님의 성전으로 들어갈 수 있고, 거기에서 너희를 봉헌할 수 있게 된다. 주님께서 세상에 두루 퍼져 있는 내 모든 자녀들을 구원하시고자 너희에게 세워 두신, 사랑과 자비의 계획을 성취하기 위해서이다. (258,16)

**7 자비의 5단 기도**

**8 묵주 기도** (빛의 신비)

**9 마침 기도**
사도들의 모후께 드리는 기도문

# 3장

# 자비와 회복의 어머니이신 성모님

하느님께서 인류의 구원을 위해 '자비의 길'을 열어 주셨으며 그 '자비의 길'로 원죄 없이 잉태되신 동정녀 마리아를 선택하셨습니다. 하느님께서는 삼위일체시며 우주 만물을 창조하신 창조주이심에도 불구하고 피조물인 인간의 자유 의지를 존중하시어 마리아의 피앗fiat이라는 협력을 요청하셨으며 마리아의 모태에 신성을 취하신 채 사람이 되셨습니다.

성모님은 완전한 맡김과 완전한 봉헌의 '예'로 자비 자체이신 예수님을 모태에 잉태하게 됨으로써 하느님의 자비와 은총이 가득한 하느님의 어머니가 되셨습니다. 따라서 우리가 구원자이신 성자께로 갈 수 있는 자비의 길은 우리를 위해 끊임없이 전구해 주시는 성모님의 중재가 필요하며 이것은 곧 '하느님의 뜻'입니다.

우리와 똑같은 인간으로써 예수님을 낳으셨고 예수님과의 일치 안에 머무신 성모님은 피조물 중에 가장 예수님을 닮은 존재로 하느님 뜻에 온전히 순종하며 사셨습니다. 성모님께서는 우리보다 먼저 자비와 회복의 여정을 몸소 걸으셨으며 우리와 함께 이 자비와 회복의 여정에 함께하고 계십니다. 우리가 진정으로 회복되어 하느님의 사도로 거듭 태어나기를 끊임없이 전구하고 계십니다. 만약 우리가 성모님의 표양과 모범을 따라 산다면 우리 또한 성모님을 닮은 사도가 되어 성모님과 함께 참된 사도의 삶을 살아갈 수 있을 것입니다.

자비와 회복의 여정을 체험한 후 진정한 사도의 삶을 살기 위한 다음 단계는 '자비와 회복의 어머니이신 성모님'의 여정입니다. "이 분이 네 어머니이시다."(요한 19,27)라고 예수님께서 건네주신 성모님과 사도들이 교회 공동체가 탄생된 날, 오순절 다락방에서 함께 모여 기도하며 성모님의 전구로 사도들의 삶이 완전히 변화되었던 것처럼 우리도 사도들처럼 변화되기 위해 오순절 다락방의 성모님과 함께 일치하여야 합니다.

제2차 바티칸 공의회의 수호성인으로 추대되셨으며 천주교 사도직 연합회를 창립하신 빈센트 팔로티 성인께서도 기도 중 '영감'에 의해 그리게 하셨던 성화, '사도들의 모후이신 오순절 다락방의 성모님'과 함께 성령을 청해야 한다고 하시며 "만약에 새로 태어나고 싶으면, 먼저 잉태되어야 합니다. 우리가 누군가에게 나를 따라오라고 하고 싶을 때, 내 안에 불이 없다면 그것은 불가능합니다. 예수님의 어머니이시며 충실하게 사도직을 이행하신 성모님의 힘을 보고 초대 교회는 성모님을 '사도들의 모후'라고 불렀습니다. 우리는 성모님의 성심과 일치되어야 합니다. 나는 그 성심을 통하여 고귀한 아들 예수님께 나아갈 것입니다. 또한 성모님의 성심에 온전히 일치하여 잠길 때 성모님은 예수님으로부터의 은총을 나에게 주실 것이며 나의 영혼은 예수님과 일치하게 됩니다." 라고 말씀하셨습니다.

이렇듯 2000년 전에 성령이 임하셨던 오순절 다락방에 함께하셨던 사도들의 모후이신 성모님 안에 우리가 함께 일치할 때 하느님께서는 우리에게 이미 부어 주셨던 성령을 다시금 되살려 주시고 하느님의 은총이 우리를 변화시켜 사도로써 새롭게 거듭 태어나게 하실 것입니다.

지금부터 우리가 함께 걸어가야 할 자비와 회복의 어머니이신 성모님의 여정은 일생을 예수님과 일치 안에 계셨던 성모님과 함께, 묵주 기도의 신비 안에서 예수 그리스도의 탄생, 복음 선포, 수난, 부활, 승천, 성령 강림에 이르는 예수님 전 생애의 길을 걸어가는 여정입니다.

교황 레오 13세는 회칙 「최고의 사도직」을 통해 묵주 기도가 사회악을 물리치는 효과적인 영적 무기라고 소개하면서 그 중요성을 강조하셨고, 프란치스코 교황님께서는 성 베드로 광장에 모인 신자들에게 주일 삼종기도 후 영적 치료제인 묵주 알약을 처방하신다고 하시며 작은 약상자를 보여 주셨습니다. 그 상자 안에는 묵주와 자비의 예수님 상본, 자비의 예수님께 바치는 자비 5단 기도 안내서가 들어 있었습니다. 그리고 교황님은 묵주 알약을 매일 복용하는 것을 잊지 말 것이며 고해성사를 보면 약효가 배가 된다고 하시며 묵주 기도는 마음과 영혼, 우리의 전 생애에 도움이 된다고 말씀하셨습니다.

성모님께서는 우리를 위해 늘 전구해 주시는 우리 죄인의 피난처이며 위로자이시고 은총의 중재자이십니다. 성모님께서 베풀어 주시는 사랑과 중재 기도를 통해 많은 죄인들이 회개하여 하느님 자비의 품 안으로 되돌아갔으며 항상 죄 앞에 쉽게 넘어지는 우리의 나약함은 성모님의 도움을 끊임없이 필요로 합니다.

성모님과 함께 드리는 묵주 기도의 성모송은 죄인들을 위해 하느님께 자비를 간구하는 자비의 5단 기도와도 일맥상통하며, 환희의 신비 1단에서 영광의 신비 1단까지는 자비의 여정을, 영광의 신비 2단에서 영광의 신비 5단까지는 회복의 여정을 묵상할 수 있습니다.

우리는 이 여정을 통하여 앞서 경험했던 자비와 회복의 과정을 다시 한 번 더 마음 깊이 되새기며 자비와 회복의 어머니이신 성모님과 함께, 성모님을 통하여 진정한 사도의 삶으로 변화되어 이 자비의 시대에 진정한 자비의 사도로 많은 이들에게 빛이 되고 그리스도의 복음을 전할 수 있도록 해야겠습니다.

## 31 자비의 어머니 | 환희의 신비 1단

**마리아께서 예수님을 잉태하심을 묵상합시다.**

하느님께서 인류의 구원을 위해 당신 자비의 원천인 성자를 우리에게 보내 주셨고 성모님께서는 자비의 육화를 피앗으로 받아들여 하느님의 뜻에 온전히 응답하셨습니다. 피앗은 진정으로 하느님께 의탁하는 겸손한 마음에서 비롯됩니다. 하느님께서는 의탁하는 영혼 안에서 이루 말할 수 없는 은총으로 당신의 뜻을 이루어 내십니다. 이처럼 하느님과 죄인들 사이에 자비와 회복으로 '화해의 길'을 열어 주신 성모님의 피앗에 우리는 진심으로 감사드려야 합니다. 하느님의 뜻을 온 마음으로 받아들이신 성모님의 피앗의 삶을 우리도 기꺼이 살도록 합시다.

**+성부와 성자와 성령의 이름으로 아멘.**
**1 시작 기도** | 성령송가

2 독서

**루카** 1,35-38

천사가 마리아에게 대답하였다. "성령께서 너에게 내려오시고 지극히 높으신 분의 힘이 너를 덮을 것이다. 그러므로 태어날 아기는 거룩하신 분, 하느님의 아드님이라고 불릴 것이다. 네 친척 엘리사벳을 보아라. 그 늙은 나이에도 아들을 잉태하였다. 아이를 못 낳는 여자라고 불리던 그가 임신한 지 여섯 달이 되었다. 하느님께는 불가능한 일이 없다." 마리아가 말하였다. "보십시오, 저는 주님의 종입니다. 말씀하신 대로 저에게 이루어지기를 바랍니다." 그러자 천사는 마리아에게서 떠나갔다.

3 위의 말씀이 나 자신에게 주는 의미를 잘 깨닫고 깊이 묵상한다.

4 성녀 파우스티나 수녀의 일기 중 예수님 말씀

"'오, 저의 하느님, 주님의 뜻이 저에게 이루어지게 해 주십시오.'라고 말하면서, 너 자신을 전적으로 나의 뜻에 맡기면 많은 것을 얻을 것이다." 한 사람의 마음속 깊은 곳에서부터 우러나온 이런 말은 그 영혼을 아주 짧은 시간 내에 성덕의 경지에 이르게 할 것이다. (1487)

**5 성녀 파우스티나 수녀의 일기 중 묵상과 영적 대화**

주님은 자신을 위해 직접 성전을 마련하셨으니, 그것은 복되신 동정녀입니다. 그분의 티 없으신 태중은 주님이 거처하시는 장소입니다. 오, 주님, 상상을 초월하는 주님 자비의 기적이 일어납니다. 말씀이 사람이 되십니다. 하느님이, 하느님의 말씀이, 강생하신 자비가 우리와 함께 하십니다. 주님은 자신을 낮춤으로써 저희를 주님의 신성神性으로 들어 올려 주셨습니다. 이것은 풍성한 주님의 사랑이요, 주님 자비의 심연입니다. 주님 사랑의 풍성함에는 하늘도 놀라서 경탄하며, 이제 아무도 주님께 다가가기를 두려워하지 않습니다. 주님은 자비의 하느님이시며, 주님은 불쌍한 이들을 어여삐 여기십니다. 주님은 저희의 하느님이시고, 저희는 주님의 백성입니다. 주님은 저희의 아버지이시고, 은총으로 인해 저희는 주님의 아이들입니다. 주님께서 저희에게 내려오셨으니, 주님의 자비를 찬미합니다. (1745)

하느님의 뜻에 대한 깨달음이 나에게 왔다. 곧, 나는 모든 것을 더 높은 견지에서 보고, 좋거나 싫거나 모든 사건들과 사물들을 하늘에 계신 아버지의 특별한 애정의 표지라고 생각하고, 사랑으로 받아들인다. (956)

내 의지의 순결한 봉헌이 사랑의 제단 위에서 불타오를 것이다. 나의 희생이 완전한 것이 되도록 하기 위해서, 나 자신을 십자가 위에서 예수님의 희생과 긴밀히 합치시킨다. 크나큰 고통 때문에 나의 본성이 무서워 떨 때에는, 그리고 나의 육체적·영적 기력이 떨어질 때에는 나는 아무런 불평도 없이, 비둘기처럼 말없이, 나 자신을 예수님의 벌어진 상처 속으로 깊이 감출 것이다. 나의 소원이나 뜻이 아무리 거룩하고, 고상하고, 아름답다 하더라도 내 지향은 항상 마지막 자리에 두고, 언제나 하느님의 뜻을 첫째 자리에 두겠다. 오, 주님, 주님의 가장 사소한 소원이라도 제게는 그것이 하늘과 하늘의 온갖 보화보다도 더 귀중합니다. 저는 사람들이 저를 이해하지 못한다는 것을 잘 압니다. 그렇기 때문에 저의 희생은 주님의 눈에 더욱 순결한 것이 될 것입니다. (957)

## 6 성모님과 곱비 신부님의 내적 담화

성부의 뜻에 대한 (나의) 이 "예!"는 오랜 침묵 속에서 준비되어 온 열매로서 내 영혼 안에서 꽃피었던 것이다. (173,4) 어릴 때부터 나는 흠 없는 동정의 몸으로 숨어 기도하며, 주님을 섬기는 종으로서 나 자신을 완전히 그분께 봉헌했다. (173,5) 너희 역시 이 천상 엄마의 티 없는 성심에서 들리는 음성을 통해, 주님께서 오늘날 너희에게 청하시는 모든 것에 대해서, 언제나 "예"라고 말씀드리는 법을 배워야 한다. 더 이상은 결코 의심하지 말아라. 다른 곳에서 찾지 말아라. (다른 곳에서) 확인이나 격려를 찾으려고 고심하지 말라는 말이다. (173,10) 너희도 이 천상 엄마가 걸었던 길을 걸어가야 한다. 즉 하느님과 일치하는 길, 모든 피조물에서 이탈하는 길, 그리고 주님을 온전히 섬기는 길이다. 나는 예수께서 너희에게 청하시는 것이 무엇이든지 언제나 "예"라고 응답할 수 있도록 너희를 이끌어가고 있다. 내가 각별히 아끼는 이들 가운데도 예수께 (참으로) "예"라고 말씀드릴 줄 아는 이는 극히 드물다! (173,13) 내가 너희에게 가리켜 보이며 인도해 주는 길을, 순종과 자녀다운 맡김으로 나와 함께 걸어라. 나는 '하느님의 말씀'을 귀여겨듣도록 너희를 기른다. 너희가 말씀을 기꺼이 받아들이고 깨닫고 사랑하고 간직하며, (그대로) 실천할 수 있게 하려는 것이다. (173,14) 정화기인 이때, ('하느님의 말씀'이 아닌) 다른 말을 들으며 올바른 길에서 벗어나는 이들이 허다하다. 사실 내 원수가 날조된 초자연 현상들로 착한 사람들까지 유혹하며, 어디서나 거짓과 혼란을 일으키기에 이르렀다. 그는 (앞으로도) 숱한 기적을 행하여 착한 이들의 영혼을 속여 넘길 것이다. (173,15) 너희로서는 티 없는 내 성심의 피난처에 머물면서, 여기서 교회가 간직하고 해석하고 선포하는 '하느님의 말씀'에 귀를 기울이라. 과거 어느 때보다 오늘날, 교황이 너희를 광명과 진리의 길로 인도할 수 있는 빛을 지니고 있다. (173,16)

**7 자비의 5단 기도**

**8 묵주 기도** (환희의 신비)

**9 마침 기도**

사도들의 모후께 드리는 기도문

## 32 자비의 어머니 | 환희의 신비 2단

**마리아께서 엘리사벳을 찾아보심을 묵상합시다.**

성모님께서 태중의 예수님과 함께한 엘리사벳과의 만남 안에서 엘리사벳과 그녀 태 안의 아기는 성령으로 가득 차는 은총을 성모님을 통하여 받게 되어 하느님의 자비 안에 머무르게 됩니다. 성모님께서는 우리보다 앞서 피앗으로 의탁의 모범을 보여 주셨고 또 엘리사벳을 찾아보심을 통해 하느님의 자비를 전하는 표양을 드러내신 자비의 어머니이십니다. 지금도 우리가 걸어가는 이 자비의 여정에 함께하시는 성모님과 함께 하느님 섭리에 순응하는 삶을 살아가도록 노력해야 할 것입니다.

✝성부와 성자와 성령의 이름으로 아멘.

**1 시작 기도** | 성령송가

**2 독서**

**루카** 1,39-45

그 무렵에 마리아는 길을 떠나, 서둘러 유다 산악 지방에 있는 한 고을로 갔다. 그리고 즈카르야의 집에 들어가 엘리사벳에게 인사하였다. 엘리사벳이 마리아의 인사말을 들을 때 그의 태 안에서 아기가 뛰놀았다. 엘리사벳은 성령으로 가득 차 큰 소리로 외쳤다. "당신은 여인들 가운데에서 가장 복되시며 당신 태중의 아기도 복되십니다. 내 주님의 어머니께서 저에게 오시다니 어찌 된 일입니까? 보십시오, 당신의 인사말 소리가 제 귀에 들리자 저의 태 안에서 아기가 즐거워 뛰놀았습니다. 행복하십니다, 주님께서 하신 말씀이 이루어지리라고 믿으신 분!"

**3 위의 말씀이 나 자신에게 주는 의미를 잘 깨닫고 깊이 묵상한다.**

**4 성녀 파우스티나 수녀의 일기 중 예수님 말씀**

"내 딸아, 이번 묵상에서는 이웃의 사랑에 대해 생각해 보아라. 이웃에 대한 너의 사랑은 내 사랑의 인도를 받는 것이냐? 너는 원수를 위해서 기도하고 있느냐? 너는 어떤 방법으로 너에게 고통을 준 사람이나 너를 모욕한 사람이 잘 되도록 기도하느냐?"

"네가 어떤 영혼에게든지 무엇이든 선한 일을 하면, 나는 그것을 마치 네가 나에게 해 준 것처럼 받아들인다는 것을 알아 두어라." (1768)

**5 성녀 파우스티나 수녀의 일기 중 묵상과 영적 대화**

오, 저의 사랑 예수님, 저는 불과 얼마 전에야 비로소 주님께 대한 사랑에 이웃에 대한 사랑을 결합시킬 수 있게 되었습니다. 제가 이렇게 하기 위해서 얼마나 애를 썼는지는 주님만이 아십니다. 이제는 좀더 쉽게 이웃을 사랑하게 되었지만, 만일 주님이 친히 제 영혼 안에 그 사랑을 불붙여 주시지 않으셨으면, 저는 지속적으로 사랑할 수 없었을 것입니다. 제게 매일 새로운 사랑의 불을 놓아 주시는 주님 성체성사의 사랑이 저에게 이렇게 해 주셨

습니다. (1769)

 눈과 같이 하얀 백합, 복되신 동정녀는 하느님 자비의 전능하심을 가장 먼저 찬미합니다. 동정녀의 순결한 마음은 말씀이 오시도록 사랑으로 열리고, 하느님 전령의 말을 믿고, 온전히 의탁합니다.

 하느님이 친히 사람이 되셨기에 하늘이 놀랍니다. 하느님을 모실만한 귀한 마음이 땅위에 있었기에 놀랍니다. 주님, 주님은 왜 세라핌이 아니고 죄인에게 주님을 결합시켜 주십니까? 동정녀의 태중이 순결한 것은 주님 자비의 신비 때문입니다.

 오, 하느님 자비의 신비여, 오, 연민의 하느님이시여, 주님은 하늘의 어좌를 버리시고, 인간의 미천함, 인간의 연약함으로 주님을 낮추셨습니다. 자비를 필요로 하는 것은 천사들이 아니라 인간이었기 때문입니다.

 주님의 자비를 합당히 찬미하기 위해서 우리는 주님의 티 없으신 어머니와 일치합니다. 그러면 우리의 찬미가 주님께는 더욱 기쁨이 될 것입니다. 그분은 천사들과 사람들 사이에서 선택되셨기 때문입니다.

 마치 투명한 유리를 통하듯 그분을 통해서 주님의 자

비가 우리에게 왔습니다. 그분을 통해서 인간은 하느님께 기쁨이 되고, 그분을 통해서 은총의 물결이 우리에게 흘러내립니다. (1746)

## 6 성모님과 곱비 신부님의 내적 담화

나는 너희가 언제나 더 깊이 서로 사랑하도록 도와주려고 여기에 있다. 너희 마음에 서로를 알고 싶은 열망을 일으키고, 서로 사랑하지 않을 수 없게 하며, 서로 일치하도록 불러들이는 것은 이 엄마이다. 엄마가 그렇게 너희 사이의 일치를 나날이 더욱 심화시키는 것이다. (129,3) 모든 일을 너희에게 깨우쳐 주시는 분은 성령이시다. 그러나 성령께서 너희로 하여금 이야기를 하지 않을 수 없게 이끄실 때, 그 담화에 말과 형식을 주는 것은 엄마이다. 그것은 너희 말을 듣고 있는 이들의 수용력과 영적 필요에 따라 (알맞게 표현된 말이) 그들의 영혼과 마음에 깊이 닿게 하기 위함이다. (129,5)

너희가 나의 손이 되어 다오. 그리하여 어떤 (종류의) 곤궁 속에 있는 사람이건 그들에게 풍성한 은총을 나누어 주어라. 이 시대에 나는 너희를 통해 나 자신을 드러내고자 한다. 사제인 너희 손으로 내 은총을 나누어 주고 싶다. 그러니 너희는 언제나 모든 이에게 도움과 격려의 손길을 펴야 한다. (325,3) 고통스러워하는 수많은 상처에 향유를 발라 주어라. 가난하고 버림받은 처지에 있는 이들에게는 도움을 주고, 고통받는 이들, 소외된 이들, 보잘것없는 이들, 억압받고 박해받는 이들에게는 신뢰와 희망의 길을 걷도록 도와주어라. 언제나 (도움을 주는) '천상 엄마'의 손길이 되어, 엄마의 모든 자녀에게 은총을 가득히 부어 주어라. (325,4)

**7 자비의 5단 기도**

**8 묵주 기도** (환희의 신비)

**9 마침 기도**
  사도들의 모후께 드리는 기도문

## 33 자비의 어머니 | 환희의 신비 3단

**마리아께서 예수님을 낳으심을 묵상합시다.**

'하느님의 말씀'이 나약한 인성을 취하시여 갓난아기로 오심은 길 잃은 인류의 구원을 위해 하느님께서 우리에게 주시는 '자비의 선물'입니다. 우리가 하느님의 자비를 온전히 입기 위해서는 우리의 존재가 의탁의 그릇이 되어야 하며 그것은 우리의 내면이 아기 예수님이 눕혀지는 구유가 되도록 우리 자신을 온전히 내어 드리는 것입니다. 따라서 우리를 구원하여 새 생명을 열어 주시는 하느님의 자비로우신 사랑에 침묵과 겸손, 그리고 기도로써 하느님의 뜻 안에 늘 깨어 있을 수 있도록 노력해야겠습니다.

+ 성부와 성자와 성령의 이름으로 아멘.
1 시작 기도 | 성령송가

**2 독서**

**루카** 2,8-14

그 고장에는 들에 살면서 밤에도 양 떼를 지키는 목자들이 있었다. 그런데 주님의 천사가 다가오고 주님의 영광이 그 목자들의 둘레를 비추었다. 그들은 몹시 두려워하였다. 그러자 천사가 그들에게 말하였다. "두려워하지 마라. 보라, 나는 온 백성에게 큰 기쁨이 될 소식을 너희에게 전한다. 오늘 너희를 위하여 다윗 고을에서 구원자가 태어나셨으니, 주 그리스도이시다. 너희는 포대기에 싸여 구유에 누워 있는 아기를 보게 될 터인데, 그것이 너희를 위한 표징이다." 그때에 갑자기 그 천사 곁에 수많은 하늘의 군대가 나타나 하느님을 이렇게 찬미하였다. "지극히 높은 곳에서는 하느님께 영광 땅에서는 그분 마음에 드는 사람들에게 평화!"

**3** 위의 말씀이 나 자신에게 주는 의미를 잘 깨닫고 깊이 묵상한다.

### 4 성녀 파우스티나 수녀의 일기 중 예수님 말씀

"너의 의무는 나의 선함에 완전히 의탁하는 것이고, 나의 의무는 네가 필요로 하는 것을 모두 주는 것이다. 나는 네가 의탁하는 대로 할 것이다. 만일 너의 믿음이 크면, 나의 관대함도 한이 없을 것이다." (548)

### 5 성녀 파우스티나 수녀의 일기 중 묵상과 영적 대화

하느님의 어머니께서 성탄 축일을 어떻게 준비해야 하는지 내게 가르쳐 주셨다. 오늘 그분을 뵈었는데 아기 예수 없이 혼자이셨다. 그분은 내게 말씀하셨다. "내 딸아, 너의 마음 안에서 거처하는 예수가 계속 쉴 수 있도록 너는 침묵과 겸손을 추구하여라. 네 마음속에 계신 그분을 경배하고, 내심의 가장 깊은 곳에서 밖으로 나가지 마라. 내 딸아, 나는 내적 생활의 은총을 너에게 얻어 주겠다. 그러면 너는 그 내적 생활을 떠나는 일이 전혀 없이도 너의 외적인 모든 의무들을 더욱더 잘 수행해 나갈 수 있게 될 것이다. 너 자신의 마음속에서 계속 그분과 함께 머물러라. 그분이 너의 힘이 되어 주실 것이다. 피조물들과는 너의 의무를 다하기 위해서 꼭 필요한 만큼만 소통하여라. 너는 살아 계신 하느님께서 좋아하시는 거처다. 그분은 사랑과 기쁨으로 계속 네 안에 거처하신다. 네가 더욱 생생하고 분명하게 체험하는 하느님의 살아 계신 현존이 내가 네게 말한 것들을 확실하게 증명해 주실 것이다. 성탄절 날까지 이렇게 행동하도록 노력하여라. 그러면 그때, 네가 어떻게 그분과 친교하고 너 자신을 그분에게 일치시켜야 할 것인지를 그분이 직접 너에게 일러 주실 것이다." (785)

오, 이 땅으로 내려오시는 영원한 빛이시여, 저의 정신을 밝게 비추어 주시고 저의 뜻을 강하게 해 주시어서 제가 아무리 고통스러운 때에라도 포기하지 않게 해 주십시오. 주님의 빛이 모든 의혹의 그림자를 없애 버리게 해 주십시오. 주님의 전능하심이 저를 통해 그 뜻을 행하도록 해 주십시오. 오, 창조되지 않으신 빛이시여, 저는 당신께 의탁합니다. 오, 아기 예수님, 주님은 아버지의 뜻을 완수하는 과정에서 저의 모범이 되십니다. 주님은 "보십시오. 저는 아버지의 뜻을 행하러 왔습니다."라고 말씀하셨습니다. 저 역시 모든 일에 있어서 하느님의 뜻을 충실히 행하게 해 주십시오. 오, 하느님이신 아기시여, 저에게 이러한 은총을 내려 주십시오! (830)

고통스러울 때에, 기도에서 위안을 찾아야 한다. 의혹이 있을 때에는, 아무리 작은 의심이라도, 내 고해 신부의 의견을 반드시 구할 것이며, 고해 신부의 충고만을 구할 것이다. 나는 언제나 다른 사람들의 고통을 받아들이도록 내 마음을 열어 놓아야 한다. 그리고 나의 고통은 거룩하신 하느님의 마음속에 맡겨 둔다. 그래서 가능한 한 아무도 그것을 알아보지 못하게 한다.

상황이 아무리 심한 폭풍과 같더라도, 나는 언제나 평정을 유지하도록 노력해야 한다. 내적 고요와 침묵을 방해하는 그 어떤 것도 용납해서는 안 된다. 아무것도 영혼의 평화와 비교할 수는 없다. 내가 어떤 일로 잘못 의심받더라도 나 자신을 위해서 해명하지는 않을 것이다. 내가 잘못했는지, 혹은 잘했는지를 장상이 알고 싶다면, 그는 꼭 나를 통해서가 아니라도 분명 알아낼 수 있을 것이다. 내가 할 일은 모든 것을 겸손한 내적 태도로 받아들이는 것이다.

나는 하느님의 어머니께서 일러 주신 대로 이번 대림절을 온유하고 겸손하게 지낼 것이다. (792)

나는 거룩한 미사 시간 동안에 종종 아기 예수님을 본

다. 그 아기는 참으로 말할 수 없이 아름답다. 그는 한 살 정도 되어 보인다. 한번은, 우리 경당에서 미사를 거행하는 동안에 또 이 아기 예수님을 보았다. 나는 제대로 다가가서 아기 예수님을 모시고 싶은 간절한 염원과 저항할 수 없는 열망에 사로잡혔다. 그 순간, 아기 예수님이 내 무릎 틀 옆, 내 곁에 서 있었다. 그리고 그 작은 두 손으로 내 어깨에 매달렸다. 우아하고 행복스러워 보이고, 그의 눈길은 깊고도 꿰뚫는 듯했다. 그러나 사제가 성체를 쪼개자, 그 즉시 예수님은 또 다시 제대 위에 계셨고, 사제에 의해서 쪼개어지시고 먹히셨다.

영성체 후에, 나는 내 마음 안에서 똑같은 예수님을 보았고, 그날 온종일 그분이 내 마음 안에 육체적으로 현존하시는 것을 느꼈다. (434)

## 6 성모님과 곱비 신부님의 내적 담화

너희는 나와 같이 엎드려서 갓 태어나신 '아기 예수님'을 경배하여라. 이분이 바로 '임마누엘' – 우리와 함께 계시는 하느님이시다(*마태 1,23과 병행구; 이사 7,14; 8,8.10). (585,4) 그분은 우리와 함께 계시는 하느님이시다. 예수님의 신적 '위격' 안에는 신성과 인성이 결합되어 있는 까닭이다. '육화하신 말씀' 안에 신성과 인성의 실체적 결합이 이루어진 것이다. 하느님이신 예수님께서는 시공을 뛰어넘으신다. 불변적이며 초월적이시다. (585,5) 그러나 사람이신 예수님은 시간 안으로 들어와 공간적 제약을 받고, 인성의 온갖 연약함의 지배를 받으신다. (585,6) 그분은 우리와 함께 계시는 하느님이시다. 우리를 구원하시려고 사람이 되신 까닭이다. 이 거룩한 밤, '구세주'시며 '구원자' 이신 그분께서 모든 사람을 위해 탄생하신 것이다. 이 '아기 하느님'의 연약함은 모든 인간적 나약에 대한 치유제이고, 그분의 울음소리는 모든 고통에 대한 진정제이며, 그분의 가난은 모든 비참에 대한 부요함이고, 그분의 고통은 고통받는 모든 이들의 위안이며, 그분의 온유함은 모든 죄인들의 희망이고, 그분의 착하심은 길 잃은 모든 이들의 구원이니 말이다. (585,7) 성부께서는 이 세상을 극진히 사랑하시어 당신 외아들을 주기까지 하셨으니 (*요한 3,16), 이는 세상을 구원하게 하시려는 것이었다. 성령께서는 내 동정 모태를 비옥하게 하셨으니, 내게서 탄생하신 성자가 바로 성령의 사랑의 역사를 통한 고귀한 열매이기 때문이다. 너희 천상 엄마는 어머니가 되는 것에 동의했으니, 바로 이 거룩한 밤의 신적 기적이 이루어질 수 있게 하려는 것이었다. (585,11) 사랑하는 아들들아, 나와 함께 허리 숙여 갓 태어나신 내 '아들'께 입맞춤을 드려라. 그리고 사랑하고 경배하며 그분께 감사를 드려라. 이 연약한 '아기'가 바로 '사람이 되신 하느님'이시며, '임마누엘', 곧 우리와 함께 계시는 하느님이시니 말이다. (585,12)

**7 자비의 5단 기도**

**8 묵주 기도** (환희의 신비)

**9 마침 기도**
  사도들의 모후께 드리는 기도문

## 34 자비의 어머니 | 환희의 신비 4단

**마리아께서 예수님을 성전에 바치심을 묵상합시다.**

하느님의 뜻을 완성하기 위해 희생 제물로 봉헌되실 아기 예수님을 안고 성전으로 가셨던 성모님의 고통을 우리도 함께 나누어야 할 것입니다. 성모님께서는 일생을 고통 중에 사셨고 오직 하느님의 뜻만을 이루시며 사셨습니다. 성모님은 우리의 위로자이시며 절망을 희망으로 이끌어 주시는 은총이 가득하신 자비의 어머니이십니다. 부족하고 나약한 우리 삶의 모든 것을 성모님께 내어 맡겨 드리고 아기 예수님처럼 성모님 품에 안겨 하느님께 온전히 봉헌될 수 있도록 간구해야 할 것입니다.

✚ 성부와 성자와 성령의 이름으로 아멘.
**1 시작 기도** | 성령송가

**2 독서**

**루카 2,22-35**

모세의 율법에 따라 정결례를 거행할 날이 되자, 그들은 아기를 예루살렘으로 데리고 올라가 주님께 바쳤다. 주님의 율법에 "태를 열고 나온 사내아이는 모두 주님께 봉헌해야 한다."고 기록된 대로 한 것이다. 그들은 또한 주님의 율법에서 "산비둘기 한 쌍이나 어린 집비둘기 두 마리를" 바치라고 명령한 대로 제물을 바쳤다. 그런데 예루살렘에 시메온 이라는 사람이 있었다. 이 사람은 의롭고 독실하며 이스라엘이 위로받을 때를 기다리는 이였는데, 성령께서 그 위에 머물러 계셨다. 성령께서는 그에게 주님의 그리스도를 뵙기 전에는 죽지 않으리라고 알려 주셨다. 그가 성령에 이끌려 성전으로 들어갔다. 그리고 아기에 관한 율법의 관례를 준수하려고 부모가 아기 예수님을 데리고 들어오자, 그는 아기를 두 팔에 받아 안고 이렇게 하느님을 찬미하였다. "주님, 이제야 말씀하신 대로 당신 종을 평화로이 떠나게 해 주셨습니다. 제 눈이 당신의 구원을 본 것입니다. 이는 당신께서 모든 민족들 앞에서 마련하신 것으로 다른 민족들에게는 계시의 빛이며 당신 백성 이스라엘에게는 영광입니다." 아기의 아버지와 어머니는 아기를 두고 하는 이 말에 놀라워하였다. 시메온은 그들을 축복하고 나서 아기 어머니 마리아에게 말하였다. "보십시오, 이 아기는 이스라엘에서 많은 사람을 쓰러지게도 하고 일어나게도 하며, 또 반대를 받는 표징이 되도록 정해졌습니다. 그리하여 당신의 영혼이 칼에 꿰찔리는 가운데, 많은 사람의 마음속 생각이 드러날 것입니다."

**3** 위의 말씀이 나 자신에게 주는 의미를 잘 깨닫고 깊이 묵상한다.

**4 성녀 파우스티나 수녀의 일기 중 예수님 말씀**

"나는 너의 창조주이며 주이다. 너에게 겸손과 단순함을 가르쳐 주기 위해서, 나는 계속 어린아이로서 너를 동반할 것이다."(184)

"내 고난의 작은 한 부분을 네게 주겠다. 그러나 두려워하지 말고 용기를 가져라. 피하려 하지 말고, 내 뜻에 대한 순종으로 모든 것을 받아들여라."(1053)

## 5 파우스티나 일기 중 성녀의 묵상과 영적 대화

오, 마리아님, 오늘 아주 무섭도록 예리한 칼날이 어머니의 거룩한 영혼을 찔렀습니다. 하느님 이외에는 아무도 어머니의 고통을 알지 못합니다. 어머니의 영혼은 꺾이지 않으며, 예수님과 함께 있기 때문에 용감합니다. 다정하신 어머니, 저의 영혼을 예수님께 일치시켜 주십시오. 그래야만 제 영혼이 모든 시련과 시험을 견디어 낼 수 있기 때문입니다. 예수님과의 일치 안에서만 저의 작은 희생이 하느님을 기쁘게 해 드릴 수 있기 때문입니다. 지극히 다정하신 어머니, 계속해서 제게 내적 생활에 대해서 가르쳐 주십시오. 고통의 칼날이 절대로 저를 꺾지 못하게 해 주십시오. 오, 순결하신 동정녀시여, 제 마음속에 용기를 불어넣어 주시고, 제 마음을 굳건히 지켜 주십시오. (915)

저녁 기도를 하고 있을 때, 나는 성모님의 목소리를 들었다. "내 딸아, 나는 하느님의 어머니라는 높은 지위에 올려졌지만 일곱 개의 칼날의 고통이 내 가슴을 찔렀었다는 것을 너는 알아야한다. 너 자신을 방어하기 위해 어떠한 행동도 하지 마라. 모든 것을 그저 묵묵하고 겸손하게 견디어라. 하느님 친히 너를 지켜 주실 것이다." (786)

만일 무엇이 더 좋은지를 모른다면, 성찰하고, 숙고하고 조언을 구해야 한다. 불확실한 양심으로 행동해서는 안 되기 때문이다. 불확실할 때는 너 자신에게 이렇게 말하라. "내가 하는 일은 좋은 일일 것이다. 나는 선을 행하려는 지향을 가지고 있다." 주 하느님께서는 우리가 선하다고 생각하는 것을 받아 주실 것이다. 그리고 주 하느님께서도 그것을 좋은 것으로 받아들이시고, 좋게 생각하실 것이다. 그러나 만일, 얼마간의 시간이 지난 다음에, 그것이 좋은 것이 아니라는 것을 깨닫게 되어도 걱정하지 말아야 한다. 하느님께서는 우리가 그 일을 시작한 지향을 보시고, 그에 대한 응분의 보상을 해 주실 것이다. 그것이 우리가 지켜야 할 원칙이다. (800)

언제나 그리고 어디에서나, 삶의 모든 사건들 안에서, 그리고 모든 상황 안에서, 하느님의 뜻에 성실하게 복종하면, 그것이 하느님께 큰 영광을 드리는 것이다. 하느님의 뜻에 그런 식으로 복종하는 것은 오랫동안의 금식이나 고행, 또는 지독히 엄격한 속죄행위보다 하느님 앞에선 더 무게가 있는 것이다. 오, 한 번 하느님의 뜻에 사랑으로 순종하는 것으로 얼마나 큰 상을 받게 되는지! (724)

## 6 성모님과 곱비 신부님의 내적 담화

예루살렘 성전에 아기 예수님을 봉헌하는 순간의 나를 묵상하여라. 태어나신 지 사십 일밖에 되지 않으신 아기는 매우 작고 섬세하고 연약하시다. (588,1)

너희의 작음을 재야 하는 척도는 태어나신 지 사십 일이 되자 엄마 품에 안겨 성전으로 가신 예수님의 작으심이다. (그때) '아기'는 내 눈을 뚫어지게 바라보셨고, 그래서 평온함을 느끼셨다. (146,2) 사랑하는 아들들아, 너희 역시 내가 안고 다닐 수 있게 자신을 맡겨 주어야 한다. 그러면 너희가 나의 완전한 기쁨이 될 뿐더러, 너희로서도 그렇게 할 때만 평온함을 느낄 수 있어진다. (146,3) 너희 역시 내 눈을 뚫어지게 바라보아야 한다. 하느님께서 너희 엄마를 통해 너희에게 주시는 이 빛을 보아야 한다. (146,5) 철저한 포기(의 정신으로)로, (오로지) 내가 안고 가는 대로 너희 자신을 맡겨 다오. 주변을 둘러보지도 말고, (다른) 피난처나 보호자를 찾지도 말아라. 티 없는 내 성심 안에서라야 너희 한 사람 한 사람에 대해 모든 일이 이루어질 것이다. (146,12)

'엄마'로서의 내 사랑은 과연 크나크다! 모든 사람을 한 사람 한 사람 각각으로 다 싸안아 주고, 각자의 길을 함께 걷고, 너희의 어려움들에 동참하고, 너희의 고통을 함께 나누고, 너희에게 필요한 것이라면 무엇이든지 도와주고, 위험에 처해 있으면 구해 주고, 결정적인 순간이 오면 함께 깨어 있는 사랑, 그 누구도 저버리거나 잊어버리는 일이 절대로 없는 사랑이니 말이다. (285,6) 나는 영혼이 (칼에) 꿰뚫린 너희 '어머니'이다. 너희의 상처를 아물게 해 주려고 곁에 있는 어머니이다. (285,13) 실망하지 말아라. 기도하여라. 참회하여라. 작고 온유한 사람이 되어라. 내가 길러 줄 수 있게 너희 자신을 내게 맡기고 내 성심에 안겨 폭풍속의 격랑激浪을 헤쳐 나가거라. 용기를 내어라! (285,15)

## 7 자비의 5단 기도

## 8 묵주 기도 (환희의 신비)

## 9 마침 기도

사도들의 모후께 드리는 기도문

## 35 자비의 어머니 | 환희의 신비 5단

**마리아께서 잃으셨던 예수님을 성전에서
찾으심을 묵상합시다.**

"왜 저를 찾으셨습니까? 저는 제 아버지의 집에 있어야 하는 줄을 모르셨습니까?"라고 대답하신 예수님의 말씀처럼 우리는 진정으로 하느님의 뜻 안에 머물고 있는지요? 성모님께서는 하느님의 뜻을 저버리고 하느님이 존재하지 않는 영적인 어둠 속에 빠져 길을 잃고 헤매는 당신의 자녀들이 하느님 아버지의 집으로 돌아오기를 눈물로 애타게 기다리고 계십니다. 우리의 어렵고 고통스러운 상황들, 우리의 고집과 집착을 성모님께 내어 드리고 그 빈자리에 예수님의 생명이 자라나 마침내 우리 마음이 바로 하느님 아버지의 집이 될 수 있도록 간절히 기도 드려야 하겠습니다.

✛성부와 성자와 성령의 이름으로 아멘.

**1 시작 기도** | 성령송가

**2 독서**

**루카** 2,41-51

예수님의 부모는 해마다 파스카 축제 때면 예루살렘으로 가곤 하였다. 예수님이 열두 살 되던 해에도 이 축제 관습에 따라 그리로 올라갔다. 그런데 축제 기간이 끝나고 돌아갈 때에 소년 예수님은 예루살렘에 그대로 남았다. 그의 부모는 그것도 모르고, 일행 가운데에 있으려니 여기며 하룻길을 갔다. 그런 다음에야 친척들과 친지들 사이에서 찾아보았지만, 찾아내지 못하였다. 그래서 예루살렘으로 돌아가 그를 찾아다녔다. 사흘 뒤에야 성전에서 그를 찾아냈는데, 그는 율법 교사들 가운데에 앉아 그들의 말을 듣기도 하고 그들에게 묻기도 하고 있었다. 그의 말을 듣는 이들은 모두 그의 슬기로운 답변에 경탄하였다. 예수님의 부모는 그를 보고 무척 놀랐다. 예수님의 어머니가 "애야, 우리에게 왜 이렇게 하였느냐? 네 아버지와 내가 너를 애타게 찾았단다." 하자, 그가 부모에게 말하였다. "왜 저를 찾으셨습니까? 저는 제 아버지의 집에 있어야 하는 줄을 모르셨습니까?" 그러나 그들은 예수님이 한 말을 알아듣지 못하였다. 예수님은 부모와 함께 나자렛으로 내려가, 그들에게 순종하며 지냈다. 그의 어머니는 이 모든 일을 마음속에 간직하였다.

**3 위의 말씀이 나 자신에게 주는 의미를 잘 깨닫고 깊이 묵상한다.**

**4 성녀 파우스티나 수녀의 일기 중 예수님 말씀**
"나는 네 영혼의 지극히 비밀스런 깊은 곳에서, 네가 내 뜻대로 살기를 바란다." (443)

"영혼은 자유 의지를 가졌기 때문에, 나를 모욕할 수도 있고 사랑할 수도 있다. 내 자비의 분배자인 너는 나의 선함을 온 세상에 알려 주어라. 그렇게 해서 너는 나의 마음을 위로하게 될 것이다." (580)

"네가 너의 마음 깊은 곳에서 나와 대화를 나눌 때, 나는 너에게 가장 많은 것을 이야기해 줄 것이다. 너의 마음속 깊은 곳에서는 아무도 내가 하는 일들을 방해하지 못한다. 여기에서 나는 우리들만의 폐쇄된 정원 안에 있

는 것처럼 편히 쉰다."(581)

**5 성녀 파우스티나 수녀의 일기 중 묵상과 영적 대화**

오, 전능하신 하느님의 뜻이여, 주님은 저의 즐거움, 저의 기쁨입니다. 주님의 손이 저에게 주시는 것은 무엇이든지 저는 사랑과 순명으로 기쁘게 받아들입니다.

주님의 거룩한 뜻은 제겐 휴식입니다. 저의 모든 성성聖性이 그 안에 있고, 저의 영원한 구원도 그 안에 있습니다. 하느님의 뜻을 행하는 것은 가장 큰 영광이기 때문입니다.

하느님의 뜻, 그것은 그분의 여러 가지 소원입니다. 제 영혼은 그것들을 모두 채워 드립니다. 하느님께서 당신의 비밀을 제게 이야기해 주실 때는 그분께서 그것들을 거룩한 열망으로 원하시기 때문입니다.

주님, 주님께서 원하시는 대로 제게 하십시오. 저는 주님께 아무런 장애물도 아무런 조건도 제시하지 않습니다. 주님은 저의 모든 즐거움이시고, 제 영혼의 사랑이시기 때문입니다.

그리고 이제는 제가 주님 앞에 제 마음의 모든 비밀을

쏟아 드립니다. (1004)

　미사 시간에 나는 특별한 방법으로 하느님과 그분의 티 없으신 어머니와 결합했다. 티 없으신 동정녀의 겸손과 사랑이 나를 온통 꿰뚫었다. 내가 하느님의 어머니를 더 많이 모방할수록 나는 하느님을 더 깊이 알게 된다. (843)

　나는 성모님의 순결의 외투 속에서 살고 있다. 어머니는 나를 보호해 주시고, 가르쳐 주신다. 나는 그분의 원죄 없으신 성심 가까이에서 평화롭게 살아가고 있다. 나는 너무도 약하고 경험이 없기 때문에, 어린 아기처럼 그분의 성심을 끌어안고 매달린다. (1097)

　마리아님, 티 없으신 동정녀시여, 저를 어머니의 특별한 보호 속에 품어 주시고, 저의 영혼과 마음과 몸의 순결을 지켜 주십시오. 어머니께서는 제 인생의 모범이시자 별이십니다. (874)

　오, 모든 영혼들이 주님의 자비를 찬양하기를 제가 얼마나 열렬히 갈망하는지요! 주님의 자비를 청하는 영혼들은 행복하다. 주님께서 말씀하셨던 대로, 주님께서는 그런 영혼이 당신의 영광인 양 보호해 주실 것이다. 그러니 누가 감히 하느님께 대항하여 싸운단 말인가? 너희 모든 영혼들아, 일생 동안 그리고 특히 너희가 죽을 때에, 그분의 자비에 의탁함으로써, 주님의 자비를 찬양하여라. 친애하는 영혼아, 네가 누구든, 아무것도 두려워하지 마라. 오, 주님, 더 큰 죄인일수록, 주님의 자비를 더 많이 받을 권리가 있습니다. 오, 우리들의 이해력을 초월하는 선하심이여! 하느님께서 먼저 죄인들에게로 몸을 굽히십니다. 오, 예수님, 저는 수천 명의 영혼들을 대신해서, 주님의 자비께 영광을 드리고 싶습니다. 오, 예수님, 저는 제가 영혼들에게 주님의 선하심과 주님의 상상을 초월하는 자비에 대해서 쉼 없이 이야기해야 한다는 것을 아주 잘 알고 있습니다. (598)

## 6 성모님과 곱비 신부님의 내적 담화

오늘은 엄마인 내가 네 손을 잡고, 티 없는 내 성심 안으로 더 깊숙이 들어오게 이끌어 주고 싶다. 내 성심이 너의 피난처가 되어야 한다. 언제나 이 마음 안에서 살아야 하고, 세상의 모든 사건도 이 마음을 통해서 바라보아야 한다. (33,1) 내 마음은 또한 연속적으로 일어나는 모든 사건에서 너를 보호해 주는 피난처가 되기도 한다. 그러니 너는 평온할 것이고, 혼란에 빠지지 않으며 공포를 느끼지도 않게 되리라. 여러 사건들이 일어나도 세상의 영향을 조금도 받지 않은 채, 여유를 가지고 모든 것을 보게 될 테니 말이다. (33,6)

너희를 온전한 내 사람이 못되도록 가로막는 유일한 걸림돌은, 바로 너희의 집착인 것이다. 아들들아, 너희에겐 아직 얼마나 많은 (집착의) 끈이 남아 있느냐! 너희 자신에 대한 집착, 사람들 - 얼마나 착하고 경건한 사람이든 - 에 대한 집착, 또 너희의 활동, 생각, 감정에 대한 집착 말이다. 이 모든 끈을 내가 하나씩 차례로 잘라, 너희가 오로지 내게 속한 사람들이 되도록 할 작정이다. (69,6) 그러면 내가 너희 안에서 활동할 수 있고, 너희 각자를 내 아들 예수님의 살아있는 모상으로 형성하는 엄마로서 내 소임을 다할 수 있게 된다. 두려워하지 말고 너희 자신을 내게 맡겨라. 이 새로운 이탈 때문에 겪게 되는 고통은 무엇이나, 내가 주는 사랑의 새 선물로 채워질 것이다. 너희가 하나의 피조물에서 이탈할 때마다 이 엄마를 더욱 가깝게 느끼게 되리라. (69,7)

어느 때나 내 안에서 살며, 내일 생각은 하지 말아라.

네가 해야 할 일에 대해서도 전혀 걱정하지 말아라. 순간마다 너를 손잡고 이끌어 주겠다. (70,1)

**7 자비의 5단 기도**

**8 묵주 기도** (환희의 신비)

**9 마침 기도**
　사도들의 모후께 드리는 기도문

## 36 자비의 어머니 | 빛의 신비 1단

**예수님께서 세례받으심을 묵상합시다.**

자비로우신 하느님께서는 우리가 세례성사를 통하여 모든 죄를 깨끗이 씻을 수 있는 은총을 우리에게 베풀어 주셨고 우리에게 영원한 생명의 길을 열어 주셨습니다. 이

제 우리는 하느님께서 사랑하시는 빛의 자녀입니다. 이 은총을 우리는 얼마만큼 깨닫고 있으며 세례 때에 했던 하느님과의 서약을 소중하게 지켜 나가고 있는지 반성해 보아야 합니다. 예수 그리스도께서 당신의 죽음으로 우리에게 영원한 생명을 내어 주셨기에 그 고귀한 사랑을 절대 헛되이 외면해서는 안 될 것입니다. 우리에게 베풀어 주신 그 자비하신 사랑을 기억하며 진정으로 회개하고 날마다 그 세례 때의 서약을 갱신하는 마음으로 살아가야 할 것입니다.

**+성부와 성자와 성령의 이름으로 아멘.**
**1 시작 기도** | 성령송가

**2 독서**
**마르** 1,9-11
그 무렵에 예수님께서 갈릴래아 나자렛에서 오시어, 요르단에서 요한에게 세례를 받으셨다. 그리고 물에서 올라오신 예수님께서는 곧 하늘이 갈라지며 성령께서 비둘기처럼 당신께 내려오시는 것을 보셨다. 이어 하늘에서

소리가 들려왔다. "너는 내가 사랑하는 아들, 내 마음에 드는 아들이다."

**3** 위의 말씀이 나 자신에게 주는 의미를 잘 깨닫고 깊이 묵상한다.

**4 성녀 파우스티나 수녀의 일기 중 예수님 말씀**
"나는 내 마음을 살아있는 자비의 샘으로 열어 놓았다. 모든 영혼들이 이 샘에서 생명을 퍼 올리게 하여라."
(1520)

**5 성녀 파우스티나 수녀의 일기 중 묵상과 영적 대화**
오, 위대하신 하느님, 저는 주님의 선하심에 감탄합니다! 주님은 천상의 군대를 지휘하는 주님이십니다. 그런데도 주님은 비천한 피조물들을 향해 스스로를 그처럼 낮추십니다. (288)

거룩한 삼위일체 안에서 하나이신 하느님, 이전에 그 어떤 영혼도 그렇게까지 주님을 사랑한 적이 없었을 만큼, 그만큼 주님을 많이 사랑하고 싶습니다. 오, 저의 하느님, 저의 창조주시여, 저는 비록 아주 천하고 작지만, 주님 자비의 깊은 심연 속으로 제 신뢰의 닻을 굳건히 내립니다. 저는 지극히 비천한 인간이지만, 그래도 아무것도 두려워하지 않고, 영원토록 주님께 영광의 찬미가를 불러 드리기를 희망합니다. 어떤 영혼도, 가장 비참한 영혼일지라도, 그가 살아있는 동안 절대로 의혹의 먹이가 되지 않도록 해야 합니다. 어떤 사람이라도 위대한 성인이 될 수 있습니다. 하느님의 은총의 힘이 그만큼 크기 때문입니다. 우리에게 남겨진 일이란 다만 하느님께서 하시는 일에 반대하지 않는 것뿐입니다. (283)

어느 날, 나는 막 대죄를 범하려 하는 어떤 사람을 보았다. 나는 그 영혼이 구원될 수 있도록, 나에게 가장 큰 고통을 보내 달라고 주님께 청했다. 그러자 갑자기 내 머리에 가시관의 무서운 고통을 느꼈다. 이 고통은 상당히 오래 지속되었고, 그 사람은 하느님의 은총 안에 머물게 되었다. 오, 저의 예수님, 거룩하게 된다는 것이 얼마나 쉬운 일인지 모릅니다. 필요한 것이라고는 단지 약간의 착한 의지만 있으면 됩니다. 만일 예수님께서 영혼 안에 약간의 착한 뜻이 있는 것을 보시면, 그분은 영혼에게 당신을 주시려고 서두르시고, 아무것도 그분을 막을 수가 없다. 결점이나 잘못들은 절대 아무것도 아니다. 예수님께서는 그 영혼을 도우려고 애를 쓰신다. 만일에 그 영혼이 하느님께로부터 오는 이 은총에 충실하기만 하면, 그 영혼은 가능한 한 빨리 피조물이 이 세상에서 도달할 수 있는 가장 높은 거룩함에 도달할 수 있다. 하느님은 아주 관대하시고, 어느 누구에게도 당신의 은총을 거절하지 않으신다. 그분께서는 진정으로 우리가 청하는 것보다 더 많은 것을 주신다. 성령의 영감에 충실한 것이 가장 빠른 지름길이다. (291)

영혼이 하느님을 진실로 사랑할 때, 그 영혼은 영적 생활에 있어서 아무것도 두려워하지 말아야 한다. 영혼은 은총의 작용에 순종하고, 주님과 자신을 일치시키는 데 있어 자신에게 아무런 제한도 가해서는 안 된다. (292)

## 6 성모님과 곱비 신부님의 내적 담화

'세례'를 통해 내 아들 예수님의 생명에 결합된 모든 사람을, 상호 간의 사랑, 화합, 존중 및 완전한 일치로 돌아가게 이끄는 것이 어머니로서의 나의 역할이다. (213,4) 그리스도인들의 진정한 재일치는 오직 완전한 애덕 안에서만 가능하다. (213,8) 그런즉, 그 누가 너희 천상 엄마보다 더 잘 너희를 도와, 서로 사랑하고 이해하며 서로 떠받쳐 주고 서로 알며 존중하도록 할 수 있겠느냐? 그리스도인들의 진정한 재일치는 오로지 하느님의 뜻을 이루기 위해 내적 회개와 정화의 노력을 (함께)할 때만 가능하다. (213,9) (게다가) 하느님의 뜻은 바로, 모두 하나가 되는 것이다. 그런즉, 그 누가 나보다 더 잘 내 자녀들을 도와, 이 힘든 길을 걸어갈 수 있게 하겠느냐? (213,10)

오늘날에는 최대로 공세攻勢를 펴고 있는 듯 보이는 내 원수(가 파놓은) 함정이 얼마나 많은지 모른다! 그는 온갖 방식으로, 또 더없이 교활한 수단들에 의해, 너희를 유혹하려든다; (틈만 나면) 너희 영혼에 타격을 가하여 죄로 인한 상처를 입게 하고, 그렇게 함으로써 너희의 유일한 '구세주'이신 예수님으로부터 너희를 멀리 떼어 놓은 데 성공하는 것이다. (216,2) 이 보이지 않는 독으로 말미암아 온 인류가 훼손되어 있으므로, 이제는 예수님의 자비로우신 사랑으로 치유 받을 필요가 있다. 그분은 특별히 너희의 '원죄 없는 엄마'의 중재를 통해 너희에게 당신 자신을 드러내실 것이다. (216,3) 내가 너희에게 주는 전투용 무기는 너희를 내 성심에 묶어 주는 사슬고리, 즉 거룩한 '묵주 기도'이다. 사랑하는 아들들아, 이 기도를 자주 바쳐 다오. 왜냐하면, 티 없는 내 성심에 모인 너희의 사제다운 기도로써만 비로소 우리가 주님의 위대한 자비를 움직여 – (이를테면) 거의 강청強請하다시피 하여 – 이 시대에 그것이 베풀어지게 할 수 있기 때문이다. (216,4)

**7 자비의 5단 기도**

**8 묵주 기도** (빛의 신비)

**9 마침 기도**
　사도들의 모후께 드리는 기도문

## 37 자비의 어머니 | 빛의 신비 2단

**예수님께서 카나에서 첫 기적을 행하심을 묵상합시다.**

예수님의 첫 번째 기적은 우리를 위해 끊임없이 전구하고 계시는 자비의 어머니이신 성모님을 통하여 이루어졌습니다. 성모님께서 우리에게 진정으로 바라시는 것은 물이 포도주로 변화되었듯이, 우리의 존재 자체가 완전히 변화되는 것입니다.

   포도주로 드러나는 표징은 하느님의 자비입니다. 우리는 하느님의 자비를 입어야 하고 자비의 존재로 거듭 변화되어야 하며 이 생애 마지막 날에도 하느님의 자비 안에 머무를 수 있는 삶을 살아가야 할 것입니다.

**✚ 성부와 성자와 성령의 이름으로 아멘.**
**1 시작 기도** | 성령송가

**2 독서**

**요한 2,1-11**

사흘째 되는 날, 갈릴래아 카나에서 혼인 잔치가 있었는데, 예수님의 어머니도 거기에 계셨다. 예수님도 제자들과 함께 그 혼인 잔치에 초대를 받으셨다. 그런데 포도주가 떨어지자 예수님의 어머니가 예수님께 "포도주가 없구나." 하였다. 예수님께서 어머니에게 말씀하셨다. "여인이시여, 저에게 무엇을 바라십니까? 아직 저의 때가 오지 않았습니다." 그분의 어머니는 일꾼들에게 "무엇이든지 그가 시키는 대로 하여라." 하고 말하였다. 거기에는 유다인들의 정결례에 쓰는 돌로 된 물독 여섯 개가 놓여 있었는데, 모두 두세 동이들이였다. 예수님께서 일꾼들에게 "물독에 물을 채워라." 하고 말씀하셨다. 그들이 물독마다 가득 채우자, 예수님께서 그들에게 다시, "이제는 그것을 퍼서 과방장에게 날라다 주어라." 하셨다. 그들은 곧 그것을 날라 갔다. 과방장은 포도주가 된 물을 맛보고 그것이 어디에서 났는지 알지 못하였지만, 물을 퍼 간 일꾼들은 알고 있었다. 그래서 과방장이 신랑을 불러 그에게 말하였다. "누구든지 먼저 좋은 포도주를 내놓고, 손님들이 취하면 그보다 못한 것을 내놓는데, 지금까지 좋은 포도주를 남겨 두셨군요." 이렇게 예수님께서는 처음으로 갈릴래아 카나에서 표징을 일으키시어, 당신의 영광을 드러내셨다. 그리하여 제자들은 예수님을 믿게 되었다.

**3 위의 말씀이 나 자신에게 주는 의미를 잘 깨닫고 깊이 묵상한다.**

**4 성녀 파우스티나 수녀의 일기 중 예수님 말씀**
"나의 자비에 의탁하는 영혼은 가장 행복하다. 왜냐하면 내가 직접 그를 돌보기 때문이다." (1273)
 "나는 이런 영혼에게 내 믿음을 주고, 그가 청하는 것은 무엇이나 다 들어준다." (453)

**5 성녀 파우스티나 수녀의 일기 중 묵상과 영적 대화**
오, 마리아님, 동정녀시여, 천국의 문이시여, 어머니를 통해 우리는 구원을 받고, 모든 은총이 어머니 손을 통해 우리에게 쏟아지며, 어머니를 충실하게 본받는 것만이 저를 신성하게 해 줍니다.

오, 마리아님, 동정녀시여, 가장 아름다운 백합이시여, 어머니의 마음은 이 지상에서 예수님의 첫 번째 감실이 되었습니다. 그것은 어머니의 겸손이 그 누구보다도 깊었기 때문이었고, 또 그 때문에, 어머니께선 천사의 군대나 모든 성인들보다도 더 높이 올려지셨습니다.

오, 마리아님, 감미로우신 저의 어머니, 제 영혼과 몸 그리고 저의 비천한 마음을 어머니께 드립니다. 제 삶의 수호자가 되어 주시고, 특히 제가 죽을 때에, 마지막 싸움에서 저를 보호해 주소서. (161)

어느 날, 나는 두 개의 길을 보았다. 길 하나는 넓었고, 모래와 꽃들로 덮여 있었고, 기쁨과 음악과 온갖 종류의 즐거움으로 가득 차 있었다. 사람들은 그 길을 걸으면서, 춤을 추고 즐기고 있었다. 그리고 그 사람들은 자신들은 깨닫지도 못하는 사이에 그 길의 끝에 도달했다. 그런데 그 길의 끝에는 무서운 절벽, 곧 지옥의 깊은 심연이 있었다. 영혼들은 눈이 멀어 그 속으로 빠져 들어갔다. 그들은 걸어가면서 그대로 떨어졌다. 그런 사람들의 수는 하도 많아서 세어볼 수도 없을 정도였다. 그리고 나는 다른 길을 보았다. 그 길은 보통의 길이라기보다는 좁고 가시와 돌로 뒤덮여 있는 오솔길이었다. 그리고 그 길을 걷는 사람들의 눈에는 눈물이 흐르고 있었고, 그들은 온갖 종류의 고통을 짊어지고 있었다. 어떤 이들은 돌에 걸려 넘어졌으나, 곧바로 다시 일어나서 계속 걸어갔다. 그 길의 끝에는 온갖 종류의 행복으로 가득 찬 아름다운 정원이 있었고, 이 영혼들은 모두 그 안으로 들어갔다. 그들은 즉시 자신들의 모든 고통을 잊어버렸다. (153)

## 6 성모님과 곱비 신부님의 내적 담화

나는 참으로 예수님과 너희의 엄마이기에, 내 아들 예수님과 너희 사이에서 중재 활동을 한다. 이는 내 신적 모성의 자연스러운 결과이다. (204,6) 예수님의 엄마인 나는 내 성자께서 너희에게 가실 수 있도록 하느님이 뽑으신 도구이다. 이 첫 중재 행위가 내 동정의 태중에서 이루어진 것이다. (204,7) 너희의 엄마인 나는 너희가 나를 통해 예수께 갈 수 있도록 그분이 뽑으신 도구이다. (204,8) 너희와 내 아들 예수님 사이에서 나는 진정 은총의 중개자이다. 그러므로 성부의 품에서 흘러나오고 성자께서 얻어 내시어 성령께 주시는 은총을, 내 작은 아기들에게 분배하는 것이 내 임무이다. (204,9) 내 모든 자녀들에게 은총을 분배하되, 각자에게 특별히 필요한 은총을 나누어 주는 것도 내 임무이니, 엄마는 그것을 잘 알 수 있기 때문이다. (204,10) 나는 어느 때나 나의 이 역할을 하고 있지만, 그래도 내게 자신을 온전히 맡긴 아들들에 대해서만 완전히 할 수 있다. 특히, 내가 가장 사랑하는 아들들인 너희들에 대해 그렇게 할 수 있으니, 봉헌을 통해 너희 자신을 내게 온전히 맡겼기 때문이다. (204,11) 나는 너희를 예수께로 인도하는 길이다. 너희 한 사람 한 사람에게 있어서 가장 안전한 지름길이요, 꼭 필요한 길이다. 이 길을 따라가기를 거부한다면 너희의 여정 동안 길을 잃을 위험이 있는 것이다. (204,12) 오늘날에는 예수께 이르는 데 있어서 내(존재)가 걸림돌이 된다고 여기면서 나를 뒷전으로 밀어내고자 하는 사람들이 많다. 너희와 내 성자 사이에서 중재하는 나의 역할을 이해하지 못했기 때문이다. (204,13) 신뢰를 가지고 너희 자신을 내게 맡겨라. 그러면 내가 은총의 중개자로서의 역할을 충분히 다할 수 있으니 너희가 충실하게 남아 있게 된다. 날마다 내 성자께서 가신 길로 너희를 인도하리

라. 그분이 너희 안에서 완전히 자라실 수 있게 말이다.
(204,15)

**7 자비의 5단 기도**

**8 묵주 기도 (빛의 신비)**

**9 마침 기도**
   사도들의 모후께 드리는 기도문



## 38 자비의 어머니 | 빛의 신비 3단

**예수님께서 하느님 나라를 선포하심을 묵상합시다.**


예수 그리스도께서는 우리의 구원자이시며 그분의 진리는 우리를 영원한 생명에 이르게 하십니다. 그 영원한 생명의 길에서 우리는 무엇보다도 하느님의 자비하심을 믿고 신뢰하며 모든 것을 그분께 의탁하고 희망해야 합니다. 우리가 진정으로 회개하고 서로 용서하고 서로 사랑을 나눌 때 우리는 하느님의 자비 안에 온전히 머무르게 될 것입니다. 그리고 그 자비로우신 사랑의 힘으로 우리는 모든 이들에게 하느님의 진리와 복음을 선포할 수 있을 것이며 하느님 자비의 빛을 전하는 참된 사도들이 될 것입니다.

✛ 성부와 성자와 성령의 이름으로 아멘.

**1 시작 기도** | 성령송가

**2 독서**

**마르 1,14-15**

요한이 잡힌 뒤에 예수님께서는 갈릴래아에 가시어, 하느님의 복음을 선포하시며 이렇게 말씀하셨다. "때가 차서 하느님의 나라가 가까이 왔다. 회개하고 복음을 믿어라."

**3 위의 말씀이 나 자신에게 주는 의미를 잘 깨닫고 깊이 묵상한다.**

**4 성녀 파우스티나 수녀의 일기 중 예수님 말씀**
"내 아이야, 너는 나의 기쁨이요, 내 마음의 위안이다. 네가 감당할 수 있는 만큼의 은총을 네게 준다. 네가 나를 행복하게 해 주고 싶을 때마다, 세상 사람들에게 나의 크고도 헤아릴 수 없는 자비에 대해 이야기하여라." (164)

"내 딸아, 나는 사랑이요, 자비 그 자체라고 말해 주어라. 신뢰하는 마음으로 내게 오는 영혼에게는 그 영혼 안에 모두 담을 수 없을 만큼 풍성한 은총을 내려 줄 것이다. 그러면 은총이 그 영혼에게서 흘러 넘쳐서 다른 영혼들에게로까지 발산되어 뻗어가게 될 것이다." (1074)

**5 성녀 파우스티나 수녀의 일기 중 묵상과 영적 대화**
때때로 나 자신을 믿을 수 없는 순간들이 있다. 그럴 때 나는 자신의 약함과 비천함을 밑바닥까지 꿰뚫어 보게 된다. 이 순간 나는 하느님의 한없는 자비에 의탁함으로써만 이 유혹을 견디어 낼 수 있다는 것을 알게 된다. 인내와 기도와 침묵 - 이런 것들이 영혼에게 힘을 준다. 이럴 때 영혼이 피조물들과 이야기하는 것은 온당치 않다. 침묵을 지켜야 한다. 그것은 영혼이 자신에게 만족하지 못하고, 자신이 어린아이처럼 약하다고 느낄 때다. 그러면 영혼은 있는 힘을 다해서 하느님께 매달린다. 그런 때에 나는 오직 믿음에 의지하여 살아간다. 내가 하느님의 은총으로 강하게 되었다고 느낄 때, 그때야 나는 내 이웃과 이야기를 하면서 통교할 만큼 용감해진다. (944)

오, 하느님, 저는 작은 어린아이가 되기를 간절히 원합니다! 주님은 저의 아버지이시고, 제가 얼마나 작고 약한지를 잘 아십니다. 그래서 주님께 간청합니다. 저의 한평생 동안, 그리고 특히 제가 죽을 때에, 저를 주님 곁에 가까이 지켜 주십시오. 예수님, 주님은 이 세상의 가장 다정한 어머니보다도 더 선하시다는 것을 저는 압니다. (242)

나는 주님께서 나의 믿음을 강하게 해 주시어, 내가 단조로운 일상생활 중에서도 인간적인 성향이 아니라 영의 인도를 받게 해달라고 간절히 청한다. 오, 모든 것들이 사람을 얼마나 이 땅으로 끌어내리는가! 그러나 살아있는 믿음은 영혼을 더 높은 곳에 있도록 지켜 주고, 이기심에게는 그에 합당한 자리, 곧 가장 낮은 자리를 지정해 준다. (210)

예수님, 저의 마음을 주님의 마음과 비슷하게 만들어 주십시오. 아니, 저의 마음을 주님의 마음으로 바꾸어 주십시오. 그래서 제가 다른 사람들이 원하는 것을 느끼고, 특히 고통받는 이들과 슬퍼하는 이들이 필요로 하는 것을 알게 해 주십시오. 자비의 빛줄기들이 제 마음 속에 머물게 해 주십시오. (514)

## 6 성모님과 곱비 신부님의 내적 담화

너희는 내 아들 예수님의 복음을 글자 그대로 살아야 한다. 너희가 생활화하고 있는 그 복음을 글자 그대로 선포하여라. 오류와 배교라는 어둠으로 타락한 세상 속에서 멈추지 말고 진리의 빛을 펼쳐라. 최초의 복음 선포 이후 어언 2천 년이 다 되어 가는 지금, 이 이교도적인 세상에서 너희는 새로운 복음화의 사도들이 되어야 한다. (596,7) 예수 그리스도께서는 너희를 천국으로 인도하는 단 하나의 길이시다. (그분의) 이름 외에는 우리가 구원을 얻을 수 있는 이름이 하늘 아래 달리 없다. 인류는 그분과의 만남을 향한 여정을 따라가고 있는데, 이는 예수께서 이 세상에 당신 왕국을 세우시려고 영광에 싸여 다시 오실 때 이루어질 일이다. 그분의 '오심'을 즐거운 마음으로 기다리면서 걸어가거라. 희망의 문턱을 넘어, 평화, 기쁨, 평온, 신뢰 및 아들다운 맡김의 정신으로 살아가거라. (596,12)

나는 가난한 이들 중에서도 가장 가난한 이들, 가장 비참한 이들의 엄마이다. 그러기에 티 없는 내 성심은 그들에게 필요한 도움을 주고자 한다. 이는 그들로 하여금 예수께 다가가 그분의 구원의 '복음'을 받아들이게 하는 도움이니, 이러한 목적으로 여기서 한평생을 바치며 선교하고 있는 내 숱한 아들들과 딸들을 통해, 이들이 더욱 사람답게 개선된 생활로 하느님 자녀로서의 품위를 지니고 살아가도록 하려는 것이다. (214,7) 나는 오늘, 이 소리 없는 내 가엾은 자녀들의 소리가 되어 모든 사람들에게 거듭 호소한다 : 지금도 빈곤과 굶주림으로 죽어 가고 있는 너희의 이 형제들을 생각하여라(*토빗 4,7 참조). 너희가 풍부하게 가지고 있는 것을 나의 이 작은 이들에게 나누어 주어라(*루카 3,11; 이사 58,7 참조). 부의 축적에 집착하지 말고, 너희의 '창조주'께서 만인이 사용하도록 주신 모든 재물을 골고루 서로 나누어 가져라. (214,8)

7 자비의 5단 기도

8 묵주 기도 (빛의 신비)

9 마침 기도
사도들의 모후께 드리는 기도문

## 39 자비의 어머니 | 빛의 신비 4단

**예수님께서 거룩하게 변모하심을 묵상합시다.**

예수님의 거룩하게 변모하심은 완전한 사랑의 표징입니다. 사랑은 온 세상을 변화시킬 수 있으며 또 어두움을 밝혀 주는 '빛'입니다. 죽음은 새로운 탄생을 의미할 수도 있습니다. 만약 우리가 하느님의 자비로우신 사랑으로 온전히 정화되고 태워져 하느님의 순수한 사랑으로 다시 태어난다면 진정한 부활에 함께 참여할 수 있으며 우리도 그분의 영광스러운 빛 안에서 거룩하게 변모될 수 있을 것입니다.

**+ 성부와 성자와 성령의 이름으로 아멘.**
**1 시작 기도** | 성령송가

**2 독서**
**마르** 9,2-9
엿새 뒤에 예수님께서 베드로와 야고보와 요한만 따로 데리고 높은 산에 오르셨다. 그리고 그들 앞에서 모습이 변하셨다. 그분의 옷은 이 세상 어떤 마전장이도 그토록 하얗게 할 수 없을 만큼 새하얗게 빛났다. 그때에 엘리야가 모세와 함께 그들 앞에 나타나 예수님과 이야기를 나누었다. 그러자 베드로가 나서서 예수님께 말하였다. "스승님, 저희가 여기에서 지내면 좋겠습니다. 저희가 초막 셋을 지어 하나는 스승님께, 하나는 모세께, 또 하나는 엘리야께 드리겠습니다." 사실 베드로는 무슨 말을 해야 할지 몰랐던 것이다. 제자들이 모두 겁에 질려 있었기 때문이다. 그때에 구름이 일어 그들을 덮더니 그 구름 속에서, "이는 내가 사랑하는 아들이니 너희는 그의 말을 들어라." 하는 소리가 났다. 그 순간 그들이 둘러보자 더 이상 아무도 보이지 않고 예수님만 그들 곁에 계셨다. 그들이 산에서 내려올 때에 예수님께서는 그들에게, 사람의 아들이 죽은 이들 가운데에서 다시 살아날 때까지, 지금 본 것을 아무에게도 말하지 말라고 분부하셨다.

**3** 위의 말씀이 나 자신에게 주는 의미를 잘 깨닫고 깊이 묵상한다.

**4** 성녀 파우스티나 수녀의 일기 중 예수님 말씀
"나는 네가 사랑으로 완전히 변화되어 순수한 사랑의 희생 제물로서 불타오르기를 원한다." (726)

**5** 성녀 파우스티나 수녀의 일기 중 묵상과 영적 대화
처음에는, 하느님께서 당신 자신이 거룩하심(성성), 정의로우심(정의) 그리고 선하심(선), 곧 자비로우심이라고 알려 주신다. 영혼이 이 모든 것을 한꺼번에 다 알 수는 없다. 다만 하느님께서 가까이 다가오시는 그 순간순간에,

조금씩 알게 된다. 그러나 이런 기간이 오래가지는 않는다. 왜냐하면 우리의 영혼은 그런 빛을 오래 견디지 못하기 때문이다. 기도하는 동안에 영혼은 예전처럼 기도에 집중할 수 없게 만드는 빛의 섬광들을 체험한다. 그리고는 이전과 같은 방법으로 기도하려고 애를 쓰지만, 아무런 소용이 없다. 이런 체험 후에는, 영혼이 이런 빛을 받기 전에 하던 것과 같은 방법으로 기도하기는 전혀 불가능하다. 영혼을 건드린 이 빛은 영혼 안에 살아있고, 아무것도 이 빛을 끄거나 흐리게 할 수는 없다. 하느님에 대한 이 지식의 섬광은 영혼을 이끌고, 하느님께 대한 영혼의 사랑에 불을 붙여 놓는다.

이 섬광은 또한 영혼으로 하여금 자기 자신을 있는 그대로 알게 해 준다. 영혼은 자기 내부 전체를 위대한 빛 속에서 보고, 그러고는 소스라쳐 깨어나서 두려움에 떨게 된다. 그렇지만, 영혼은 이 두려운 상태에 그냥 머무는 것이 아니고, 주님 앞에서 자신을 정화하기 시작하고, 주님 앞에 자신을 낮추고 겸손해지기 시작한다. 이런 빛들은 점점 더 강해지고 점점 더 잦아진다. 영혼이 점점 더 깨끗하게 정화 될수록 이런 빛들은 영혼을 더 잘 꿰뚫을 수 있다. 만일 영혼이 이런 첫 번째 은총들에 대해서 용감하고 충실하게 응답했으면, 하느님께서는 영혼을 당신의 위로로 채워 주시고, 영혼이 알아볼 수 있는 방법으로 당신 자신을 영혼에게 주신다. 어떤 때에는 영혼이 하느님과 친교 속으로 들어가서, 그 속에서 큰 기쁨을 체험하게 된다. 그래서 영혼은 자신이 도달해야 하는 완덕에 이미 도달한 것으로 믿게 된다. 왜냐하면, 영혼의 모든 결점과 잘못들이 영혼 안에서 잠을 자고 있기 때문에, 영혼은 마치 그런 것들이 없다고 생각하게 되기 때문이다. 영혼에게 어려운 것이라고는 하나도 없어 보인다. 영혼은 무엇이라도 다할 준비가 되어 있다. 영혼은 하느님 안에 빠져들기 시작하고, 그 안에서 거룩한 즐거움을 맛본다. 영혼은 은총으로 황홀해져서, 시련과 시험의 때가 올지도 모른다는 사실은 생각도 하지 않는다. 그런데 사실, 이런 위안의 시기는 그리 오래 지속되지 않는다. 다른 순간들이 곧 올 것이다. 내가 여기서 한마디 덧붙여서 하고 싶은 말은, 만일 영혼이 모든 것을 다 이야기할 수 있는 훌륭하신 고해 신부의 지도를 받는다면, 영혼은 이러한 거룩한 은총들에 더욱 성실하게 응답할 수 있다는 것이다. (95)

## 6 성모님과 곱비 신부님의 내적 담화

너희는 나와 일치하여 은총과 성덕의 거룩한 산으로 올라가거라. 그러면 예수님의 영광스러운 빛에 비추임을 받아 변화 될 수 있다. (597,1) 그분께서 세 명의 사도 곧 베드로와 야고보와 요한과 함께 타볼산에 오르시어 그들 앞에서 모습이 변하신 것처럼, 너희가 나와 함께 겸손과 작음, 사랑과 순결, 침묵과 기도의 거룩한 산으로 오른다면, 그분께서 너희 앞에서도 신적 영광의 찬란한 빛에 싸인 당신 자신을 드러내실 것이다. (597,2) 성부께서는 한다한 사람들과 안다는 사람들에게는 당신의 비밀을 감추시고 오히려 어린이들과 작은 사람들에게만 나타내 보이신다(*마태 11,25 참조). (마찬가지로) 성자께서도, 나의 엄마다운 애정으로 양육되면서 성덕의 정점에 이르기까지 나의 인도를 받는 어린이들인 너희에게 당신 신성의 광채를 드러내신다. (597,3) 그분의 신성이 지극히 찬란한 빛에 싸여 나타난 것은 부활 때였다. 그것은 그분의 신성 안에 인성을 취하신 듯한 모습이었다. 부활하신 예수님 안에서 그분의 인성도 신성화된 것이다. 타볼산에서 세 명의 사도에게 나타내 보이신 것처럼 그분의 몸도 영광스럽게 되신 몸이었기 때문이다 : "그리고 예수님께서는 그들 앞에서 모습이 변하셨으니 얼굴은 해처럼 빛나고 옷은 빛처럼 하얘졌다."(*마태 17,2) (597,7) 사랑하는 아들아, 그분의 영광스러운 '다시 오심'을 기다리며 기쁘게 살아가거라. 나와 함께 작음과 겸손의 길을 걸으라고 당부하는 이유가 거기에 있다. 그렇게 하면 성부께서는 너희에게 당신 성자의 비밀을 밝혀 주실 것이고, 성령께서는 진리를 온전히, 전체적으로 이해하도록 너희를 이끌어 주실 것이며, 예수 그리스도께서는 당신 신성의 광채에 싸여 너희에게 나타나실 것이다. 모든 사람들로 하여금 당신을 영원한 영광의 임금님으로서 흠숭하고 사랑하며 영광을 드리게 하시려는 것이다. (597,12)

**7 자비의 5단 기도**

**8 묵주 기도** (빛의 신비)

**9 마침 기도**
사도들의 모후께 드리는 기도문

## 40 자비의 어머니 | 빛의 신비 5단

**예수님께서 성체성사를 세우심을 묵상합시다.**

하느님의 거룩하시고 자비로우신 사랑은 희생 제물로 바쳐져 '성체' 안에 현존하시고 그 현존에 우리가 일치할 수 있도록 은총을 베풀어 주십니다. 지극히 거룩하신 성체는 우리를 위해 속죄 제물이 되시어 우리를 더욱 완전하고 거룩하게 하시는 그분의 한없으신 사랑입니다. 그 사랑에 우리는 깊은 흠숭과 감사를 드려야 합니다. 우리는 천상의 양식인 거룩한 성체를 영함으로써 하느님과 사랑의 친교를 나누고 영원한 생명을 얻을 수 있는 은총을 구해야 할 것입니다.

**+ 성부와 성자와 성령의 이름으로 아멘.**
**1 시작 기도** | 성령송가

**2 독서**

**마태 26,26-30**

그들이 음식을 먹고 있을 때에 예수님께서 빵을 들고 찬미를 드리신 다음, 그것을 떼어 제자들에게 주시며 말씀하셨다. "받아 먹어라. 이는 내 몸이다." 또 잔을 들어 감사를 드리신 다음 제자들에게 주시며 말씀하셨다. "모두 이 잔을 마셔라. 이는 죄를 용서해 주려고 많은 사람을 위하여 흘리는 내 계약의 피다. 내가 너희에게 말한다. 내 아버지의 나라에서 너희와 함께 새 포도주를 마실 그날까지, 이제부터 포도나무 열매로 빚은 것을 다시는 마시지 않겠다." 그들은 찬미가를 부르고 나서 올리브 산으로 갔다.

**3** 위의 말씀이 나 자신에게 주는 의미를 잘 깨닫고 깊이 묵상한다.

**4 성녀 파우스티나 수녀의 일기 중 예수님 말씀**
"이 자비의 빛줄기들은, 지금 성체를 뚫고 지나간 것처럼, 너를 통해서 퍼져 나갈 것이다. 이 빛줄기들은 온 세상으로 퍼져 나갈 것이다."(441)
"나는 나 자신을 사람들의 영혼과 일치시키고 싶다. 나의 가장 큰 기쁨은 나 자신을 사람들의 영혼과 합치시키는 것이다. 내 딸아, 내가 영성체를 통해 인간의 마음속으로 갈 때, 나는 영혼들에게 주고 싶은 온갖 종류의 은총들을 내 손 가득히 가지고 간다는 것을 알아 두어라. 그러나 영혼들은 나에게 아무런 관심도 기울이지 않는다. 그들은 나를 혼자 내버려 두고, 전부 다른 일들로 바쁘다. 오, 영혼들이 사랑을 알아보지 못하여 참으로 슬프도다! 그들은 나를 생명이 없는 물건처럼 취급한다." (1385)

**5 성녀 파우스티나 수녀의 일기 중 묵상과 영적 대화**

오, 살아 계신 빵이시여, 저의 모든 힘은 주님 안에 있습니다. 만일 제가 영성체를 못한다면, 그날 하루도 살아내기 어려울 것입니다. 성체께서는 저의 방패가 되어 주십니다. 주님 없이는, 예수님, 저는 어떻게 살아야 하는지조차 알지 못합니다. (814)

나는 나 자신이 몹시 허약해졌다는 것을 느낀다. 만일 거룩한 성체를 모시지 못했다면 나는 쓰러지고 말았을 것이다. 나를 지탱해 주는 것이 단 한 가지 있는데, 그것이 바로 영성체이다. 나는 영성체에서 기운을 얻어 내고,

나의 모든 위로는 영성체 안에 있다. 나는 영성체를 하지 못하면서 살게 될 날들이 두렵고, 나 자신이 두렵다. 성체 안에 숨어 계신 예수님이 나에게는 전부다. 나는 감실에서부터 힘과 능력과 용기와 빛을 얻어 낸다. 괴로울 때에도 나는 이곳에서 위로를 찾는다. 만일 내가 내 마음속에 성체를 모시지 않았더라면, 나는 하느님께 어떻게 하느님께 영광을 드려야 할지도 몰랐을 것이다. (1037)

예수님께서 오셨을 때, 나는 작은 어린아이처럼 그분의 품속으로 뛰어들었다. 그분께 나의 기쁨에 대해 말씀드렸다. 예수님께서는 내가 쏟아 내는 사랑에 귀를 기울이셨다. 내가 영성체를 위해서 나 자신을 준비하지는 않고, 어떻게든 빨리 이 기쁨을 나누어 받기를 원한 것에 대해서 용서를 청하자, 예수님께서는 대답하셨다. "오늘처럼 이렇게 나를 네 마음속에 받아들인 것이 내게는 가장 즐거운 준비다. 오늘 나는 특별히 너의 이 기쁨을 축복한다. 오늘은 온종일 아무것도 너의 이 기쁨을 방해하지 않을 것이다." (1824)

오, 예수님, 불쌍한 죄인들을 생각하면 저는 마음이 무척 아픕니다. 예수님, 그들에게 통회하고 회개하는 마음을 주십시오. 주님 자신의 슬픈 수난을 기억시켜 주십시오. 저는 주님의 한없는 자비를 압니다. 주님께서 그렇게 큰 죗값을 치르신 영혼들이 사라진다는 것을 저는 견딜 수가 없습니다. 예수님, 제게 죄인들의 영혼을 주십시오. 주님의 자비가 그들 위에 머물게 해 주십시오. 제게서 모든 것을 가져가시고, 그 대신 제게 영혼들을 주십시오. 저는 죄인들을 위한 희생의 성체가 되겠습니다. 제 몸의 껍질이 저의 희생을 감추게 해 주십시오. 주님께서도 살아 계신 희생 제물이시면서 지극히 신성한 주님 성심 또한 성체 안에 숨어 계시니까요.

오, 예수님, 저를 주님으로 변화시켜 주십시오. 제가 주님께서 기뻐하시는 살아있는 희생 제물이 되게 해 주십시오. 저는 매 순간마다 죄인들을 위해서 속죄하고 싶습니다. 제 영의 희생 제물은 제 육신의 휘장으로 가려져 있고, 인간의 눈으로는 이것을 보지 못합니다. 그렇기 때문에 저의 희생은 순수하고 주님께 기쁨이 되는 것입니다. 오, 저의 창조주시여, 위대한 자비의 아버지시여, 주님은 선하심 자체이시니 저는 주님께 의탁합니다. 영혼들이여, 하느님을 두려워하지 말고 그분께 의탁하라. 그분은

선하시고, 그분의 자비는 영원한 것이기 때문이다. (908)

## 6 성모님과 곱비 신부님의 내적 담화

그분은 끝까지 그들을 사랑하셨다. 즉, 너희의 비참과 가난의 극한까지 (사랑하셨다). '성체성사'로 예수께서는 너희와 결합하시기 때문이니, 땅의 피조물인 너희에게 고귀한 선물, 곧 당신의 신적 생명을 주시려고 당신께서 (친히) 너희 자신의 살쳐의 살, 피의 피가 되시는 것이다. – "나는 하늘에서 내려온 살아있는 빵이다. 이 빵을 먹는 사람은 (영원히) 살 것이며, 마지막 날에 내가 그를 다시 살릴 것이다."(*요한 6,51.54) (421,8) (그리고) 예수님의 '성체'를 모신 '감실'을 등불과 꽃으로 장식하고, 자주 감실 앞으로 나아가 너희를 기다리시는 그분과 사랑의 인격적 만남이 (이루어지게 하여라). (너희에게는) 오직 그분만이 사제인 너희 마음을 자석처럼 끌어당기는, 단 하나의 고귀한 보물이 되어야 한다. 또한 예수님의 '성체'를 제단에 현시하여 장엄하고 공공연한 흠숭과 보속의 시간을 갖도록 하여라. 새 시대가 오면 온 교회에 성체조배가 다시 꽃피게 될 테니 말이다. (421,12)

'성목요일'이다. '성체성사'가 제정된 날이다. 이 위대한 성사를 통해 그분께서는 참으로 너희 가운데 현존하시며, 새롭고 영원한 계약의 당신 '희생 제사'를 신비적으로 재현하시고, 너희와 더불어 생명의 인격적 친교를 나누시면서 당신 자신을 너희에게 주신다. (307,2) '성체성사'를 세우신 직후 예수께서는 '겟세마니' 동산으로 가시어 피땀을 흘리실 만큼 참혹한 고뇌에 잠기셨다. 도움과 위로를 가장 필요로 하신 그때 그분은 혼자이셨고, 당신 제자들에게서 버림받은 쓰라림을 겪으셨다 : 유다의 배반, 베드로의 부인을. (307,6)

그것은 '사랑의 희생 제사'가 제정된 파스카, (곧) '사랑의 성사'의 파스카요, 사랑의 새 계명의 파스카요, 사랑의 완전한 행위인 섬김의 파스카요, 사랑의 완성인 일치에로 너희 모두를 (이끄는) 기도의 파스카이다. (444,6) 사랑하는 아들들아, 인간적인 위로나 피상적인 위안을 찾지 말아라. '천상 아버지'께서 너희를 위해 마련하신 그 위로의 잔을 너희에게 주는 것이 나의 역할이니, 나는 오늘날 너희가 오직 '아버지의 뜻'만을 행할 수 있도록 도와준다. (그렇게) '하느님의 뜻'을 (이루는) 길로 이끌 수 있

도록 너희 모두 '티 없는 내 성심'에 너희 자신을 맡겨 다오. (444,15)

**7 자비의 5단 기도**

**8 묵주 기도** (빛의 신비)

**9 마침 기도**
사도들의 모후께 드리는 기도문

## 41 자비의 어머니 | 고통의 신비 1단

**예수님께서 우리를 위하여 피땀 흘리심을 묵상합시다.**

예수님께서는 처절한 고뇌 속에서도 '아버지의 뜻'만이 이루어지기를 간절히 기도하셨습니다. 하지만 피땀 흘리며 기도하시는 예수님과 함께 제자들은 한 시간도 깨어 있지 못합니다. 이 답답하고 안타까운 상황에서도 예수님은 사랑으로 제자들을 품어 주십니다. 오직 당신의 어머니인 성모님만이 침묵과 눈물로 예수님을 위로하십니다. 이제 우리는 당신 아들을 아낌없이 내어 주신 성모님의 자비로우신 사랑과 희생의 눈물을 기억하며 참회하는 마음으로 기도와 신뢰 안에 깨어 머물러야 하겠습니다.

**✛ 성부와 성자와 성령의 이름으로 아멘.**
**1 시작 기도** | 성령송가

**2 독서**

마태 26,36-46

그때에 예수님께서 제자들과 함께 겟세마니라는 곳으로 가셨다. 그리고 제자들에게, "내가 저기 가서 기도하는 동안 여기에 앉아 있어라." 하고 말씀하신 다음, 베드로와 제베대오의 두 아들을 데리고 가셨다. 그분께서는 근심과 번민에 휩싸이기 시작하셨다. 그때에 그들에게 "내 마음이 너무 괴로워 죽을 지경이다. 너희는 여기에 남아서 나와 함께 깨어 있어라." 하고 말씀하셨다. 그런 다음 앞으로 조금 나아가 얼굴을 땅에 대고 기도하시며 이렇게 말씀하셨다. "아버지, 하실 수만 있으시면 이 잔이 저를 비켜 가게 해 주십시오. 그러나 제가 원하는 대로 하지 마시고 아버지께서 원하시는 대로 하십시오." 그러고 나서 제자들에게 돌아와 보시니 그들은 자고 있었다. 그래서 베드로에게 "이렇게 너희는 나와 함께 한 시간도 깨어 있을 수 없더란 말이냐? 유혹에 빠지지 않도록 깨어 기도하여라. 마음은 간절하나 몸이 따르지 못한다." 하시고, 다시 두 번째로 가서 기도하셨다. "아버지, 이 잔이 비켜 갈 수 없는 것이라서 제가 마셔야 한다면, 아버지의 뜻이 이루어지게 하십시오." 그리고 다시 와 보시니 그들은 여전히 눈이 무겁게 감겨 자고 있었다. 예수님께서는 그들을 그대로 두시고 다시 가시어 세 번째 같은 말씀으로 기도하셨다. 그리고 제자들에게 돌아와 말씀하셨다. "아직도 자고 있느냐? 아직도 쉬고 있느냐? 이제 때가 가까웠다. 사람의 아들은 죄인들의 손에 넘어간다. 일어나 가자. 보라, 나를 팔아넘길 자가 가까이 왔다."

**3 위의 말씀이 나 자신에게 주는 의미를 잘 깨닫고 깊**

이 묵상한다.

**4 성녀 파우스티나 수녀의 일기 중 예수님 말씀**

"나의 딸아, 나를 향한 너의 연민이 내게 청량제가 되는구나. 나의 수난을 묵상함으로써 너의 영혼은 지극한 아름다움을 갖게 된다." (1657)

"내가 인간들을 위해, 특히 죄인들을 위해 갖고 있는 사랑과 충만한 자비를 보아라. 보아라, 그리고 나의 수난 속으로 들어오너라." (1663)

**5 성녀 파우스티나 수녀의 일기 중 묵상과 영적 대화**

어려운 일이 있을 때, 나는 십자가에서 팔을 벌리고 침묵하시는 예수님의 성심께로 내 시선을 모은다. 그러면 그분의 자비로우신 성심에서 터져 나오는 불꽃으로부터, 싸움을 계속할 수 있는 힘과 능력이 내게로 흘러든다. (906)

나는 어느 누구도 비판하지 말아야 한다. 남들을 너그럽게 보아 주고, 나 자신은 엄격하게 보아야 한다. 나는 모든 것을 하느님께 의탁해야 하고, 나 자신의 눈으로는 내가 어떤 존재인지, 지극히 비천하고 아무것도 아니라는 것을 깨닫고 인정해야 한다. 고통 중에, 나는 모든 것이 시간과 함께 지나간다는 것을 알고, 조용하게 인내해야 한다. (253)

나는 나 자신의 힘을 믿는 것이 아니라, 그분의 전능하심에 의지한다. 그분께서 내게 당신의 뜻을 알 수 있는 은총을 주셨으니까, 그분께서는 당신의 뜻을 성취하는 은총도 또한 내게 주실 것이기 때문이다. 나는 나의 인간적인 본성이 자신의 저급한 욕구를 들어내면서, 이 일에 대해 얼마나 심하게 저항하는지, 그리고 내 영혼 안에서 몇 번이고 큰 투쟁이 일어나고 있다는 것을 말하지 않을 수 없다. 그래서 올리브 동산에서 예수님께서 그랬던 것처럼, 나 역시 영원하신 아버지, 하느님을 부른다. "만일 가능하다면, 이 잔을 제게서 거두어 주십시오. 그러나 저의 뜻이 아니라, 주님의 뜻대로 하소서, 오, 주님, 주님의 뜻이 이루어지소서." 제게 앞으로 일어날 모든 일들은 더는 비밀이 아닙니다. 주님, 주님께서 제게 보내시는 것은 무엇이든 온전한 정신으로 다 받아들입니다. 오, 자비로우신 하느님, 저는 주님께 의탁합니다. 그리고 주님이 영혼들에서 받고자 하시는 믿음은 제가 제일 먼저 보여 드리고 싶습니다. 오, 영원한 진리시여, 저를 도와주시고 제 삶의 길을 비추어 주십시오. 그래서 주님의 뜻이 제 안에서 성취되게 해 주십시오. (615)

## 6 성모님과 곱비 신부님의 내적 담화

(인류) 구원을 위한 예수님의 이 고통스러운 '수난'의 시간을, 그분과 깊이 결합하여, 티 없는 내 성심의 순결한 봉쇄 구역 안에서 지내어라. 이는 '그분의 파스카'이다. (또한) '너희의 파스카'이다. (348,1)

오늘 나의 당부는 예수께 대한 완전하고 전적인 사랑 (서약)을 새로이 하라는 것이다. (그리고) 그분의 그 참혹한 수난의 순간들을 되살려 보기 바란다. 그분과 함께 '올리브 동산'으로 들어가, 그분께서 겪으신 '겟세마니의 번민'에 참여하여라. (444,3) 그분은 땅에 엎드리신다. 기도하시며 탄식하시고 눈물을 흘리신다. 화들화들 떨리는 몸은 온통 땀에 뒤덮이기 시작하고, 땀이 방울방울 피로 변한다. (444,9) 그분에게는 위로가 필요하다. 가장 사랑하신 세 제자 베드로와 야고보와 요한에게서 위로를 얻으시려고, 그토록 큰 고통에 짓눌리시면서도 세 차례나 그들에게 다가가신다. 그러나 그럴 때마다 그들은 잠에 곯아떨어져 있다. (444,10) 나는 멀리 떨어진 곳에 있어도 영혼과 마음으로는 언제나 내 '아들' 곁에 있기에, 이 '어머니'만이 그 비통한 고뇌의 순간에도 그분에게 도움을 드리는 유일한 지상 피조물일 뿐이다. 어머니의 그러한 영적 도움으로 위로를 받으신 예수께서는 완전한 맡김의 행위로 당신 자신을 (성부께) 봉헌하신다. "아버지, 제가 원하는 대로 하지 마시고 아버지께서 원하시는 대로 하소서."(*200주년 성서 마태 26,39; 마르 14,36; 루카 22,42) (444,11) 그러자 부드러운 격려와 성스러운 위로의 잔을 들고 '아버지'께로부터 파견된 천사가, 이미 다가오고 있는 배반자를 만나러 나가실 용기를 예수께 드린다. "나를 넘겨줄 자가 가까이 왔다."(*마태 26,45; 마르 14,42) (444,12) 고통의 무게가 얼마나 자주 너희를 압박하는지 모른다; 악의 세력이 너희로 하여금 옴짝도 못하게 마비시키는가 하면, 몰이해가 너희에게 상처를 입히고, (주위의) 반대로 말미암아 한 걸음도 내디딜 수 없을 때도 있고, 이 인류의 죄가 으스러지도록 너희를 짓누

르고, 배반이 너희에게 나약을 초래하기도 하니 말이야. (444,14)

이 시대는 과거 어느 때보다 더욱, "나를 따르려는 사람은 누구든지 자기를 버리고 제 십자가를 지고 따라야 한다."(*마태 16,24; 마르 8,34; 루카 9,23)는 모든 그리스도인의 소명을 철저히 수행하며 살 때이다. (100,13) 사랑하는 아들들아, 나를 따라오너라. 내 아들 예수님의 길을 너희가 두려움 없이 따르고자 한다면, 오늘날에는 반드시 이 어머니를 따라와야 한다. (100,14)

**7 자비의 5단 기도**

**8 묵주 기도** (고통의 신비)

**9 마침 기도**
사도들의 모두께 드리는 기도문

## 42 자비의 어머니 | 고통의 신비 2단

**예수님께서 우리를 위하여 매 맞으심을 묵상합시다.**

자비로우신 예수님께서는 매질과 고문으로 온몸이 피투성이가 되셨으면서도 영혼을 구원하시려는 사랑 때문에 형언할 수 없는 고통을 견뎌 내십니다. 그리고 인류의 구원을 위해 십자가에 못 박히신 아들의 십자가 아래 서 계신 비탄의 어머니는 죄인들에게 하느님의 자비를 중재하는 사명 때문에 당신 아들의 수난과 죽음을 온 존재로 참아 받으십니다. 우리도 예수님의 고통을 기억하며 속죄하는 마음으로 크고 작은 희생들을 온전히 하느님께 봉헌합시다.

+ 성부와 성자와 성령의 이름으로 아멘.
1 시작 기도 | 성령송가

2 독서

마르 15,6-15

빌라도는 축제 때마다 사람들이 요구하는 죄수 하나를 풀어 주곤 하였다. 마침 바라빠라고 하는 사람이 반란 때에 살인을 저지른 반란군들과 함께 감옥에 있었다. 그래서 군중은 올라가 자기들에게 해 오던 대로 해 달라고 요청하기 시작하였다. 빌라도가 그들에게 "유다인들의 임금을 풀어 주기를 바라는 것이오?" 하고 물었다. 그는 수석 사제들이 예수님을 시기하여 자기에게 넘겼음을 알고 있었던 것이다. 그러나 수석 사제들은 군중을 부추겨 그분이 아니라 바라빠를 풀어 달라고 청하게 하였다. 빌라도가 다시 그들에게, "그러면 여러분이 유다인들의 임금이라고 부르는 이 사람은 어떻게 하기를 바라는 것이오?" 하고 물었다. 그러자 그들은 "십자가에 못 박으시오!" 하고 거듭 소리 질렀다. 빌라도가 그들에게 "도대체 그가 무슨 나쁜 짓을 하였다는 말이오?" 하자, 그들은 더욱 큰 소리로 "십자가에 못 박으시오!" 하고 외쳤다. 그리하여 빌라도는 군중을 만족시키려고, 바라빠를 풀어 주고 예수님을 채찍질하게 한 다음 십자가에 못 박으라고 넘겨주었다.

3 위의 말씀이 나 자신에게 주는 의미를 잘 깨닫고 깊이 묵상한다.

4 성녀 파우스티나 수녀의 일기 중 예수님 말씀

"내 딸아, 내가 너에게 나의 고통을 느끼게 해 주고, 나의 고통에 대한 더 깊은 지식을 준다면, 그것은 나의 은총임을 알아야 한다. 너의 정신이 어두워지고, 너의 고통이 커질 때에는 네가 적극적으로 나의 수난에 참여할 수 있도록, 그리고 네가 완전히 나를 닮도록 해 준다. 다른 어느 때보다도 바로 이런 때 네가 해야 할 일은 너 자신을 나의 뜻에 맡기는 것이다." (1697)

5 성녀 파우스티나 수녀의 일기 중 묵상과 영적 대화

묵상을 하면서 나는 가능한 한 깊이 예수님의 성심 속에 나 자신을 숨겨야 한다는 것을 깨달았다. 그분의 슬픈 수난을 묵상하고, 죄인들에 대한 사랑으로 가득 차 있는 그분의 거룩한 성심의 정서 속으로 스며들어야 한다는 것을 알게 되었다. 죄인들을 위한 자비를 얻기 위하여 하느님의 뜻대로 살면서 매 순간 나 자신을 비울 것이다. (1621)

예수님, 이번 사순절 기간 동안 저는 주님의 손안에 있는 성체입니다. 주님 친히 죄인들 안으로 들어가기 위해서 저를 도구로 사용하십시오. 주님께서 원하시는 것은 무엇이나 다 요구하십시오. 죄인들의 영혼을 위해서라면 제게는 그 무엇도 지나친 희생이 아닙니다. (1622)

내 지향들이 인정받지 못하고, 오히려 비난받을 때, 나는 너무 놀라지 않을 것이다. 하느님만이 내 마음을 속속들이 아신다는 것을 나는 알기 때문이다. 진실은 죽지 않으며, 상처받은 마음은 때가 되면 평화를 다시 찾을 것이다. 그리고 나의 영은 주위의 반대를 통해서 오히려 강해진다. 나는 언제나 내 마음이 말하는 것에 귀를 기울이지 않고, 하느님께 빛을 청한다. 그리고 내가 평정을 되찾았다고 느낄 때, 그때야 더 말을 한다. (511)

나는 내가 받은 모든 굴욕들에 대해서 주 예수님께 감사할 것이고, 특히 나에게 그렇게 굴욕 당할 기회를 준 사람들을 위해서 기도할 것이다. 영혼들의 유익을 위해서 나는 나 자신을 희생할 것이다. 나는 희생을 위한 어떠한 대가도 계산하지 않을 것이다. 나는 수녀들이 밟고 다닐 뿐만 아니라 그들의 발을 닦을 수도 있는 양탄자처럼 나 자신을 수녀들의 발밑에 펼쳐 둘 것이다. 내 자리는 수녀들의 발밑에 있다. 나는 있는 힘을 다해서 사람들의 주의를 끌지 않는 자리를 얻도록 노력할 것이다. 하느님께서 이것을 보아 주시면, 그것으로 충분하다. (243)

오, 겉모습은 얼마나 오해를 불러오는가, 그리고 그에 대한 판단들은 얼마나 부당한가! 오, 덕행은 흔히 침묵을 지키는 것만으로도 얼마나 많은 고통을 받는가! 끊임없이 우리를 괴롭히는 사람들에게 진실하게 대하기 위해서는 더 많은 자기 부정이 필요하다. 피를 흘리고 있지만, 상처는 보이지 않는다. 오, 예수님, 이런 것들은 대부분 마지막 날에 이르게 되면 지금껏 가렸던 주님의 많은 섭리가 드러나게 될 것입니다. 우리의 수고가 하나도 헛되지 않으리라는 것은 얼마나 큰 기쁨인가! (236)

## 6 성모님과 곱비 신부님의 내적 담화

너희는 오늘, 그들이 찌른 분(*요한 19,37과 병행구 즈카 12,10 참조)을 바라보고 있다. 사랑하는 아들들아, 비탄에 잠긴 '수난의 어머니'인 나와 함께 이날을 지내어라. (542,1) 이날, 눈물에 젖은 내 눈으로 얼마나 엄청난 피를 보았는지! 채찍질로 말미암아 내 아들 예수께서는 하나의 큰 상처덩이가 되시고 말았다. 로마식의 그 가공할 채찍은 살을 후벼 파서 깊은 상처를 내는 것이었고, 그 상처들에서 얼마나 많은 피가 쏟아졌는지 그분은 (흡사) 진붉은 망토를 걸치신 것 같았다. (542,2) 눈물과 피. 이는 너희 속량의 대가이고, 무한한 고통의 표지이며, 온 세상을 새롭게 하려고 내려온 '하느님 자비'의 선물이다. (542,5) 너희는 오늘날 새로운 성금요일을 살고 있다. 그러니 너희 '천상 엄마'의 눈물진 눈에서 또 얼마나 많은 피가 흘러내리겠느냐! 그것은 모태에서 죽임을 당하는 아기들의 피요, 폭력과 증오 및 동족상잔의 전쟁 희생자들이 쏟는 피다. 게다가, 제 탓으로 단죄를 받아야 할 인류를 보는 이 어머니의 눈에서는 또 얼마나 많은 눈물이 흘러내리겠느냐! (542,6) 눈물과 피. 이 가련한 인류를 도와, 회개와 속죄의 길을 통해 주님께로 돌아오게 하는 것이 나의 소망이다. 그래서 어머니로서의 고통과 애타는 염려를 분명히 드러내는 표징을 인류에게 주고 있다. 나의 몇몇 '성상'으로 하여금 눈물과 피를 흘리게 하는 것은 그 때문이다. (542,7) 사랑하는 아들들아, 적어도 너희는 나와 함께, 그리고 너희 형제 요한과 함께, '십자가' 아래에 머물러 있어라. 그리하여 저토록 광범위한 배척의 칼에 또 다시 찔린 이 '통고의 어머니'를 격려하며 위로해 다오. 또한 너희의 고통을 나의 고통과 하나 되게 하여, '하느님 자비'의 기적이 세상에 내리도록 다시 한 번 간청하자꾸나. (542,11)

**7 자비의 5단 기도**

**8 묵주 기도** (고통의 신비)

**9 마침 기도**

사도들의 모후께 드리는 기도문

## 43 자비의 어머니 | 고통의 신비 3단

**예수님께서 우리를 위하여 가시관 쓰심을 묵상합시다.**

오, 지극히 자비로우시며 거룩하신 분! 처참한 수난으로 모습을 알아볼 수 없을 만큼이나 망가져 버린 육신이지만 그 영혼에서 흘러나오는 찬란한 빛은 온 세상의 어둠을 밝혀 주는 빛이며 죄인들을 품어 주는 한없는 사랑입니다. 진정한 사랑은 희생을 필요로 하며 모든 것을 참고 인내합니다. 자비의 어머니이신 성모님께서는 당신 아들의 수난과 처참한 버려짐에 가슴이 찢겨지지만 우리를 아끼고 사랑하는 그 마음은 변함없이 한결같으십니다. 우리는 예수님과 성모님의 사랑을 마음 깊이 새기며 그 사랑을 우리 또한 실천할 수 있도록 기도해야 할 것입니다.

✚ 성부와 성자와 성령의 이름으로 아멘.
1 시작 기도 | 성령송가

## 2 독서

**마태** 27,27-31

그때에 총독의 군사들이 예수님을 총독 관저로 데리고 가서 그분 둘레에 온 부대를 집합시킨 다음, 그분의 옷을 벗기고 진홍색 외투를 입혔다. 그리고 가시나무로 관을 엮어 그분 머리에 씌우고 오른손에 갈대를 들리고서는, 그분 앞에 무릎을 꿇고 "유다인들의 임금님, 만세!" 하며 조롱하였다. 또 그분께 침을 뱉고 갈대를 빼앗아 그분의 머리를 때렸다. 그렇게 예수님을 조롱하고 나서 외투를 벗기고 그분의 겉옷을 입혔다. 그리고 예수님을 십자가에 못 박으러 끌고 나갔다.

## 3 위의 말씀이 나 자신에게 주는 의미를 잘 깨닫고 깊이 묵상한다.

## 4 성녀 파우스티나 수녀의 일기 중 예수님 말씀

"보아라. 나와 같은 고통과 멸시를 받고 있는 영혼들은 나와 함께 영광을 받을 것이다. 그리고 나보다 고통과 멸시를 덜 받는 영혼들은 영광을 받는 데에서도 덜하게 될

것이다."(446)

**5 성녀 파우스티나 수녀의 일기 중 묵상과 영적 대화**

오, 저의 예수님, 제가 고통의 잔을 마실 때 얼굴을 찡그리지 않도록 고통을 견딜 수 있는 힘을 주십시오. 제가 바치는 희생이 주님께 기쁨이 될 수 있도록 주님 친히 저를 도와주십시오. 비록 여러 해 동안 계속될지라도 그 희생이 자기애로 더럽혀지지 않게 해 주십시오. 그리고 제 지향의 순수함이 주님께 즐거움과 신선함, 그리고 생명력을 드릴 수 있게 해 주십시오. 주님의 거룩한 뜻을 수행하기 위한 끊임없는 투쟁과 항구한 노력은 곧 저의 삶입니다. 그러나 제 안에 있는 모든 것들, 저의 비천함도 저의 힘도, 오, 주님, 주님께 찬미드리게 하소서. (1740)

아침 묵상 시간에, 나는 내 머리의 왼쪽에 가시에 찔리는 것 같은 아픔을 느꼈다. 그 고통은 온종일 계속되었다. 나는 예수님께서 그분의 가시관에 있는 그 많은 가시들이 주는 고통을 어떻게 견디셨는지를 계속 묵상했다. 나는 내 고통을 예수님의 고통에 합치시켜서, 그것을 죄인들을 위해서 봉헌했다. 네 시에 조배하러 갔을 때, 나는 우리 기숙생 중의 하나가 불순결한 생각으로 하느님께 큰 죄를 범하는 것을 보았다. 나는 또한 그의 죄의 원인이 되는 사람도 보았다. 내 영혼은 두려움으로 떨었고, 나는 예수님의 고통을 보아서라도 그를 이 무서운 불행에서 빨리 건져 달라고 하느님께 청했다. (349)

예수님께서는 나의 청을 들어주시겠다고 대답하시면서, 그를 봐서가 아니라 내가 청했기 때문이라고 하셨다. 이제, 나는 우리가 죄인들을 위해서, 특히 우리 기숙생들을 위해서, 얼마나 많이 기도해야 하는지를 이해하게 되었다. 우리의 삶은 진정으로 사도직을 위한 것이다. 나는 사도적 정신을 가지지 않은 채로, 우리 수녀원에서, 곧 우리 공동체에서 사는 수도자가 있다는 것은 상상도 할 수 없다. 우리의 마음속에는 영혼들의 구원을 위한 열정이 불타고 있어야 한다. (350)

오, 저의 하느님, 주님을 위해서 고통받는다는 것이 얼마나 감미로운 것인지요! 마음의 가장 비밀스런 깊은 곳에서, 아주 깊이깊이 숨겨진 곳에서 고통받기, 아무도 모르게 수정처럼 순수하게 아무런 동정이나 위안도 없이 번제의 희생 제물처럼 타버리기, 주님을 위해서 고통받는다는 것은 말할 수 없이 행복한 일입니다. 제 영은 능동적인 사랑으로 불탑니다. 저는 꿈을 꾸느라고 시간을 낭비하지 않습니다. 저는 다가오는 순간순간을 모두 사용합니다. 제 힘으로 그렇게 할 수 있기 때문입니다. 과거는 저에게 속한 것이 아니고, 미래도 저의 것이 아닙니다. 제 영혼의 온 힘을 다해서 저는 현재의 순간을 사용하려고 노력합니다. (351)

아침 묵상 시간 동안에 측량할 수 없는 하느님의 위대하심을 보고, 또한 동시에 그분이 당신의 피조물들에게로 당신을 그처럼 겸손히 낮추시는 것을 보았다. 그 순간 하느님의 현존이 아주 특별한 방법으로 나를 감쌌다. 그러자 나는 하느님의 어머니를 보았는데, 그분께서 내게 이렇게 말씀하셨다. "오, 하느님의 은총이 주시는 영감을 충실히 따르는 영혼이 하느님을 얼마나 기쁘게 해 드리는지! 나는 이 세상에 구세주를 주었다. 그러니까, 너도 이 세상에 그분의 위대한 자비에 대해서 이야기해 주어야 하고, 또 이 세상을 그분의 재림을 위해서 준비시켜야 한다. 이제 두 번째로 오시는 그분은 자비로운 구세주가 아니라 정의의 심판자이시다. 오, 그날이 얼마나 무서울 것인지! 그날은 정의의 날, 거룩한 분노의 날이 될 것이다. 천사들도 그 앞에서는 벌벌 떤다. 아직 자비를 구할 수 있는 시간이 남아 있는 동안에 영혼들에게 이 위대한 자비에 대해서 이야기하여라. 만일 네가 지금 침묵을 지킨다면 그 무서운 날에 너는 아주 많은 영혼들에 대하여 책임져야 할 것이다. 아무것도 무서워하지 말고, 끝까지 충실하여라. 내가 너와 함께할 것이다." (635)

## 6 성모님과 곱비 신부님의 내적 담화

사랑하는 아들들아, 예수님과 함께 그분 수난의 그 끔찍한 시간을 지내기 위해 너희는 내 '티 없는 성심'의 정원에 모여 다오. 오늘은 성금요일이다. 그분께서 단죄를 받으시고 '십자가'에서 숨을 거두신 날이다. (445,1) 그(빌라도)는 군인들에게 채찍질을 하라고 그분을 넘겨준다. (그래서) 그분의 티 없이 순결한 몸은 로마식의 그 끔찍한 채찍에 살이 갈기갈기 찢어져 (온통) 하나의 깊고 피 흐르는 상처덩어리가 된다. (445,4) 이어 그분은 가시관 씌움을 당하신다. 가시에 찔린 머리에서 줄줄 흘러내리는 피가 그분의 '얼굴'을 뒤덮는다. 그들은 그분에게 손찌

검을 하고 수없이 침 뱉으며 모욕을 가한다 : "사람들에게 두들겨 맞고 굴욕을 당한 그를 우리가 보았으니, 망가진 그의 얼굴은 인간의 모습을 찾아볼 수 없었다."(*이사 52,14 참조) (445,5) 보아라, 모든 세기의 사람이신 이분을! '겟세마니'에서는 세상의 모든 죄가 그분에게 지워졌고, '재판정'에서는 모든 사람의 고통, 굴욕, 멸시, 착취, 속박이 그분에게 지워진 것이다. (445,7)

"내가 땅에서 들어 올려질 때." 이를 위하여 '아버지의 말'씀께서 내 동정모태에 강생하셨다, 이를 위하여 이 어머니의 태중에 아홉 달 동안 머물러 계셨다. 이를 위하여 가난하기 이를 데 없는 동굴에서 탄생하셨다, 이를 위하여 죽음의 위협에 처한 유년기를 보내셨고, 일상적인 일거리 앞에서 허리를 구부리고 노동하며 청소년기의 나날을 보내셨다. (591,2) 그분의 거룩한 몸이 아름답게 자라는 것을 보면서, 나는 아버지께서 예비하시고 기다리시는 산 제물로서 그분 자신을 바치기로 되어 있는 장소를 자주 생각하며 몸을 떨곤 했다. 그러니 예수님과 함께 골고타 정상을 바라보자. 여기서 이제 그분의 피 흐르는 희생 제사가 막 완성되려고 한다. (591,3) 너희를 위해 땅에서 십자가 위로 들어 올려지신 예수님 안에서 모든 인류에 대한 하느님 자비의 승리를 보아라. 그분으로 말미암아 온 인류가 구속되었다. (591,9) 그리고 어머니로서의 내 고통을 내 아들의 모든 고난과 합친다. '하느님 자비의 어머니'가 되도록 부르심을 받았기 때문이다. 내 아들 예수께서 구속된 인류를 나의 모성애에 맡기신 것도 그 때문이다. 예수께서 모든 인류에게 나를 참된 어머니로 주신 것이다. (591,11) 너희 모두 나의 이 새로운 영적 모성의 요람 안으로, 내 티 없는 성심의 안전한 피난처로 들어오너라. (591,12)

## 7 자비의 5단 기도

## 8 묵주 기도 (고통의 신비)

## 9 마침 기도

사도들의 모후께 드리는 기도문

## 44 자비의 어머니 | 고통의 신비 4단

**예수님께서 우리를 위하여 십자가 지심을 묵상합시다.**

전지전능하신 하느님께서 피투성이가 되신 몸으로 십자가를 지고 '갈바리아'로 오르십니다. 주님의 이 한 걸음 한 걸음은 세상의 죄를 없애시는 사랑의 걸음입니다. 몸을 가눌 수도 없는 그 고통 중에 비통의 칼에 심장이 찔리신 당신의 '어머니'를 만나십니다. 마주한 두 분의 눈동자 안에 담겨 있는 그 찢어지는 심정을 우리는 아들의 마음으로, 또 어머니의 마음으로 가슴 깊이 묵상하며 느껴 보아야 합니다. 예수님과 성모님의 수난의 고통이 진심으로 우리 마음 깊이 전해져 온다면 우리도 그 희생의 사랑을 서로 나눌 수 있을 것입니다.

+성부와 성자와 성령의 이름으로 아멘.
1 시작 기도 | 성령송가

**2 독서**

**루카** 23,26-32

그들은 예수님을 끌고 가다가, 시골에서 오고 있던 시몬이라는 어떤 키레네 사람을 붙잡아 십자가를 지우고 예수님을 뒤따르게 하였다. 백성의 큰 무리도 예수님을 따라갔다. 그 가운데에는 예수님 때문에 가슴을 치며 통곡하는 여자들도 있었다. 예수님께서는 그 여자들에게 돌아서서 이르셨다. "예루살렘의 딸들아, 나 때문에 울지 말고 너희와 너희 자녀들 때문에 울어라. 보라, '아이를 낳지 못하는 여자, 아이를 배어 보지 못하고 젖을 먹여 보지 못한 여자는 행복하여라!' 하고 말할 날이 올 것이다. 그때에 사람들은 '산들에게 '우리 위로 무너져 내려라.' 하고 언덕들에게 '우리를 덮어 다오.' 할' 것이다. 푸른 나무가 이러한 일을 당하거든 마른 나무야 어떻게 되겠느냐?" 그들은 다른 두 죄수도 처형하려고 예수님과 함께 끌고 갔다.

**3** 위의 말씀이 나 자신에게 주는 의미를 잘 깨닫고 깊이 묵상한다.

**4 성녀 파우스티나 수녀의 일기 중 예수님 말씀**

"십자가의 길밖에는 하늘나라로 가는 길이 없다. 그래서 내가 먼저 이 길을 걸었다. 이 길이 가장 짧고도 확실한 길이라는 것을 깨달아라." (1487)

"늘 준비하고 있어라. 나는 너를 이 귀양살이에 오래 남겨 두지 않을 것이다. 나의 거룩한 뜻이 네 안에서 이루어져야만 한다." (1539)

**5 성녀 파우스티나 수녀의 일기 중 묵상과 영적 대화**

오, 예수님, 영원한 진리시여, 우리의 생명이시여, 불쌍한 죄인들에게 자비를 베푸시길 저는 주님께 부탁하고 주님께 애걸합니다. 오, 끝없는 자비와 연민으로 가득하신 지극히 감미로운 내 주님의 마음이시여, 저는 죄인들을 위해서 주님께 애원합니다. 오, 지극히 거룩하신 성심이시여, 전 인류 위에 상상조차 할 수 없는 은총의 빛줄기들을 쏟아 내려 주시는 자비의 샘이시여, 저는 주님께 불쌍한 죄인들에게 빛을 주시라고 간청합니다. 오, 예수님, 주님 자신의 쓰라린 수난을 생각하시고, 주님의 가장 고귀한 피의 값진 대가를 치르고 구속하신 영혼들이 멸망하는 것을 버려두지 마십시오. 오, 예수님, 제가 주님 피의 그 고귀한 값을 생각할 때에는, 그 무한함에 말할 수 없이 큰 기쁨을 느낍니다. 주님의 피 한 방울만으로도 모든 죄인들을 구하기에 넉넉할 것이기 때문입니다. 비록 우리의 죄가 배은망덕과 악의 심연이라고 해도, 우리를 위해서 치러진 수난의 대가와는 절대로 비교도 할 수 없습니다. 그러니 모든 영혼들이 주님의 수난에 의탁하게 하고, 그분의 자비 안에 희망을 두게 해야 합니다. 하느님께서는 어느 누구에게도 당신의 자비를 거절하지 않으십니다. 하늘과 땅은 변할 수 있습니다. 그러나 하느님의 자비는 절대로 고갈되지 않습니다. 오, 저의 예수님, 제가 상상을 초월하는 주님의 자비를 관상할 때면, 저의 마음 안에는 한없는 기쁨이 불타오릅니다. 저는 모든 죄인들을 주님의 발치로 인도하려 합니다. 그리하여 그들이 주님의 자비를 영원히 찬미하게 되기를 원합니다. (72)

  예수님께서 다음 날 밤에 내가 누구를 위하여 기도해야 할 것인지를 가르쳐 주겠다고 말씀하셨다.

  [다음 날 밤에] 나는 자기를 따라오라고 명령하는 나의 수호천사를 보았다. 한순간에 나는 강렬한 불길로 인

해 연기가 자욱한 곳에 있었다. 그곳에는 고통을 당하는 수많은 영혼들이 있었다. 그들은 애타게 기도하고 있었지만 아무 소용이 없었다. 오직 우리들만이 그들에게 도움을 줄 수 있는 것이다. 그런데 그들을 불태우는 불길은 나를 조금도 건드리지 않았다. 내 수호천사는 한시도 내 곁을 떠나지 않고 지키고 있었다. 나는 그 영혼들에게 무엇이 가장 힘든 고통이냐고 물었다. 그들은 모두 이구동성으로 '주님을 뵙고 싶은 갈망'이라고 말했다. 그때 나는 연옥 영혼들을 방문하시는 성모님을 뵈었는데, 영혼들은 성모님을 "바다의 별"이라고 불렀다. 성모님께서 그들에게 마실 것을 가져오셨다. 내가 그들과 더 이야기를 하려고 하는데 나의 수호천사는 이제 떠나자고 말했다. 우리는 그 고통의 감옥 밖으로 나왔다. 나는 이렇게 말하는 내적 소리를 들었다. "나의 자비는 이것을 원치 않는다. 그러나 정의가 이것을 요구한다." 이때부터 나는 연옥에서 고통받는 영혼들을 더 긴밀하게 느끼게 되었다. (20)

　주님께서 내게 말씀하셨다. "연옥에 자주 들어가 보아라. 그곳에서는 너를 필요로 하고 있다." 오, 저의 예수님, 주님께서 제게 하시는 이 말씀의 뜻을 이해합니다.

그렇지만 먼저 제가 주님 자비의 보고 속으로 들어가게 해 주십시오. (1738)

내가 깊은 기도에 잠기고, 그 시간에 온 세상에서 거행되고 있는 모든 미사에 나 자신을 일치시켰을 때, 나는 이 모든 미사를 통해 온 세상에 자비를 베푸시기를, 특히 그 순간에 죽어 가고 있는 불쌍한 죄인들에게 자비를 베풀어 주시기를 하느님께 간청했다. 그러자 그 순간, 나는 하느님께 드린 중재의 기도 덕택에 천명의 영혼들이 은총을 받았다는 내적인 대답을 받았다. 기도와 희생을 통해서 구원해야 하는 영혼들의 수가 얼마나 많은지 우리는 모르고 있다. 그렇기 때문에 우리는 항상 죄인들을 위해서 기도해야 한다. (1783)

## 6 성모님과 곱비 신부님의 내적 담화

오늘 너희는 내 성자 예수님의 수난과 죽음의 고통스러운 시간을, '통고의 어머니'인 내 곁에서 지내어라. (422,1) 한마디의 원망도 탄식도 하지 않고 도살장으로 끌려가는 순한 어린양(*이사 53,7 참조)처럼 그분은 '천상 아버지'께서 지게 하시는 '십자가'의 무게에 짓눌리시며

'갈바리아'를 오르셨으니, 이것이 내가 오늘 만나는 내 성자의 모습이다. 두들겨 맞고 피투성이가 된 그분의 망가진 얼굴은 더 이상 사람의 얼굴 같지가 않고(*이사 52,14), 채찍질로 말미암아 피가 줄줄 흘러내리는 몸은 그 전체가 살아있는 하나의 상처덩이가 되었을 뿐이다. 그분은 이제 몸을 가눌 힘도 없어 휘청거리시고 신열로 기진하시며 원기를 잃으신다. (이윽고) '십자가'의 무게에 눌려 넘어지신다. (사람도 아닌) 구더기(*시편 22,6)처럼 으스러지신 채 땅바닥에 쓰러져 계시니, 더는 몸을 일으키실 힘이 없다. (422,3) 바로 그 순간, '천상 아버지'께서 그분에게 이 '어머니'의 위로를 주셨으니, 그때부터 우리 (모자)는 그분의 '구속 수난'의 신비를 함께 살게 된다. (422,4) 아들과 어머니. 우리는 함께 이 끔찍한 길의 막바지를 걷고 있다. 그분은 당신을 짓누르는 수난의 무한한 무게를 지고 가시고, 나는 내 티 없는 마음을 꿰뚫어 상처를 입히며 피를 흘리게 하는 고통의 칼을 안고 간다. (422,5) 아들과 어머니. 우리는 하나이고 똑같은 고통의 '십자가'를 지고 '갈바리아'를 올라간다. 그분의 머리에서 흘러내리는 핏방울들이 이 어머니의 눈에서 쏟아지는 한

정 없는 눈물과 하나가 된다. 그분의 머리에 들씌워진 가시관은 내 심장을 찌르는 예리한 칼이 되고, 상처로 뒤덮인 그분의 몸은 갈기갈기 찢어진 내 영혼을 (반사하는) 거울이다. (422,6)

여기서 너희에게 고통을 가르쳐 주고 싶다. (124,6) 이 시련 앞에서 달아나려고 애쓰지 말아라. 인간적인 위로를 구하지 말고, 언제나 너희 엄마의 성심을 찾아라. 하느님 아버지의 뜻에 "예"라고 할 수 있게 너희를 도와주는 엄마이니 말이다. (124,9) 여기서 너희에게 침묵을 가르쳐 주고 싶다. (124,10) 내 아들(예수님)의 말씀이 이 최후의 순간에는 침묵이 된다. 이제 그분은 당신 삶으로 말씀하신다. 이것이 하느님의 뜻에 대한 최고의 증언이다. (124,11) 오늘 너희는 특히 침묵하는 법을 익혀야 한다. 너희 마음이 침묵에 잠기도록 하여 그분의 '신적인 말씀'에만 귀를 기울여라. (124,13) 너희 주위에도 침묵을 쌓아, 너희를 받아들이지 않는 이들의 비난이나 중상모략에 답하지 말아라. (124,14) 박해하는 이들의 비웃음과 욕설에도 답하지 말고, 아무도 판단하지 말아라. (124,15) 다가올 시간 속에서도 너희는 더욱더 침묵을 지키도록 불려질 것이다. 너희 삶으로 말하여라. 그러면 너희 역시 십자가에 달린 자신의 삶으로부터 만인을 위한 사랑의 말과 아버지의 뜻에 대한 온전한 의탁의 말이 우러나올 것이다. (124,16)

**7 자비의 5단 기도**

**8 묵주 기도** (고통의 신비)

**9 마침 기도**
　사도들의 모후께 드리는 기도문

## 45 자비의 어머니 | 고통의 신비 5단

**예수님께서 우리를 위하여
십자가에 못 박혀 돌아가심을 묵상합시다.**

하느님의 자비하심은 인간에 대한 사랑 때문에 결국 십자가 위에서 당신 외아들의 몸까지 아낌없이 내어 주셨을 뿐만 아니라 죄인인 우리에게 자비의 어머니이신 성모님까지 선물로 내어 주셨습니다. 우리는 이 귀양살이가 끝나는 그날까지 한없이 자비로우신 사랑에 온전히 의탁해야 하며 아들 예수님의 수난이 헛되지 않게 하시려고 늘 우리를 위해 기도해 주시는 자비의 어머니이신 성모님과 함께 하느님을 사랑하고 우리 자신의 죄에 대한 보속과 죄인들의 회개를 위해 기도와 희생을 봉헌하는 삶을 살아야 할 것입니다.

+ 성부와 성자와 성령의 이름으로 아멘.
1 시작 기도 | 성령송가

## 2 독서

**루카 23,44-48**

낮 열두 시쯤 되자 어둠이 온 땅에 덮여 오후 세 시까지 계속되었다. 해가 어두워진 것이다. 그때에 성전 휘장 한 가운데가 두 갈래로 찢어졌다. 그리고 예수님께서 큰 소리로 외치셨다. "아버지, '제 영을 아버지 손에 맡깁니다.'" 이 말씀을 하시고 숨을 거두셨다. 그 광경을 보고 있던 백인대장은 하느님을 찬양하며, "정녕 이 사람은 의로운 분이셨다." 하고 말하였다. 구경하러 몰려들었던 군중도 모두 그 광경을 바라보고 가슴을 치며 돌아갔다

**3 위의 말씀이 나 자신에게 주는 의미를 잘 깨닫고 깊이 묵상한다.**

**4 성녀 파우스티나 수녀의 일기 중 예수님 말씀**

"내 딸아, 나는 회개하는 영혼들을 위한 자비, 그 자체라는 것을 기록하여라. 영혼이 아무리 비천하다고 해도 나의 분노를 일으키지는 않는다. 오히려 내 마음은 그를 위한 크나큰 자비심으로 움직인다." (1739)

## 5 성녀 파우스티나 수녀의 일기 중 묵상과 영적 대화

하늘과 땅 앞에서, 모든 천사들의 군대 앞에서, 지극히 거룩하신 동정녀 마리아 앞에서, 하늘의 모든 능품能品천사들 앞에서, 저는 오늘, 영혼들의 구원자이신 예수 그리스도와 일치하여, 하나이시며 삼위이신 하느님께 선언합니다. 저는 죄인들의 회개를 위하여, 그리고 특히 하느님의 자비에 대한 희망을 잃어버린 영혼들을 위하여 저 자신을 자발적인 희생으로 봉헌합니다. 이 봉헌은 제가 하느님의 뜻에 대한 완전한 복종으로, 죄인들을 가득 채우고 있는 모든 고통과 두려움과 공포를 받아들이는 것으로 이루어집니다. 그 대신, 죄인들에게는 제 영혼이 하느님과의 친교 중에 받은 모든 위로를 줍니다. 한마디로, 저는 모든 것을, 곧 거룩한 미사, 영성체, 보속, 고행, 기도를 그들을 위해 봉헌합니다. 저는 예수님과 일치하여 있기 때문에 하느님께서 내리시는 정의의 채찍질을 두려워하지 않습니다. 오, 저의 하느님, 저는 이런 방법으로 주님의 선하심에 의탁하지 않는 영혼들의 잘못을 대신해서 속죄하겠습니다. 주님, 자비의 바다에서 넘쳐 나는 한없는 희망을 믿습니다. 저의 주님, 저의 하느님, 저의 몫

– 영원히 저의 몫이신 하느님, 저는 이 봉헌의 행위를 제 힘으로 하는 것이 아니라 예수 그리스도의 희생에서 비롯된 거룩함 힘에 의존해서 행합니다. 예수님, 저는 주님 친히 가르쳐 주신 아래와 같은 기도를 매일 바침으로써 저 자신을 봉헌하는 이 행위를 반복하겠습니다.

"오, 저희를 위한 자비의 샘이신 예수 성심에서 흘러나온 피와 물이시여, 저는 당신께 의탁합니다." (309)

오늘 십자가에 못 박히신 주 예수님을 보았다. 그분의 심장에 난 상처로부터 값비싼 진주와 다이아몬드가 쏟아져 나오고 있었다. 나는 수많은 영혼의 무리가 이 선물들을 받아 모으는 것을 보았다. 그런데 그중 한 영혼은 그분의 심장 가장 가까이 있었는데, 이 선물들이 귀하다는 것을 알면서, 자신뿐 아니라 다른 사람들을 위해서도 그것들을 마음껏 받아 모았다. 구세주께서 내게 말씀하셨다. "이것이 영혼들에게 쏟아져 내리는 은총의 보배들이다. 그러나 모든 영혼들이 나의 관대함으로부터 유익을 얻어 낼 줄 아는 것은 아니다." (1687)

오, 거룩한 미사 시간 동안 얼마나 무섭도록 신비로운 일들이 일어나는가! 미사 중에는 위대한 신비가 진행된다. 우리가 얼마나 큰 신심으로 이 예수님의 죽음을 듣고, 또 그분의 죽음을 함께 해야 하는가! 하느님께서 미사 때마다 우리를 위해서 무엇을 하고 계신지, 어떤 선물을 준비하고 계신지 언젠가는 우리가 알게 될 것이다. 오직 그분의 신성한 사랑만이 우리를 위해서 그런 선물이 준비되는 것을 허락할 수 있었다. 오, 예수님, 저의 예수님, 각각의 영혼들을 위해서 그렇게도 감미롭고 힘찬 생명의 샘이 솟아 나오는 것을 볼 때, 그리고 그와 동시에 영혼들이 자기 자신의 잘못으로 시들고 말라버리는 것을 볼 때, 제 영혼이 얼마나 극심한 고통으로 아파하는지요. 오, 예수님, 자비의 힘이 이런 영혼들을 품어 안게 해 주십시오. (914)

오, 살아 계신 성체시여, 이 귀양살이에서 저를 도와주시어, 제가 구세주의 발자취를 충실히 따라갈 수 있는 힘을 주십시오. 주님, 제가 십자가에서 내려놓아 달라고 주님께 청하지 않도록 십자가 위에 끈질기게 남을 수 있는 힘을 제게 내려 주시기를 간청합니다. 예수님, 저는 주님이 그렇게 하셨던 것처럼, 십자가 위에 팔을 벌리고 매달려서 주님이 겪으신 모든 고통과 아픔을 모두 받고 싶습니다. 저는 쓰디쓴 고통의 잔을 바닥까지 다 마시고 싶습

니다. (1484)

## 6 성모님과 곱비 신부님의 내적 담화

나는 예수님의 엄청난 수난 전체를 어머니의 사랑으로 감싸 드리기 위해, 임종 중인 그분 곁에 있다. 그분과 온전히 일치하여 더없이 쓰라린 저버림의 그 쓰디쓴 잔을 나도 함께 마시고 있는 것이다. (197,2) 여기 십자가 아래에는 그분의 열두 사도들도 없다. 그분을 배반한 자는 벌써 자살해 버렸고, 그분을 부인한 또 한 사람은 멀리 떨어진 곳에서 울고 있고, 다른 사람들은 뿔뿔이 흩어져 심한 공포에 사로잡혀 있다. (197,10) 그래도 한 사람만은 내 곁에 있으니, (바로) 작은 요한이다. (197,11) 예수님은 십자가 위에서 마지막으로 당신을 (성부께) 맡기시며 마지막 숨을 거두시기 전에, 우리 두 사람을 그윽이 내려다보신다. 그 눈길이 다함없는 사랑으로 빛난다 : "어머니, 이 사람이 어머니의 아들입니다."(*요한 19,26) (197,13)

너희는 모두, 오늘 (창에) 찔리신 그분을 바라보아라. 그분의 성혈로 씻음을 받고 그분의 사랑이 너희 안에 흘러

들어오게 하여라. 그분의 고뇌로 낳음을 받고 그분의 상처 속에 숨어들며, 그분의 속죄로 회복되고 그분의 새롭고 영원한 희생 제사로 구원을 받아라. (288,11) 예수께서 '미사성제'에서 너희를 위해 다시 희생 제물이 되실 때 비록 피 흐르는 제사는 아니라 하더라도, 이 성금요일이 반복된다. 이날의 더할 나위 없는 고귀한 선물이 너희를 위해 신비스럽게 재현되는 것이다. (288,12) 그런데 희생 제물이 되고 계시는 예수님 곁에서 (그분을) 바치는 너희 천상 엄마의 비통한 봉헌 역시 되풀이된다. 길고도 비통한 성금요일에 그러했듯이, '거룩한 미사'가 거행되는 '제단'마다 그 옆에는 언제나 내가 있는 것이다. (288,13)

사랑하는 아들들아, 오늘은 모두, 십자가에 달리신 예수님께로 달려오너라. 너희 '통고의 어머니'인 나와 일치하여, 사랑과 감사 가득한 마음으로 그분의 상처들에 입맞춤을 드리고, 안전한 피난처인 그 상처들 안에 피신하며, 내 아들 예수님의 그 찢어져 피 흐르는 상처들로부터 영원히 흘러나올 생수의 샘에서 몸을 씻어라. (569,10) 그리하여 지상에서 싸우고 있는 교회와 연옥에서 정화되고 있는 교회, 그리고 천상의 승리 교회와 더불어, 예수님께 깊은 흠숭과 무한한 감사를 드리자꾸나 : "오, 그리스도님, 당신을 경배하며 찬양합니다. 당신은 거룩한 십자가로 세상을 구원하셨고, 당신의 거룩한 상처로 저희를 고쳐 주셨나이다." (569,11)

**7 자비의 5단 기도**

**8 묵주 기도** (고통의 신비)

**9 마침 기도**
 사도들의 모후께 드리는 기도문

## 46 자비의 어머니 | 영광의 신비 1단

**예수님께서 부활하심을 묵상합시다.**

예수님의 죽으심과 자비로우신 사랑은 우리에게 참생명

을 가져다주었습니다. 사랑은 곧 섬김입니다. 흠 없이 거룩하신 분께서 보잘것없는 죄인을 섬기려고 이 세상에 오셨습니다. 부활하신 그리스도께서는 우리의 희망이시며 우리를 영원한 생명으로 초대하시는 분이십니다. 우리는 이 세상의 부질없는 모든 집착을 벗어 버리고 가장 낮은 자의 겸손과 순종의 마음으로 하느님의 뜻 안에 우리 자신을 내어 드려야 할 것입니다.

**+ 성부와 성자와 성령의 이름으로 아멘.**
**1 시작 기도** | 성령송가

**2 독서**
**마태** 28,5-8
그때에 천사가 여자들에게 말하였다. "두려워하지 마라. 너희가 십자가에 못 박히신 예수님을 찾는 줄을 나는 안다. 그분께서는 여기에 계시지 않는다. 말씀하신 대로 그분께서는 되살아나셨다. 와서 그분께서 누워 계셨던 곳을 보아라. 그러니 서둘러 그분의 제자들에게 가서 이렇게 일러라. '그분께서는 죽은 이들 가운데에서 되살아나셨습니다. 이제 여러분보다 먼저 갈릴래아로 가실 터이니, 여러분은 그분을 거기에서 뵙게 될 것입니다.' 이것이 내가 너희에게 알리는 말이다." 그 여자들은 두려워하면서도 크게 기뻐하며 서둘러 무덤을 떠나, 제자들에게 소식을 전하러 달려갔다.

**3** 위의 말씀이 나 자신에게 주는 의미를 잘 깨닫고 깊이 묵상한다.

**4 성녀 파우스티나 수녀의 일기 중 예수님 말씀**
"내 몸의 모든 상처들로부터 자비가 샘물처럼 영혼들에게로 흐른다. 그러나 측량할 수 없는 자비의 샘은 내 심장의 상처다. 이 샘으로부터 영혼들을 위한 모든 은총들이 솟아 흘러나온다. 연민의 불꽃이 나를 불사른다. 나는 영혼들 위에 이 연민의 불꽃을 흠뻑 쏟아 주고 싶다. 온 세상에게 나의 자비를 이야기해 주어라." (1190)

**5 성녀 파우스티나 수녀의 일기 중 묵상과 영적 대화**
부활 제2주일은 하느님의 자비 축일이고, 구원의 희년

이 끝나는 날이다. 우리가 축제에 참여하러 갈 때, 내 마음은 기뻐서 뛰었다. 이 두 의식이 서로 아주 잘 결합되어 있기 때문이었다. 나는 죄인들의 영혼에 자비를 베푸시라고 하느님께 청했다. 예절이 거의 끝날 무렵, 사제가 사람들을 축복하기 위해서 성체를 높이 들어 올렸을 때, 나는 초상화에서의 모습 그대로의 주 예수님을 보았다. 주님께선 당신의 축복을 주셨고, 그분에게서 나오는 빛줄기들은 전 세계로 퍼져 나갔다. 갑자기 나는 수정으로 된 집 모양의 닿을 수 없는 밝은 빛을 보았다. 그것은 피조물들도 영들도 접근할 수 없는 찬란한 빛의 파도로 짜인 것이었다. 이 광채로 들어가는 문이 세 개 있었다. 그 순간에, 성상화에 그려진 모습대로의 예수님께서 두 번째 문을 통해서 그 광채 속으로 들어가셨는데, 그 내부는 하나로 일치되어 있었다. 그것은 감히 이해할 수 없고 끝이 없는 삼위일체의 오묘함이었다. 순간 이런 소리가 들려왔다. "이 축일은 바로 나의 자비의 깊은 곳으로부터 나온 것이고, 나의 깊고도 넓은 한없는 자비가 확인한 것이다. 누구든지 나의 자비를 믿고 의탁하면, 자비를 얻을 것이다." 나는 나의 하느님의 한없는 선하심과 위대하심

에 너무 기뻐서 어쩔 줄을 몰랐다. (420)

 어느 순간인가 하느님의 현존이 나의 존재 전체를 꿰뚫고 들어와 나의 이성은 신비롭게도 그분의 본질에 대하여 깨달음을 얻었다. 그분은 내게 당신의 내적 생활을 이해하도록 해 주셨다. 나는 영적으로 삼위일체의 세 분을 보았다. 그러나 그분들의 본체는 하나였다. 그분은 하나, 단 하나이시며, 세 분 속에 계신다. 그분들 중의 어느 분도 더 위대하지도, 덜 위대하지도 않으시다. 그분들은 하나이시기 때문에 아름다움이나 거룩함에 있어서도 세 분은 한결같으시다. 그분들은 절대적으로 하나이시다. 그분의 사랑이 내게 이런 것들을 깨우쳐 주었고, 나를 그분과 일치시켜 주었다. 내가 한 분과 일치되면, 나는 둘째 분과 셋째 분과도 똑같이 일치된다. 우리가 한 분과 일치되면, 바로 그 사실 때문에 우리는 같은 모양으로 둘째 분과 셋째 분과도 일치하게 된다. 세 분이 계시지만 그들은 하나이신 하느님이시고, 다만 하나의 뜻이 있을 뿐이다. 삼위 중의 한 분이 어떤 한 영혼과 통교하시면 바로 그 한 분의 뜻에 의해서 그 영혼은 자신이 세 분과 일치하게 되고, 지극히 거룩하신 삼위일체로부터 흘러나오는 무한한 행복에 잠기게 된다. 그 행복은 성인들의 양식이다. 지극히 거룩하신 삼위일체로부터 흘러나오는 바로 그 같은 행복이 모든 피조물들을 행복하게 해준다. 그 행복에서부터 생명이 샘솟아 오르고, 그분에게서 시작된 모든 생명체에게 생명을 주고 활기를 준다. 이런 순간들에 내 영혼은 진정으로 위대한 하느님의 기쁨을 체험했다. 이 환희를 글로써 표현한다는 것은 무척 어려운 일이다. (911)

## 6 성모님과 곱비 신부님의 내적 담화

부활하시어 너희 가운데 살아 계신 그리스도(야말로) 이 마지막 시대의 너희 기쁨과 신뢰와 희망의 근거이시다. 그리스도께서는 당신 자신이 죄와 죽음의 병으로부터 너희를 낫게 하는 약이 되시고자 죽음을 받아들이셨기에 (*1베드 3,18 참조) 사탄은 패배하고, 그 순간부터 그의 모든 권세도 그리스도께 빼앗기게 되었다. (472,2) 오늘 나는 내 성자 예수께서 당신 신성의 광채에 싸이신 채 내게 (아들다운) 인사를 하시며 이 어머니의 고통을 끝막음하심을 뵈었을 때 내가 느꼈던 것과 같은 기쁨으로 너희 마

음이 설레며 충만해지기 바란다. (472,3)

그분의 영광스러운 돌아오심은 온 인류에게 새로운 생명의 힘을 준다. 구원된 인류는, 그럼에도 불구하고, 태초부터 살인자요 아직도 세상에 죄와 죽음을 퍼뜨리기를 원하는 자의 가공할 덫에 빠질 위험 속에 있는 것이다. (571,4) 그분의 영광스러운 돌아오심은 내 가련한 자녀들인 너희 모두에게 새로운 '은총의 빛'을 준다. 너희가 이 마지막 시대의 정화와 대환난의 끔찍한 고통을 치르고 있기 때문이다. (571,6) 너희 시대만큼 부활절의 이 놀라운 진리를 생활화할 필요가 있는 시대는 일찍이 없었으니, 그것은 바로 부활하신 그리스도께서 너희 가운데 사시면서 개인적이고 민족적인 제반 사건들을 궁극적 완성으로 이끌어 가신다는 사실이다. (571,7)

아직은 차디찬 무덤, (곧) 죄, 하느님에 대한 배척, 증오, 폭력, 전쟁, 불순결, 불의의 차디찬 무덤에 갇혀 있는 오늘날의 이 가련한 인류도, 암흑과 죽음의 그 무덤으로부터 밖으로 나오라는 부르심을 받고 있다. (380,10) 나와 함께 기뻐하여라. 이 '파스카 축일'에 부활하신 예수께서 당신 엄위와 영광의 신적 광채에 휩싸여 재림하실

것임을 선포하고 있는 나와 함께! (380,11)

**7 자비의 5단 기도**

**8 묵주 기도** (영광의 신비)

**9 마침 기도**
사도들의 모후께 드리는 기도문

## 47 회복의 어머니 | 영광의 신비 2단

**예수님께서 승천하심을 묵상합시다.**

예수 그리스도는 승천하심으로 하느님 아버지의 위대한 구원 계획을 완성하셨고 성부 오른편의 영광스러운 옥좌에 앉으셨습니다. 예수님의 승천은 우리에게도 그분과 함께 하늘나라의 영광을 차지할 수 있는 자격과 희망을 주었습니다. 우리의 최종 목적지는 이 세상이 아닌 영원한 생명이 흐르는 천상입니다. 우리의 영원한 도움이시며 회복의 어머니이신 성모님의 티 없으신 성심 안에 온전히 일치하여 하느님의 모상으로서의 우리 존재를 회복할 수 있도록 간절히 기도해야 하겠습니다.

**✝성부와 성자와 성령의 이름으로 아멘.**
**1 시작 기도** | 성령송가

## 2 독서
**사도 1,6-11**

사도들이 함께 모여 있을 때에 예수님께 물었다. "주님, 지금이 주님께서 이스라엘에 다시 나라를 일으키실 때입니까?" 그러자 예수님께서 그들에게 이르셨다. "그때와 시기는 아버지께서 당신의 권한으로 정하셨으니 너희가 알 바 아니다. 그러나 성령께서 너희에게 내리시면 너희는 힘을 받아, 예루살렘과 온 유다와 사마리아, 그리고 땅 끝에 이르기까지 나의 증인이 될 것이다." 예수님께서는 이렇게 이르신 다음 그들이 보는 앞에서 하늘로 오르셨는데, 구름에 감싸여 그들의 시야에서 사라지셨다. 예수님께서 올라가시는 동안 그들이 하늘을 유심히 바라보는데, 갑자기 흰 옷을 입은 두 사람이 그들 곁에 서서, 이렇게 말하였다. "갈릴래아 사람들아, 왜 하늘을 쳐다보며 서 있느냐? 너희를 떠나 승천하신 저 예수님께서는, 너희가 보는 앞에서 하늘로 올라가신 모습 그대로 다시 오실 것이다."

3 위의 말씀이 나 자신에게 주는 의미를 잘 깨닫고 깊이 묵상한다.

4 성녀 파우스티나 수녀의 일기 중 예수님 말씀
"나는 한없는 내 자비를 공경하는 영혼들을 일생 동안, 특히 그들이 임종할 때에, 마치 나 자신의 영광인 양 보호할 것이다." (1225)

5 성녀 파우스티나 수녀의 일기 중 묵상과 영적 대화
오늘 나는 영적으로 하늘나라에 가 있었다. 그리고 죽은 후에 우리를 기다리는 상상할 수 없는 아름다움들과 행복들을 보았다. 모든 피조물들이 하느님께 얼마나 끊임없이 영광과 찬미를 드리는지를 보았다. 하느님 안에서의 행복이 얼마나 대단한 것인지를, 그리고 그 행복이 모든 피조물들에게로 퍼져나가서 그들을 행복하게 만들어 주는 것을 보았다. 이 행복으로부터 솟아 나온 모든 영광과 찬미가 그 근원으로 되돌아가는 것을 보았다. (777)

내가 더욱 깊이 깨닫게 된 하느님의 엄위하심, 그리고 하늘의 천사들이 그들이 속한 계급과 은총의 정도에 따라서 경배하는 하느님의 엄위하심을 보고도 나의 영혼은 공포나 두려움에 휩싸이지 않았다. 아니, 아니, 전혀 조금도 두려워하지 않았다! 오히려 내 영혼은 사랑과 평화로 가득 찼고, 하느님의 위대하심을 더 잘 알게 될수록, 그분이 그러한 분이시라는 데에 대한 나의 기쁨은 더욱 커져만 간다. 나는 하느님의 위대하심을 한없이 기뻐하고, 내가 이렇게까지 작은 것에 대해서 기뻐한다. 내가 작으니까, 그분께서 나를 당신 팔에 안고 다니시고, 나를 당신 가슴에 꼭 안아 주시기 때문이다. (779)

사랑은 자기가 만지는 모든 것을 하느님께서 기뻐하시는 아름다운 것으로 변화시켜 주는 신비다. 하느님의 사랑은 영혼을 자유롭게 해 준다. 하느님께 대한 사랑은 여왕과 같아 노예와 같은 강박 대신에 모든 것을 크나큰 영혼의 자유로 이끌어 준다. 그것은 영혼 안에 자리를 잡고 사는 사랑이 영혼을 인도하기 때문이다. 영혼을 둘러싸고 있는 모든 것들은 하느님만이 사랑을 받을 자격이 있다는 것을 증명해 준다. 하느님을 사랑하고 그분 안에 잠겨 있는 영혼은 일상의 임무를 수행할 때에도 영성체를 하는 것과 같은 태도로 수행한다. 그리고 하느님 사랑의 눈길 아래에서 아주 사소한 임무라도 정성을 다해서 수행한다. 그 영혼은 혹시라도 자기가 한 일이 나중에 성공적이지 못한 것으로 드러난다 해도 걱정하지 않는다. 그 일을 행할 때에 자신의 능력껏 정성을 다해서 했기 때문에 성공을 거두지 못했다고 해도 마음의 평정을 잃지 않는다. 지속적으로 누리고 있는 하느님의 살아 계신 현존이 영혼을 떠나는 일이 생기더라도 영혼은 살아있는 신앙의 힘으로 삶을 지탱하기 위해 노력한다. 영혼은 쉴 때가 있고 싸울 때가 있다는 것을 안다. 자신의 의지를 통해서 영혼은 언제나 하느님과 함께한다. 영혼은 무사와도 같이 전투를 잘할 수 있도록 훈련이 되어 있다. 영혼은 먼 곳에서도 원수들이 어디에 숨어 있는지를 알아보고 전투를 할 준비가 되어 있다. 영혼은 자신이 혼자가 아니라는 것을 안다 - 하느님께서 영혼의 힘이시기에. (890)

## 6 성모님과 곱비 신부님의 내적 담화

불안해하지 말아라. 부활 승천하셔서 성부 오른편에 앉아 계시는 예수님을 신뢰하여라. 그분은 여기에 이미 너희 한 사람 한 사람의 거처를 마련해 두셨다. (198,1) 사랑하는 아들들아, 또한 너희 천상 엄마도 신뢰하여라. 내 계획은 지존하신 성삼의 지밀至密 안에 감추어 있다. (198,2) 나는 '계시 안에 나타난 동정녀'이다. '성부'의 걸작이 내 안에 완전하게 실현되고 있기에, 그분께서 당신 총애의 '빛'을 내게 쏟아부어 주실 수 있으시다. '말씀'은 내 동정의 태중에서 인성을 취하심으로써 어머니로서의 나의 역할을 통해 너희에게 가실 수 있다. '성령'께서는 성부와 성자께서 서로 사랑하시는 사랑의 생명 깊숙이로 자석처럼 나를 끌어당기신다. 그렇게 나는 내적으로 변모되어 성령의 '배필이 될 수 있을 만큼 그분과 닮게 된다. (198,3)

예수께서 너희를 위해 천국에 마련하시는 거처는 성령의 강력한 힘에 이끌려 너희 각자가 여기, 이 세상에서 수행해야 할 계획에 따라 정해진다. (152,4) 그런데 성령께서 티 없는 내 성심에 봉헌한 너희 안에서 성취하고 계시는 것이, 바로 나 자신의 계획이다. (152,5) 따라서 예수께서는 천국의 성부 가까이에 너희 거처를 마련하시는 한편, 지상의 너희를 그분의 어머니며 너희의 어머니인 나의 활동에 완전히 맡기신 것이다. (152,6) 그러니 너희를 부드럽게 변화시키는 이 엄마의 활동에 일치할 때만, 너희가 하느님의 계획을 성취할 수 있다. (152,7) 사실 나는 너희 모두가 이 천상 엄마의 완전한 모상을 너희 삶 안에 재현하도록 이끌어 주고자 한다. (152,8) 이 때문에 나는 너희로 하여금 작은 사람, 더욱 작은 사람이 되게 한다. 너희 각자의 자아가 완전한 무無에 이르기까지 말이다. 그러나 너희의 모든 비참을 값진 것으로 만들어 주니, 바로 이 비참이 나로 하여금 티 없는 내 성심의 온갖 자애로움을 너희에게 쏟아붓지 않을 수 없게 하는 유일한 점이기 때문이다. (152,9) 나는 너희 안에 있거나 주위에 있는 모든 것, 너희가 의지할 수 있는 그 모든 것을 무너

지게 하여, 순종과 신뢰와 자녀다운 맡김에 이르도록 너희를 인도한다. (152,10) 너희를 먹이고 옷 입히고 어루만져 주면서 이 엄마의 계획이 완전히 실현될 수 있는 방향으로 확고하게 너희를 인도하는 것이다. (152,11) 너희 안에 내 모상이 재현됨을 보게 될 때 각자에게 내 정신을 줄 수 있고, 내 충만한 사랑으로 너희를 채워 줄 수 있으리라. 또한 티 없이 깨끗한 내 옷을 너희에게 입혀 주고, 나의 모든 덕행으로 너희를 아름답게 치장해 주리라. (152,12) 지극히 거룩하신 삼위 하느님께서 내게 맡기신 일을 완성할 나는, 이렇듯 가장 작은 내 아이들 안에서 살게 될 나 자신이리니, 이것은 하느님의 더없이 크신 영광이 온 세상에 빛나도록 하려는 것이다. (152,14)

## 7 자비의 5단 기도

## 8 묵주 기도 (영광의 신비)

## 9 마침 기도

사도들의 모후께 드리는 기도문

## 48 회복의 어머니 | 영광의 신비 3단

**예수님께서 성령을 보내심을 묵상합시다.**

자비와 회복의 어머니이신 성모님께서는 당신의 성심인 '오순절 다락방'으로 우리 모두를 초대하고 계십니다. 성령이 임하신 거룩한 장소의 중심 역할을 하신 분은 바로 자비와 회복의 어머니이신 성모님이십니다. 진리이시며 위로자이신 성령, 곧 하느님의 영이 임하시면 우리가 할 수 없었던 모든 것들이 가능하게 됩니다. 항상 성령과 하나로 결합하여 계시는 성모님의 성심 안에 우리 마음이 일치한다면 우리 안에 피앗의 그릇이 완성됨과 동시에 당신의 정배이신 성령께서 우리에게 임하시어 우리는 성령의 이끄심에 의해 살아가는 사도가 될 것입니다.

✚ 성부와 성자와 성령의 이름으로 아멘.
**1 시작 기도** | 성령송가

**2 독서**

**사도 2,1-4**

오순절이 되었을 때 그들은 모두 한자리에 모여 있었다. 그런데 갑자기 하늘에서 거센 바람이 부는 듯한 소리가 나더니, 그들이 앉아 있는 온 집 안을 가득 채웠다. 그리고 불꽃 모양의 혀들이 나타나 갈라지면서 각 사람 위에 내려앉았다. 그러자 그들은 모두 성령으로 가득 차, 성령께서 표현의 능력을 주시는 대로 다른 언어들로 말하기 시작하였다.

**3 위의 말씀이 나 자신에게 주는 의미를 잘 깨닫고 깊이 묵상한다.**

**4 성녀 파우스티나 수녀의 일기 중 예수님 말씀**

"가장 완전하고 거룩한 영혼은 내 아버지의 뜻을 행하는 영혼인데, 그런 영혼들이 많지 않다." (603)

"나는 언제나 너와 함께 있다. 그리고 내 딸아, 너는 이것도 알아야 한다, 모든 피조물들은 그들이 알든 모르든, 그들이 원하든 원치 않든, 언제나 나의 뜻을 수행한다는

것이다."(586)

## 5 성녀 파우스티나 수녀의 일기 중 묵상과 영적 대화

나와 주님과의 친교는 이제 순전히 영적인 것이다. 나의 영혼은 하느님의 어루만지심을 받으면서 자신을 완전히 잊어버릴 정도로 하느님 안에 완전히 흡수되어 버린다. 내 영혼은 아주 깊은 곳까지 하느님에 의해 침투되고, 하느님의 아름다움 속에 완전히 잠겨 들고, 하느님 안에 완전히 녹아 없어진다. 나는 이것을 묘사할 수가 없다. 글을 쓸 때는 감각을 사용하기 때문이다. 그러나 하느님과 일치되어 있을 때에는 감각이 작동하지 않는다. 그 일치에는 하느님과 영혼의 융합이 있고, 영혼이 들어가게 된 하느님의 삶은 너무도 위대한 것이어서 인간의 말로는 그것을 표현할 수 없다.

영혼이 일상생활로 돌아왔을 때에는, 이 지상에서의 생활이 모두 어둡고, 희미하고, 꿈과 같이 혼란스럽고, 어린 아기의 강보와도 같다는 것을 실감하게 된다. 이런 순간에 영혼은 하느님으로부터 받기만 할 뿐 스스로는 아무것도 할 수가 없다. 영혼은 아주 작은 노력도 하지 못하고, 영혼 안에 있는 것은 모두 하느님께서 이루어 놓으신 것들이다. 영혼이 그 일상의 상태로 돌아오면 이런 일치를 계속할 수 있는 능력이 자신에게는 없다는 것을 알게 된다.

이런 순간들은 짧다. 그러나 그 효과는 아주 오래간다. 영혼은 이런 상태에서 오래 머물지는 못한다. 그렇지 않으면 영혼은 자연스레 육체의 고리를 영원히 벗어나게 될 것이기 때문이다. 영혼이 그대로 있는 것은 하느님의 기적이 지탱해 주기 때문이다. 하느님께서는 마치 영혼이 당신의 유일한 즐거움의 대상인 것처럼 당신이 영혼을 얼마나 사랑하시는지를 영혼이 분명한 방법으로 깨닫도록 해 주신다. 말하자면 영혼은 이것을 아무런 가림 없이 분명하게 확인한다. 영혼은 자신의 온 힘을 다해서 하느님께로 다가가지만, 마치 자신이 어린아이인 것처럼 느낀다. 영혼은 이것이 자신의 능력에는 넘치는 일이라는 것을 안다. 그러므로 하느님께서 영혼에게로 내려오셔서, 영혼을 당신에게 결합시켜 주신다. 이제 나는 침묵을 지켜야 한다. 영혼이 체험하는 것을 내가 감히 글로써 묘사할 수 없기 때문이다. (767)

한번은, 내가 예수회 성인들에게 열심히 기도를 하고 있었다. 그러던 중에, 나는 갑자기 나의 수호천사를 보았다. 그는 나를 하느님 어전으로 데리고 갔다. 나는 많은 성인들의 무리를 지나갔는데, 그분들 중에서 많은 분들을 알아보았다. 나는 이미 그림을 통해 그분들을 알고 있었다. 또한 많은 예수회 회원들을 보았는데, 그들은 내가 어느 수도회에 속하는지 물어보았다. 내가 대답했을 때, 그들은 "누가 당신의 영적 지도자입니까?" 하고 물었다. 나는 안드라쉬 신부님이라고 대답했다. 그들이 나와 더 이야기 나누기를 원하자, 나의 수호천사가 내게 입을 다물라는 신호를 보냈다. 거기서 나는 하느님의 어좌 앞으로 갔다. 나는 가까이 갈 수 없는 큰 빛을 보았다. 그리고 내게 지정된 자리가 하느님 가까이에 있는 것을 보았다. 그러나 나는 내 자리가 어떤 것인지는 알 수가 없다. 그 자리는 구름으로 덮여 있었기 때문이다. 그러자 나의 수호천사가 내게 말했다. "여기에 너의 어좌가 있다. 하느님의 뜻을 성취하는 일에 네가 충실했기 때문이다." (683)

## 6 성모님과 곱비 신부님의 내적 담화

나는 '성령의 배필'이다. (226,1) 너희와 내 성자 예수님 사이의 중개자로서의 내 역할은, 성부와 성자로부터 '사랑의 성령'을 너희에게 풍성히 얻어줌으로써 특별히 힘차게 수행된다. (226,2) 나는 너희 모두가 오늘 티 없는 내 성심의 다락방에 들어와, 성부와 성자께서 너희에게 선물로 주시는 '사랑의 성령'을 충만히 받을 수 있도록 기다리라고 당부한다. (226,10) 내 티 없는 성심은 성령께서 너희에게로 거쳐 가시는 황금문이다. 그래서 너희가 자주 이렇게 거듭거듭 (기도)하도록 권한다 : "오소서, 성령님, 지극히 사랑하시는 당신 정배, 마리아의 티 없으신 성심의 힘 있는 전구를 들으시어 오소서." (226,11)

너희는 (지금) '두 번째 성령 강림'이라는 위대한 기적이 성취될 순간을 향해 다가가고 있다. (426,2) 오직 '사랑의 영' 만이 온 세상을 새롭게 하실 수 있다. 오직 '사랑의 영' 만이 새 하늘과 새 땅(*묵시 21,1)을 이룩하실 수 있다. 오직 '사랑의 영'만이 (인간의) 마음과 영혼, 교회와 온 인류를 준비시키시어, 영광에 싸여 너희에게 다시 오실 예수님을 영접하게 하실 수 있다. (426,3) 성령께서는 하느님

'은총의 빛'으로 너희 영혼을 비추시어 성덕의 길로 인도하는 일을 맡고 계신다. 그래서 그분은 너희에게 당신의 거룩한 일곱 가지 '은사'를 쏟아부어 주시어, 너희 삶을 지극히 거룩하신 삼위 하느님께서 거처하시는 꽃핀 정원으로 변화시키는 향주덕과 윤리덕이 활기차게 성장하도록 해 주신다. (426,7) 성령께서는 사랑의 완덕에 이르도록 너희 마음을 길러 주시는 일을 맡고 계신다. 그래서 그분은 너희 마음에서 온갖 형태의 이기심을 불살라 없애시고 무수한 고통의 도가니로 너희를 정화시키신다. (426,8)

불혀가 너희 모두에게 내려오리라. 이 시대에 최대의 승리를 거두고 있는 사탄과 모든 악령들의 간계에 심히 속고 있는, 내 가련한 자녀들인 (너희 모두에게 내려오리라). 그러면 너희는 신적 '빛'을 받아, 하느님의 진리와 거룩하심의 거울을 통해 너희 자신을 보게 될 것이다. 그것은 마치 심판의 축소판과도 같으리니, 너희 마음의 문이 열려 위대한 선물, (곧) '하느님의 자비'를 입게 될 것이다. (546,7) 그때 성령께서는 모든 이의 마음과 생활을 변화시키는 새롭고 보편적인 기적을 행하시리라 : 죄인들은 회개하고 나약한 자들은 (의지할) 지주를 얻고, 병자들은 치유(의 은혜)를 받고, 멀리 떨어져 있는 자들은 아버지의 집으로 돌아오고, 갈라져 나간 자들은 온전한 일치에로 돌아오리라. (546,8) '두 번째 성령 강림'의 기적은 그와 같은 모양으로 일어날 것이고, 그것은 내 '티 없는 성심'이 세상에 개선하는 것과 (때)를 같이 하게 될 것이다. (546,9) 그때에야 비로소 '사랑의 성령'의 불혀가 온 세상을 얼마나 새롭게 하는지를 너희가 보게 될 것이다. '하느님 자비'가 더할 수 없이 크게 나타나서 세상을 완전히 변모시킬 것이기 때문이다. (546,10) 너희가 '자비의 어머니'인 나와 함께 '다락방'에 모여 기도하면서, 이미 가까워진 '두 번째 성령 강림'에 대한 희망과 애타는 기다림으로 오늘을 지낼 것을 당부하는 까닭이 거기에 있다. (546,11)

## 7 자비의 5단 기도

## 8 묵주 기도 (영광의 신비)

## 9 마침 기도

사도들의 모후께 드리는 기도문

## 49 회복의 어머니 | 영광의 신비 4단

**예수님께서 마리아를 하늘에 불러올리심을 묵상합시다.**

천국의 영광으로 들어 올림을 받으신 성모님께서는 회복의 어머니이며 교회의 어머니이시고 신앙의 어머니로서 늘 우리를 위해 전구하시는 분이십니다. 우리는 성모님의 삶을 바라보며 성모님의 표양을 따라 살도록 노력하며 성모님을 본받아 구원의 희망을 굳건하게 해야 합니다. 우리의 삶이 하느님의 뜻 안에 머무른 봉헌의 삶이었다면 성모님처럼 보상과 의로움의 화관이 우리를 기다리고 있을 것입니다. 우리는 천상의 영광스러운 모든 것을 희망하며 이 지상에서의 삶이 다하는 그날까지 자비와 회복의 표양이신 성모님과 함께 하느님께 나아가야 할 것입니다.

✛ 성부와 성자와 성령의 이름으로 아멘.
1 시작 기도 | 성령송가

2 독서

2티모 4,8

이제는 의로움의 화관이 나를 위하여 마련되어 있습니다. 의로운 심판관이신 주님께서 그날에 그것을 나에게 주실 것입니다. 나만이 아니라, 그분께서 나타나시기를 애타게 기다린 모든 사람에게도 주실 것입니다.

3 위의 말씀이 나 자신에게 주는 의미를 잘 깨닫고 깊이 묵상한다.

4 성녀 파우스티나 수녀의 일기 중 예수님 말씀

"너는 작은 아이기 때문에 내 마음 가까이에 남아 있게 될 것이다. 너의 단순함이 너의 고행보다도 더 나를 기쁘게 해 준다."(1617)

"네가 죽을 때에는 자신을 완전히 나에게 맡겨라. 그러면 나는 너를 나의 신부로서 나의 아버지께 소개하겠다. 그리고 지금 내가 권하거니와 너의 가장 작은 행동까지도 모두 특별히 나의 공로에 합치시켜라. 그러면 나의 아버지께서는 마치 그것들이 모두 나의 것인 양 사랑의 눈

으로 보아 주실 것이다." (1543)

## 5 성녀 파우스티나 수녀의 일기 중 묵상과 영적 대화

오, 감미로우신 하느님의 어머니, 저는 어머니의 삶을 본받습니다. 저에게는 어머니가 밝아 오는 새벽이십니다. 저는 어머니 안에서 완전히 황홀경에 빠집니다.

오, 어머니, 티 없이 깨끗하신 동정녀시여, 어머니 안에서 하느님의 빛이 제게 반사됩니다. 폭풍우 속에서 어떻게 주님을 사랑하는지 어머니께서 제게 일러 주십니다. 어머니께서는 원수들로부터 저를 보호해 주시는 방패이십니다. (1232)

1936년 8월 15일 안드라쉬Andrasz 신부님이 미사를 드리는 동안에, 거양 성체 바로 전에, 하느님의 현존이 내 영혼을 꿰뚫고 제대 앞으로 이끌었다. 그때에 나는 아기 예수를 안고 계신 하느님의 어머니를 뵈었다. 아기 예수는 성모님의 손을 잡고 계셨다. 잠시 후에, 아기 예수는 아주 기뻐하면서 제대 가운데로 뛰어갔다. 그리고 하느님의 어머니께서 내게 말씀하셨다. "내가 얼마나 큰 확신을 가지고 아기 예수를 그의 손에 맡기는지를 보아라. 그러니, 너도 같은 모양으로 너의 영혼을 그에게 맡기고, 그에게는 아이같이 행동해라."

　이 말씀을 들은 후에, 내 영혼은 신비로운 믿음으로 가득 찼다. 하느님의 어머니께서는 흰옷을 입고 계셨다. 그런데 그 흰옷은 이상할 정도로 하얗고, 투명한 것이었다. 그분은 어깨에 투명한 푸른색, 곧 하늘색의 겉옷을 두르고 계셨다. 머리에는 아무것도 쓰지 않으셨고, 머리칼이 물결처럼 아름다웠다. 그분은 어여쁘고, 섬세하시며, 믿을 수 없을 정도로 아름다우셨다. 그분은 사제를 아주 다정한 눈길로 바라보셨다. 그러나 잠시 후에, 사제는 그 아름다운 아기 예수를 쪼갰다. 그러자 진짜로 피가 생생하게 흘러나왔다. 사제는 몸을 앞으로 굽혀서 살아있는 진짜 예수님을 받아 모셨다. 사제가 그분을 먹었나? 나는 어떻게 이 일이 일어났는지 모른다. 예수님, 예수님, 저는 주님을 따라 잡을 수가 없습니다. 한순간에 저는 주님을 도저히 이해할 수 없게 됩니다. (677)

## 6 성모님과 곱비 신부님의 내적 담화

나는 승천(의 특은)을 입은 너희 엄마이다. (206,1) 오늘 너희 모두를 자비의 눈길로 바라보면서 티 없는 내 성심에 품어 안는다. 이는 너희에 대한 사랑으로 끊임없이 고동치는 마음이다. (206,2)

너희가 기쁨과 희망의 빛 안에서 걷고자 한다면, 사랑하는 자녀들아, 오늘은 너희를 기다리는 '천국'을 바라보려무나. 천국 만군이, (곧) 천사들과 성인들, 특히 너희보다 앞서 이곳에 들어와 너희를 기다리는 형제들이, '하늘'에 들어 올림을 받은 너희 천상 엄마의 '영광스러운 몸'을 에워싸고 크고 찬란한 화관을 이루고 있는 날이니 말이다. (312,1) 나는 엄마답고 순결한 내 마음에서 특별한 은총이 빗물처럼 너희 각 사람에게 쏟아져 내리게 하고 있다. 내가 가르쳐 준 길을 걸을 수 있도록 너희를 격려하고 위로하며 도움을 주기 위해서이다. (312,2) 너희가 살고 있는 세상이 오늘날만큼 유독하고 썩은 과일을 내는 사막이 된 적은 이제껏 없었고, 내 원수가 너희를 방해하고 유혹하고 공격하려고 이토록 온갖 방법을 다 동원한 적도 일찍이 없었다. (312,3) 그래서 원수는 온갖 방식으로 너희를 괴롭힌다. 너희 발길에 함정을 놓고 몰이해와 분열의 씨를 뿌려 실망에 빠지게 하고, 갖은 속임수로 너희를 유혹한다. 두려움을 주어 (도중에서) 멈춰 서게 하려는 것이다. (312,4) (그러나) 두려워하지 말아라. 티 없이 깨끗한 나의 망토로 내가 너희를 감싸 주며 보호하고 있다. 항상 너희 곁에 있으면서 너희에게 일러 준 길을 따라 걷도록 인도하고 있다. 너희를 정화시키기 위해 원수가 덫을 놓는 걸 허락은 하지만, 다음에는 내가 손수 개입하여 너희가 그것을 쳐부수고 극복하도록 도와준다. (312,5)

(천사들은) 너희에게 내 인장을 찍어 준다. 그들은 튼튼한 전투용 갑옷을 너희에게 입혀 주고, 내 방패로 너희를 보호해 준다. (그리고) 큰 승리를 얻기 위해 써야 할 무기로써, 너희에게 '십자가'와 '묵주'를 준다. (364,2) 그래서 당부하거니와, 너희는 모두 '천국의 천사들과 성인들'과 (단결하여) 오직 하나가 되어야 한다. 특히 너희의 수호천사에게 더 많이 기도하여라. (364,5) 언제나 너희의 수호천사들과 친밀하게, 또 그들을 신뢰하며 지내기 바란다. 곤궁 중에 있을 때 그들을 부르고, 위험 중에 있을 때도 그들의 전구를 청하여라. 일할 때도 그들과 함께 하고 그들에게 너희의 어려움을 터놓고 이야기하며, 유혹을 받을 때도 그들을 찾아라. 그들과 너희는 이제 오직

하나가 되어야 하는 것이다. (364,6) 특히, 교회가 오늘 축일을 지내는 '대천사들'을 가까이 느끼며 (살아라). 그러면 성 가브리엘은 바로 하느님의 힘을 너희에게 줄 것이고, 성 라파엘은 너희의 모든 상처에 듣는 약이 되어 줄 것이며, 성 미카엘은 이 시대에 '사탄'이 너희를 (잡으려고) 놓는 무서운 덫으로부터 너희를 보호해 줄 것이다. 이 (대천사)들과 함께 내 계획의 빛 안에서 걸어라. 그들과 한데 뭉쳐, 내 지시에 따라 싸워라. (364,7)

**7 자비의 5단 기도**

**8 묵주 기도** (영광의 신비)

**9 마침 기도**
   사도들의 모후께 드리는 기도문

## 50 회복의 어머니 | 영광의 신비 5단

### 예수님께서 마리아께
### 천상 모후의 관을 씌우심을 묵상합시다.

천상의 영광스러운 월계관을 쓰신 성모님께서는 하늘과 땅의 모후이시며 자비와 회복의 어머니이십니다. 우리가 하느님 모상으로서의 거룩하고 흠 없는 자로 회복되길 간절히 원하시고 또 참된 사도로서의 삶을 살아갈 수 있도록 전구하시는 사도들의 모후이신 성모님께서는 우리가 하느님 뜻을 완성할 수 있도록 끊임없이 기도하시며 우리를 준비시키십니다. 우리가 하느님을 진심으로 섬기고 이웃을 자기 몸처럼 섬기는 진정한 종이 되었을 때 우리는 하느님의 모든 뜻을 완성하게 되고 그때에는 우리도 천상의 영광스러운 월계관을 쓸 자격이 주어질 것입니다.

+성부와 성자와 성령의 이름으로 아멘.
**1 시작 기도** | 성령송가

## 2 독서

**묵시 12,1**

하늘에 큰 표징이 나타났습니다. 태양을 입고 발밑에 달을 두고 머리에 열두 개 별로 된 관을 쓴 여인이 나타난 것입니다.

## 3 위의 말씀이 나 자신에게 주는 의미를 잘 깨닫고 깊이 묵상한다.

## 4 성녀 파우스티나 수녀의 일기 중 예수님 말씀

"동정녀들 중에서 첫째가는 자리를 너에게 준다. 너는 내 수난의 명예요 영광이다. 나는 네가 당하는 굴욕을 모두 지켜보고 있다. 내가 놓치고 못 보는 것은 하나도 없다. 나는 겸손한 영혼을 바로 나의 옥좌가 있는 곳까지 높이 올려 준다."(282)

"너에게 나는 네가 찬양하는 그런 존재며, 또한 앞으로도 그런 존재일 것이다. 너는 이승의 삶에서 이미 나의 선함을 체험할 것이며, 그 체험의 완성은 내세에서 이루어질 것이다."(1707)

## 5 성녀 파우스티나 수녀의 일기 중 묵상과 영적 대화

주님, 주님께서는 비록 저에게 종종 천둥 같은 주님의 분노를 알려 주시지만 주님의 분노는 겸손한 영혼들 앞에서는 사라집니다. 물론 주님은 위대하시지만, 주님, 주님께서는 자신을 낮추고 깊이 겸손한 영혼에게는 지십니다. 오! 겸손, 덕 중에서도 가장 고귀한 덕이여, 너를 가진 영혼들의 수가 얼마나 적은가! 저는 여기저기서 다만 비슷한 것들을 볼 뿐, 참된 겸손은 볼 수가 없습니다. 주님, 제 눈에서 저를 없애 주십시오. 그래서 제가 주님 안에서 은총을 찾을 수 있게 해 주십시오. (1436)

그날 저녁에, 내가 기도하고 있을 때, 하느님의 어머니께서 내게 말씀하셨다. "너희들의 삶은 나의 삶과 같아야 한다. 조용하게 숨겨진 삶, 하느님과의 끊임없는 일치 속에 인류를 위해 기도하고, 하느님의 재림을 위해서 세상을 준비시키는 삶이어야 한다." (625)

"내 딸아, 내가 너에게 부탁하는 것은 기도다. 기도, 기도를 부탁한다. 이 세상을 위해서, 특히 너희 나라를 위해서 기도하여라. 9일 동안 매일 보속으로 영성체를 하고 너 자신을 미사의 거룩한 희생 제물과 단단히 결합시켜라. 이 9일 동안 너는 하느님 앞에 하나의 봉헌 제물로서 있을 것이다. 언제나 어디에서나, 모든 시간에 모든 장소에서, 밤이나 낮이나, 언제고 네가 깨어 있을 때에는 영 안에서 기도하여라. 영 안에서는 누구나 항상 기도 안에 머물 수 있다."(325)

"나는 단지 하늘의 여왕일 뿐만 아니라, 자비의 어머니이기도 하고 너의 어머니이기도 하다."(330)

오, 지극히 감미로우신 예수님, 주님은 비천한 저에게 주님의 측량할 수 없는 자비를 알 수 있는 지식을 허락하셨습니다. 오, 가장 감미로우신 예수님, 저로 하여금 온 세상을 향해 주님의 끝없는 자비를 이야기하라고 은혜롭게 청하신 예수님, 오늘 저는 주님의 자비로우신 성심에서 쏟아져 나오는 두 줄기의 빛, 곧 피와 물을 손에 담아 지구 전체에 뿌립니다. 그래서 모든 영혼들이 주님의 자비를 받을 수 있게 하렵니다. 그러면 주님의 자비를 받은 영혼들은 영원토록 주님의 자비를 찬양하게 될 것입니다. 끝없는 은혜로 저의 비천한 마음을 주님의 지극히 자비로우신 성심에 일치시켜 주신 지극히 다정하신 예수님, 저는 바로 주님의 성심과 함께 우리의 아버지이신 하

느님께 영광을 드립니다. 이전에 어느 영혼도 저처럼 이렇게 그분께 영광을 드린 적은 없습니다. (836)

오늘 나는 천사의 인도를 받아 지옥의 구렁 속으로 갔다. 지옥은 지독한 고문의 소굴인데 아주 어마어마하게 크고도 넓다. 그곳에서 나는 이런 종류의 고문들을 보았다. 지옥의 첫 번째 고문은 하느님을 잃는 것이다. 두 번째는 영원한 양심의 가책이고, 세 번째는 각자 지금의 상태가 영구히 지속된다는 것이다. 네 번째는 불이 영혼을 파괴시키지는 않으면서 계속해서 영혼을 파고들어 괴롭힌다는 것이다. 이 불은 하느님의 분노로 붙여진 불로써 순수한 영적인 것이기 때문에 끔찍한 고통을 준다. 다섯 번째는 캄캄한 어둠과 숨이 막히는 끔찍한 냄새가 지속되는 것이다. 캄캄함에도 불구하고 마귀들과 저주받은 영혼들은 서로를 볼 수 있고, 서로를 통해 남들의 악함과 자신의 악함을 볼 수 있다. 여섯 번째 고문은 항상 사탄과 함께 있는 것이다. 일곱 번째 고문은 처절한 절망, 하느님의 증오, 비열한 말들, 저주와 신성 모독이다. 이런 고통들은 저주받은 모든 이들이 함께 당하는 고문들이다. 그러나 이것이 전부가 아니다. 특정한 영혼들이 받아야 하는 특별한 고문들이 더 있다. 이것은 감각의 고통이다. 각 영혼은 끔찍하고 묘사할 수도 없는 고문을 받는데, 이 고문은 각자가 범한 죄의 형태와 관련된 것이다. 여러 동굴과 구덩이에서 각각 다른 형태의 고문을 받는다. 하느님의 전능하심이 나를 지탱해 주지 않았더라면, 나는 이런 고문의 광경을 보는 것만으로도 죽고 말았을 것이다. 죄인은 자기가 죄를 지을 때에 사용한 감각들로 영원히 고통을 받게 된다는 것을 알아야 한다. 나는 하느님께서 명하셨기 때문에 이것을 기록하고 있다. 그래서 그 어떤 영혼도 지옥이 없다거나, 아무도 지옥에 가 본적이 없다거나, 또는 지옥이 어떻게 생겼는지 알 수 없다고 말하지 못하게 하려는 것이다.

  나, 파우스티나 수녀는 하느님의 명령을 받아 지옥의 골짜기를 방문했다. 그것은 내가 영혼들에게 지옥에 대해서 이야기하고 지옥이 실제로 존재한다고 증명하기 위해서였다. 지금 나는 그것에 대해 이야기할 수가 없다. 하느님으로부터 그것을 기록으로 남기라는 명령을 받았다. 마귀들은 나를 지독히 증오했지만, 그것들은 하느님의 명령 때문에 나에게 복종해야만 했었다. 내가 기록한 것은 내가 본 것의 흐릿한 그림자일 뿐이다. 내가 확실히 본 것은 지옥에 있는 대부분의 영혼들이 지옥이 있다는 것을 믿지 않았던 영혼들이라는 사실이다. 내가 그곳에서 나왔을 때, 무서움을 떨쳐 버릴 수가 없었다. 그곳에서 영혼들이 얼마나 무서운 고통들을 받고 있는가! 결과적으로 나는 죄인들의 회개를 위해서 더욱더 열심히 기도하게 되었다. 나는 하느님의 자비가 그들에게 내리도록 끊임없이 간청한다. 오, 저의 예수님, 저는 아주 지극히 작은 죄로 주님께 죄를 범하느니 차라리 이 세상이 끝날 때까지 가장 무서운 고통 속에 머물겠습니다. (741)

## 6 성모님과 곱비 신부님의 내적 담화

사랑하는 아들들아, 너희는 오늘 '너희 천상 엄마'의 티 없는 순결의 광채를 바라보고 있다. 나는 '원죄 없이 잉태된 자'이다. 원죄는 물론, 죄의 얼룩이 도무지 없는, 유일한 인간이다. 나는 지극히 아름다운 tota pulchra 자이다. (414,1) 태초부터 나는 '사탄'의 원수로, 또 그를 꺾고 완전한 승리를 거둘 여인으로 선포되었다 : "나는 너를 '여인'과 원수가 되게 하리라. 네 후손을 여인의 후손과 원수가 되게 하리라. 너는 그 발꿈치를 물려고 하다가 도리어 네 머리를 밟히리라."(*창세 3,15 참조) (414,3) 마지막 (시대)에 나는 '붉은 용'(*묵시 12,3) 및 그의 막강한 군대와 싸워 이긴 후 결박하여 그의 왕국인 죽음의 왕국으로 처넣을 임무를 띠고, '태양을 입은 여인'(*묵시 12,1)으로 나타난다. 홀로 그리스도께서만 세상을 다스리시게 하기 위함이다. (414,4) 그러니 성서에 나와 있는 대로 어머니이며 모후로서의 (엄위로운) 광채에 싸여 있는 나를 바라보아라 : "그리고 하늘에 다른 표징이 나타났다. 한 여인이 태양을 입었는데, 달은 그 발밑에 있었고 그 머리에는 열두 개의 별로 된 면류관을 쓰고 있었다."(*묵시 12,1 참조) (414,5) 바로 내 머리에 열두 개의 별로 된 면류관이 씌워져 있는 것이다. 면류관은 왕권의 표상이요, 열두 개의 별로 되어 있다 함은 그것이 하느님의 백성의 마음 안에 있는, 어머니이며 모후인 나의 현존을 상징하는 것이다. (414,6) 열두 개의 별은 이스라엘의 열두 지파, 즉 하느님의 성자 '구세주'께서 세상에 오심을 준비하게 하시려고 주님께서 불러 뽑으신 선택된 민족을 나타낸다. (414,7) 열두 개의 별은 또한 그리스도께서 세우신 '교회'의 기초인 '열두 사도'를 뜻한다. 나는 예수께서 공생활을 하신 삼 년 동안 자주 사도들과 함께 있으면서 그들이 예수님을 믿고 따르도록 격려하곤 했다. 내 성자 예수께서 십자가에 못 박히시고 임종 고통을 겪으시며 죽어 가실 때는 그들을 대신해서 '십자가' 아래에 요한과 함께 서 있었고, 그들과 함께 주님 부활의 기쁨에 참여했으며, 기도에 잠겨 그들 곁에 있으면서 '성령 강림'의 영광스러운 순간을 맞은 것이다. 나는 지상 삶을 사는 동안 나의 기도와 어머니로서의 현존으로 그들 곁에 남아 있으면서 그들을 도와주고 가르치고 격려하여 '하늘에 계신 아버지'께서 그들에게 예비하신 잔을 마시도록 이끌어갔다. 그래서 나는 '사도들의 어머니이며 모후'이다. 이들이 그러한 내 모성적 왕권(을 나타내는) 열두 개의 찬란한 별을 이루며 내 머리를 에워싸고 있는 것이다. (414,8) 나는 '전체 교회의 어머니'이며 모후이다. (414,9) 열두 개의 별은 하나의 새로운 현실을 의미하기도 한다. 사실 '묵시록'은 나를 하늘에 나타난 큰 표징(*묵시 12,1), 즉 '용'과 그의 막강한 악의 군대와 싸우는 '태양을 입은 여인'으로 간주한다. 그러기에 내 머리에 둘러싼

별들은, 티 없는 내 성심에 스스로를 봉헌하여 내 승리의 군대에 속함으로써 나의 지시에 따라 전투에 임하고, 마침내 나와 함께 더없이 위대한 승리를 얻게 될 모든 사람을 가리킨다. 따라서 오늘날, 이 마지막 시대의 사도가 되라는 소명을 받고 티 없는 내 성심에 봉헌한 내 지극히 사랑하는 모든 자녀들이야말로, 내 면류관의 가장 빛나는 별들이다. (414,10)

**7 자비의 5단 기도**

**8 묵주 기도** (영광의 신비)

**9 마침 기도**
　사도들의 모후께 드리는 기도문

부록

## 성령송가

오소서 성령이여!
이천 년 전 제자들에게 임하시어
사도로 변화시킨 분이시여
지금 이 시대에 당신의 영으로 저희를 재창조하소서.
저희가 드리는 기도 지향에 강복하시어
이 세상에 회복의 불을 놓으소서.

자비와 회복의 영이시여!
닫히고 굳어 있는 마음에 새 영을 불어넣어 주소서.
찌들고 더럽혀진 마음에 정결한 물을 쏟아 주소서.
옛것을 새것으로 바꾸시고
당신의 모상으로 회복시켜 주소서.

자비의 시대에 온전히 자비에 의탁하여 회복되어
당신이 다시 오실 때 준비된 남은 자들이 되게 하소서.
그리하여 온전한 왕으로 오시는 당신을 회복시켜 드리며
하느님 백성으로서의 찬미와 영광 돌리게 하소서.

보호자이신 성령이여!
저희 공동체를 지켜 주시어
모든 악과 유혹에서 지켜 주시고
당신이 세우신 보금자리에 친히 강복하소서.


## 사도들의 모후께 드리는 기도문

사도들의 모후이신 마리아여!
예수님과 일치 안에 사도의 삶을
살아가셨던 어머니를 통하여 피앗으로
봉헌되기를 간절히 원하며 기도드립니다.

저희를 어머니의 온전한 소유로 받아 주시어

하느님께 대한 믿음과 사랑 안에 모든 것을
의탁할 수 있도록 가르쳐 주소서.

또한 자비와 회복의 여정을 통하여 저희가
자비의 존재로 변화되고 하느님의 모상으로
다시 태어날 수 있도록 도와주소서.

그리하여 하느님의 위대하신 자비를 찬양하게 하시고
하느님 자비의 사도로서 자비를 증거하며
많은 이들이 회개하여 구원의 길로 이르게 하는
당신의 도구가 되게 하소서.

지극히 자비로우신 어머니시여,
저희를 위하여 빌어 주소서. 아멘!

## 성녀 파우스티나에게 전구를 청하는 기도

자비의 사도이신 성녀 파우스티나여!
이 세상에 하느님의 자비를 전하기 위하여
기도와 희생의 작은 성체가 되신
당신의 모든 덕행을 본받게 하소서.

당신은 하느님 자비의 감실이며
하느님 자비의 거처이십니다.
당신의 마음과 영혼을 통하여 하느님의 자비가
온 세상을 향해 흘러 나갑니다.

저희가 한없으신 하느님 자비의 신비를 깨닫고
그분의 자비로우신 사랑에
온전히 의탁할 수 있도록 도와주소서.

또한 그 의탁의 힘으로 하느님을 더욱 사랑하고
저희의 존재가 자비롭게 변화되어 말과 행위와 기도로써
이웃에게 하느님의 자비와 사랑을

나눌 수 있도록 이끌어 주소서.

당신의 기도와 전구를 통하여 많은 이들이
은총을 받았으며
하느님께서는 당신의 기도는 언제나 즐겨 받으십니다.

성녀 파우스티나여!
당신의 전구를 통하여 저희가 구하는 은총을
얻을 수 있도록 도와주시고
하느님의 자비 안에 온전히 회복되어
언제나 주님의 뜻 안에 머물 수 있도록
자비를 간구하여 주소서. 아멘.

## 봉헌문

지금 이 순간에 저의 마음속에 모시고 있는 성체의 예수님, 저는 주님과의 이 결합을 통해서 저 자신을 희생의 성체로 하늘에 계신 아버지께 봉헌하여 드립니다. 저 자신을 가장 자비로우시고 거룩하신 하느님의 뜻에 온전히 맡겨 드리면서 자신을 봉헌합니다. 주님, 오늘부터는 주님의 뜻이 저의 음식입니다. 저의 모든 존재를 받아주시고, 주님 좋으실 대로 저를 처분하십시오. 아버지이신 주님의 손이 제게 주시는 것이라면 무엇이든지 안심하고, 기쁘게 순종하며 받아들이겠습니다. 주님께서 저를 어떤 방향으로 이끄시든지 저는 아무것도 두려워하지 않습니다. 저는 주님 은총의 도움으로 주님께서 제게 요구하시는 것을 무엇이나 다 해낼 것입니다. 저는 이제 주님께서 주시는 영감을 더는 두려워하지도 않고, 그 영감이 저를 어디로 인도하는지를 알기 위해 애쓰지도 않을 것입니다. 오, 하느님, 주님께서 원하시는 길로 저를 이끌어 주십시오. 제게는 사랑과 자비 자체이신 주님의 뜻에 저 자신을 완전히 의탁합니다. (1264)

오, 마리아님, 저의 어머니, 그리고 저의 주인님, 제 영혼, 저의 몸, 저의 생명, 저의 죽음 그리고 그에 딸린 모든 것을 어머니께 봉헌합니다. 저는 이 모든 것을 어머니 손에 놓아 드립니다. 오, 저의 어머니, 저의 영혼을 어머니의 순결한 옷자락으로 덮어 주십시오. 그리고 저에게 정결한 마음과 영혼과 몸의 은총을 내려 주십시오. 어머니의 권능으로 저를 모든 원수들한테서 보호해 주십시오. 그리고 특별히 자신들의 악함을 덕이라는 가면 뒤에 숨긴 이들에게서 저를 보호해 주십시오. 오, 사랑스런 백합이시여, 어머니께서는 저의 거울이십니다. 오, 저의 어머니! (79)

## 하느님 자비의 5단 기도

(시작하면서)

**주님의 기도, 성모송, 사도신경**

(매 단을 시작할 때마다 주님의 기도 대신 아래 기도문을 바친다.)

**영원하신 아버지,**
**저희가 지은 죄와 온 세상의 죄를 보속하는 마음으로**
**지극히 사랑하시는 당신 아들**
**우리 주 예수 그리스도의 몸과 피,**
**영혼과 신성을 바치나이다.**

(매 단마다 성모송 대신 아래 기도문을 바친다.)

예수님의 수난을 보시고
저희와 온 세상에 자비를 베푸소서.

(위의 5단 기도가 끝난 뒤에 다음 기도를 바친다.)

거룩하신 하느님,
전능하시고 영원하신 분이시여,
저희와 온 세상에 자비를 베푸소서. (3번)

오, 저희를 위한 자비의 샘이신
예수 성심에서 세차게 흘러나온 피와 물이시여,
저희는 당신께 의탁하나이다.

## 하느님 자비의 9일 기도

이 9일 기도는 예수님께서 나에게 기록하라고 지시하신 것이고, 자비의 축일 전에 바치라고 하신 기도이다. 이 기도는 성금요일에 시작한다.

"나는 네가 이 9일 동안에 영혼들을 내 자비의 샘으로 데려오기를 원한다. 그리하여 그들이 이 자비의 샘에서 힘을 얻고, 원기를 회복하기를 바란다. 이 자비의 샘에서 그들이 세상살이의 어려움 때문에 필요한 은총들뿐만이 아니라, 특별히 죽을 때에 필요한 은총도 얻기를 바란다."

"너는 매일 다른 공동체의 영혼들을 내 성심으로 데리고 와서 그들을 내 자비의 바다에 잠겨 들게 할 것이다. 그러면 나는 그들을 내 아버지의 집으로 데려갈 것이다. 너는 이 일을 이승의 삶에서도 하고, 내세의 삶에서도 하게 될 것이다. 나는 네가 내 자비의 샘으로 데리고 오는 모든 영혼들에게 아무것도 거부하지 않을 것이다. 너는 이런 영혼들이 은총을 받을 수 있도록 매일같이 나의 쓰라린 수난의 힘으로 내 아버지께 간청하게 될 것이다."

나는 대답하였다. "예수님, 저는 이 9일 기도를 어떻게 바쳐야 할지도 모르겠고, 또 어떤 영혼들을 먼저 주님의 지극히 자비로우신 성심께로 데리고 가야할지도 모르겠습니다." 그때 예수님께서 당신께서 친히 어떤 영혼들을 당신의 성심으로 데리고 와야 하는지 매일 가르쳐 주실 것이라고 대답하셨다. (1209)

## 1 첫째 날

"오늘은 온 인류를, 특히 모든 죄인들을 내게로 데리고 오너라. 그리고 그들이 내 자비의 바다 속으로 빠져들게 하여라. 이렇게 함으로써 너는 잃어버린 영혼들 때문에 내가 겪고 있는 이 깊은 비탄 중에서 나를 위로해 줄 것이다." (1210)

저희를 불쌍히 여기시고 용서해 주시는 것이 본연의 임무이신 지극히 자비로우신 예수님, 저희 죄를 보지 마시고, 주님의 무한한 선하심에 의탁하는 저희의 믿음을 굽어 살펴 주십시오. 지극히 자애로우신 주님의 성심 안에서 살도록 저희 모두를 받아들여 주시고, 저희를 절대로 이곳에서 쫓아내지 말아 주십시오. 주님을 아버지와 성령께 일치시켜 주시는 주님, 사랑의 이름으로 주님께 간청합니다.

오, 전능하신 하느님의 자비시여, 모든 죄인들의 구원이시여, 주님은 자비와 연민의 바다이십니다. 주님은 주님께 겸손히 청하는 이들을 도와주십니다.

영원하신 아버지, 온 인류를, 특히 불쌍한 죄인들을,

자비로우신 눈길로 굽어 살펴 주소서. 그들은 모두 예수님의 지극히 자애로우신 성심 안에 둘러 싸여 있습니다. 예수님의 슬픈 고난을 생각하시고, 저희 모두에게 자비를 베풀어 주시어 저희가 주님 자비의 전능하심을 영원히 찬미하게 하소서. 아멘. (1211)

(하느님 자비의 5단 기도를 바친다.)

## 2 둘째 날

"오늘은 사제들과 수도자들의 영혼들을 내게로 데려오고, 그들이 나의 측량할 수 없는 자비 속으로 잠겨 들게 하여라. 내가 쓰라린 고난을 참고 받아낼 수 있도록 힘을 준 것은 그들이었다. 마치 물길을 통하듯 그들을 통해서 나의 자비가 인류에게로 흘러간다." (1212)

지극히 자비로우신 예수님, 모든 선은 주님으로부터 옵니다. 저희 안에 주님의 은총을 더욱 크게 하시어, 저희가 자비의 사업을 훌륭히 수행할 수 있게 해 주시고, 저희를 보는 모든 이들이 하늘에 계신 자비의 아버지께 영광을 드리게 해 주십시오.

하느님 사랑의 샘은 순결한 마음 안에 있다. 자비의 바다에서 목욕을 하고, 별들처럼 빛나며, 새벽처럼 환하다.

영원하신 아버지, 아버지의 자비로우신 눈길로 아버지의 포도밭 안에 있는 선택된 영혼들의 무리를, 사제들과 수도자들의 영혼들을 보시어, 주님의 축복으로 그들에게 힘을 내려 주십시오. 아버지의 아드님 성심의 사랑 속에 그들이 안겨 있사오니 그 사랑을 보시고, 그들에게 주님의 능력과 빛을 나누어 주십시오. 그리하여 그들이 다른 사람들을 구원의 길로 인도할 수 있게 해 주시고, 한 목소리로 주님의 한없는 자비를 찬양하는 노래를 영원토록 끝없이 부르게 해 주십시오. 아멘. (1213)


(하느님 자비의 5단 기도를 바친다.)

## 3 셋째 날

"오늘은 모든 경건하고 충실한 영혼들을 나에게 데려와서 그들이 내 자비의 바다 속에 잠겨 들게 하여라. 이 영혼들은 내가 십자가를 지고 갈 때에 나를 위로해 주었다. 그들은 그 쓰라린 고통의 바다 한가운데에서 위로의 물

방울이 되어 주었다."(1214)

지극히 자비로우신 예수님, 주님은 주님 자비의 보물창고寶庫로부터 모든 사람 하나하나에게 풍성한 주님의 은총을 나누어 주십니다. 저희를 주님의 지극히 자애로우신 성심의 거처 속으로 받아들여 주시고, 저희를 절대로 그곳에서 쫓아내지 말아 주십시오. 하늘에 계신 아버지께로 향하여 성심을 불태우시는 주님의 지극히 경이로운 사랑에 의지하여 주님께 간청합니다.

자비의 기적들은 헤아릴 수가 없습니다. 의인도 죄인도 그 깊이를 측량할 수 없습니다. 저희에게 동정의 눈길을 보내시며, 주님은 저희 모두를 주님의 사랑으로 이끄십니다.

영원하신 아버지, 아버지 자비의 시선으로 충실한 영혼들을 굽어보아 주십시오. 그들을 아버지 아드님의 유산으로 보아 주십시오. 그분의 슬픈 수난을 보시어 그들에게 주님의 축복을 내려 주시고, 주님의 끊임없는 보호로 감싸 안아 주십시오. 그리하여 그들이 사랑과 거룩한 신앙의 보물을 절대로 잃어버리는 일이 없게 해 주십시오. 그들이 모든 천사들과 성인들과 함께 영원토록 주님의 한없는 자비에 영광을 드리게 해 주십시오. 아멘.
(1215)

(하느님 자비의 5단 기도를 바친다.)

## 4 넷째 날

"오늘은 아직도 나를 알지 못하는 이들과 이교도들을 나에게로 데리고 오너라. 나는 쓰라린 수난을 받는 동안 이 사람들도 생각하고 있었다. 그리고 그들이 장래에 가지게 될 열정이 나의 마음을 위로하였다. 그들이 내 자비의 바다에 잠겨 들게 하여라." (1216)

연민으로 가득하신 예수님, 주님은 온 세상을 비추시는 빛이십니다. 아직 주님을 모르는 이교도들의 영혼들을 주님의 지극히 자애로운 성심의 거처 속으로 받아들여 주십시오. 주님의 은총의 빛줄기들이 그들을 깨우치게 해 주십시오. 그리하여 그들도 저희와 함께 주님의 경이로운 자비를 찬양하게 해 주십시오. 그들을 절대로 주님의 지극히 자애로우신 성심의 거처에서 쫓아내지 말아 주십시오.

주님 사랑의 빛이 어둠 속에 있는 영혼들을 깨우치게 하소서. 이 영혼들이 주님을 알 수 있게 해 주시고, 저희와 함께 주님의 자비를 찬양하게 하소서.

영원하신 아버지, 아버지를 알지 못하는 이들과 이교도들의 영혼을 아버지의 자비로운 눈으로 바라보아 주십시오. 그들은 예수님의 가장 자애로우신 성심의 품에 안겨 있습니다. 그들을 복음의 빛 가까이 이끌어 주십시오. 이 영혼들은 주님을 사랑하는 것이 얼마나 큰 행복인지를 모르고 있습니다. 그들도 주님 자비의 관대하심을 영원토록 찬양하게 해 주십시오. 아멘. (1217)

(하느님 자비의 5단 기도를 바친다.)

## 5 다섯째 날

"오늘은 이단자들과 다른 종파에 속한 자들의 영혼들을 내게로 데리고 와서, 그들이 내 자비의 바다 속에 잠기들게 하여라. 내가 쓰라린 수난을 겪는 동안에 그들은 내 몸과 마음인 교회를 찢었다. 그들이 돌아와 교회와 하나가 될 때에, 나의 상처는 아물 것이다. 그들은 그렇게 함

으로써 나의 고통을 덜어 줄 수 있다."(1218)

선함 그 자체이신 지극히 자비로우신 예수님, 주님은 주님에게서 빛을 찾는 사람들을 거절하지 않으십니다. 주님의 지극히 자비로우신 성심의 거처 속에 이단자들과 다른 종파에 속한 자들의 영혼들을 받아 주십시오. 주님의 빛으로 그들이 교회와 하나가 되도록 인도해 주시고, 그들을 주님의 지극히 자애로우신 성심의 거처에서 내쫓지 마시며, 그들도 주님 자비의 관대하심을 경배하게 해 주십시오.

주님의 일치의 옷자락을 찢어 버린 그들을 위해, 주님의 성심으로부터 자비의 샘이 흘러나옵니다. 오, 하느님, 주님 자비의 전능이 이 영혼들을 잘못에서 벗어나게 하실 수 있으십니다.

영원하신 아버지, 자신들의 오류를 완고하게 고집하면서 아버지의 은총들을 잘못 사용하고, 아버지의 축복을 낭비한 이단자들과 종파 분리주의자들의 영혼들을 자비로이 굽어 살펴 주십시오. 그들의 잘못을 보지 마시고, 그들을 위해서도 기꺼이 고통을 감수하셨던 아버지 아드님의 사랑과 쓰라린 수난을 보아 주십시오. 그들도 예수님의 지극히 자애로우신 성심의 품 안에 안겨 있습니다. 하오니, 그들도 영원토록 주님의 위대하신 자비에 영광을 드릴 수 있게 해 주십시오. 아멘. (1219)

(하느님 자비의 5단 기도를 바친다.)

## 6 여섯째 날

"오늘은 온유하고 겸손한 영혼들과 작은 어린이들의 영혼들을 내게로 데리고 와서 그들이 내 자비 속으로 잠겨 들게 하여라. 이런 영혼들은 나의 성심을 가장 많이 닮았다. 그들은 내가 쓰라린 고뇌 속에 잠겨 있을 때, 나에게 힘을 주었다. 나는 그들이 내 제대를 지킬 지상의 천사들이라는 것을 보았다. 나는 그들에게 은총을 억수같이 퍼부어 준다. 겸손한 영혼들만이 나의 은총을 받을 수 있다. 나는 겸손한 영혼들에게 나의 믿음을 준다." (1220)

지극히 자비로우신 예수님, 주님 친히 말씀하셨습니다. "나의 마음은 온유하고 겸손하니 나에게서 배워라." 주님의 지극히 자애로우신 성심의 거처 안으로 모든 온유하고 겸손한 영혼들과 작은 어린이들의 영혼들을 받아들여 주십시오. 이런 영혼들은 하늘을 온통 황홀함으로 이끌어 갑니다. 하늘에 계신 아버지께서는 그들을 가장 좋아하십니다. 그들은 하느님의 어좌 앞에 향기로운 꽃다발입니다. 하느님께서는 그들의 향기를 즐기십니다. 오, 예수님, 이런 영혼들은 주님의 지극히 자애로우신 성심 안에 영원한 거처를 가지고 있습니다. 그리고 그들은 끊임없이 사랑과 자비의 찬미 노래를 부릅니다. (1221)

참으로 온유하고 겸손한 영혼은 이 지상에서 벌써 천국의 공기를 마신다. 그리고 그 영혼의 겸손한 마음의 향기는 창조주를 기쁘게 해 드린다. (1222)

영원하신 아버지, 인자하신 아버지의 눈길로 온유하고 겸손한 영들과 작은 어린이들의 영혼들을 내려다보아 주십시오. 이들은 지극히 자애로우신 예수 성심의 품 안에 안겨 있습니다. 이 영혼들은 아버지의 아드님을 가장 많이 닮았습니다. 그들의 향기는 이 지상으로부터 바로 아버지의 어좌로까지 올라갑니다. 모든 선과 자비의 아버지, 아버지께서는 이 영혼들을 사랑하시고 좋아하십니다. 주님께서 사랑하시고 좋아하시는 이 영혼들을 통해 주님께 청하오니, 온 세상을 축복하시어 모든 영혼들이

다 함께 영원토록 주님의 자비를 찬양하는 노래를 부르게 해 주십시오. 아멘. (1223)

(하느님 자비의 5단 기도를 바친다.)

## 7 일곱째 날

"오늘은 특별히 나의 자비를 공경하고, 찬양하는 영혼들을 나에게로 데려와 그들이 내 자비 속으로 잠겨 들게 하여라. 이 영혼들은 나의 수난을 가장 슬퍼했고 나의 영안으로 가장 깊이 들어왔다. 그들은 나의 자애로운 성심을 꼭 닮은 살아있는 표상이다. 이 영혼들은 내세에서 특별한 광채로 빛날 것이다. 그들 중 어느 누구도 지옥의 불로 가지 않을 것이다. 나는 그들이 임종할 때 그들 하나하나를 각별히 보호할 것이다." (1224)

지극히 자비로우신 예수님, 주님의 성심은 사랑 자체입니다. 특별히 주님 자비의 위대하심을 공경하고, 찬양하는 이들의 영혼을 주님의 지극히 자애로우신 성심의 거처 속으로 받아들여 주십시오. 이런 영혼들은 하느님의 권능을 가지고 있어서 강건합니다. 모든 고난과 역경 중에서도 그들은 주님의 자비에 의탁하고, 앞으로 나아갑니다. 이 영혼들은 예수님과 일치하여 모든 인류를 자기들의 어깨에 짊어지고 갑니다. 이런 영혼들은 엄한 심판을 받지 않을 것이며, 그들이 이 세상을 떠날 때에 주님의 자비가 그들을 끌어안으실 것입니다.

자기 주님의 선하심을 찬양하는 영혼은 그분의 특별한 사랑을 받는다. 언제나 살아있는 샘에 가까이 있으며 하느님의 자비로부터 은총의 물을 끌어올린다.

영원하신 아버지, 아버지의 자비로운 눈길로 아버지의 가장 위대한 속성인 측량할 수 없는 자비를 공경하고, 찬미하는 영혼들을 내려다보아 주십시오. 그들은 또한 예수님의 지극히 자애로운 성심 안에 안겨 있습니다. 이 영혼들은 살아있는 복음입니다. 그들의 손은 자비의 행위로 가득 차 있습니다. 기쁨에 넘치는 그들의 영혼은 지극히 높으신 아버지께 자비를 찬양하는 성시聖詩를 노래해 드립니다! 오, 하느님, 주님께 간청하오니 그들이 주님을 신뢰하고, 주님께 바라는 대로 그들에게 주님의 자비를 보여 주십시오. 예수님께서 그들에게 약속하신 것이 그들에게 이루어지게 해 주십시오. 예수님께서는 그들에게 말씀하셨습니다. "나는 한없는 내 자비를 공경하는 영혼들을 일생 동안, 특히 그들이 임종할 때에, 마치 나 자신의 영광인 양 보호할 것이다."(1225)

(하느님 자비의 5단 기도를 바친다.)

## 8 여덟째 날

"오늘은 연옥에 있는 영혼들을 내게로 데려와서 그들이 나의 자비의 심연에 잠기게 하여라. 억수같이 퍼붓는 나의 성혈로 그들을 태우는 불꽃을 식혀 주어라. 나는 이 모든 영혼들을 지극히 사랑한다. 그들은 내 정의의 징벌을 받고 있다. 그들을 구해 줄 수 있는 힘이 네게 있다. 내 교회의 보고寶庫에서 온갖 종류의 대사를 다 끌어내어 그들을 위해 봉헌하여라. 오, 만일 네가 그들이 당하는 고문을 알기만 한다면 너는 계속해서 그들을 위해서 영적인 자선을 베풀고, 내 정의에 대한 그들의 빚을 갚아 줄 것이다."(1226)

지극히 자비로우신 예수님, 주님은 자비를 원하신다고 친히 말씀하셨습니다. 그래서 저는 주님의 지극히 자애로운 성심의 거처 안으로 연옥의 영혼들을 인도합니다. 이 영혼들은 주님께 아주 귀한 영혼들입니다. 그렇지만 그들은 아직도 주님의 정의의 징벌을 받아야만 합니다. 주님의 성심에서 솟아 나오는 피와 물이 시냇물처럼 흘러서 연옥의 정화의 불꽃을 끄게 해 주십시오. 그래서 연옥에서도 주님 자비의 권능이 찬양받게 해 주십시오.

정화의 불길에서 타오르는 무서운 열기 때문에 주님 자비를 향해 신음소리가 절로 새어나옵니다. 피와 물이 섞여서 흐르는 시내에서 그들은 위로와 휴식과 생기를 얻습니다.

영원하신 아버지, 아버지의 자비하신 눈길로 연옥에서 고통받는 영혼들을 내려다보아 주십시오. 그들은 지극히 자애로우신 예수님의 성심 안에 안겨 있습니다. 아버지께 청하오니 예수의 슬픈 수난과 그분의 지극히 거룩하신 영혼에 넘쳐흘렀던 모든 쓰라림을 보시고, 아버지의 정의로운 심판을 받고 있는 영혼들에게 자비를 드러내 보이소서. 어떤 다른 방법으로도 그들을 보지 마시고, 다만 아버지께서 사랑하시는 아드님, 예수의 상처들을 통해서만 그들을 보아 주십시오. 아버지의 선하심과 연민

에는 한이 없다는 것을 우리는 굳게 믿고 있기 때문입니다. (1227)

(하느님 자비의 5단 기도를 바친다.)

## 9 아홉째 날

"오늘은 차가운 영혼들을 내게로 데려와서 그들이 내 자비의 심연에 잠겨 들게 하여라. 이 영혼들이 나의 상처들을 가장 아프게 한다. 내 영혼은 올리브 동산에서 이런 차가운 영혼들 때문에 가장 커다란 혐오의 고통을 받았다. 그들 때문에 나는 아버지께 다음과 같이 기도했다. '아버지, 이것이 아버지의 뜻이라면, 이 잔을 제게서 멀리 치워 주십시오.' 그들에게는 나의 자비로 숨어드는 것이 구원의 마지막 희망이다." (1228)

지극히 자애로우신 예수님, 주님은 연민 그 자체이십니다. 저는 차가운 영혼들을 주님의 지극히 자애로우신 성심의 거처로 데려갑니다. 주님을 그처럼 혐오감으로 가득 차게 해 드린 시체와 같이 싸늘한 이 영혼들을 주님의 순결한 사랑의 불길 속에서 따뜻하게 데워 주십시오.

오, 지극히 자애로우신 예수님, 주님 자비의 전능을 행사하시어 그들을 바로 주님 사랑의 열정에로 이끌어 주십시오. 그리고 그들에게 거룩한 사랑의 선물을 내려 주십시오. 주님은 모든 것을 하실 수 있기 때문입니다.

불과 얼음이 하나가 될 수는 없습니다. 불이 꺼지든지 얼음이 녹아 버리기 때문입니다. 오, 하느님, 그러나 주님의 자비로 주님은 부족한 모든 것을 채우실 수 있습니다.

영원하신 아버지, 자비로우신 눈길을 차가운 영혼들 위에 내려 주십시오. 그들은 차갑지만 예수님의 지극히 자애로우신 성심 안에 안겨 있습니다. 자비로우신 아버지, 제가 아버지께 청하오니 아버지 아들의 쓰라린 수난과 그분이 십자가 위에서 세 시간이나 고통받으신 것을 생각하시어 그들도 아버지 자비의 심연을 찬양하게 하소서. 아멘. (1229)


(하느님 자비의 5단 기도를 바친다.)